话说陕西

[3]

汉魏六朝卷

公元前206年至公元581年

汉风荡神州

发生在帝国心脏区域的往事

张铭洽 卢 鹰 著

西北大学出版社

话说陕西

汉魏六朝卷

话说陕西

汉风荡神州

话说陕西

总序

张岂之

地处中国腹地、黄河中游的陕西，是中华民族的发祥地和中华文明的摇篮之一。早在115万年以前，这里就已经生活有远古人类。从蓝田猿人到大荔人，再到陕北的河套人以及沙苑人，显现了陕西境内北方直立猿人向智人发展的轨迹。以半坡、姜寨、北首岭为代表的仰韶文化遗存，以客省庄、米家崖为代表的龙山文化遗存，皆典型地反映了中华先民在农业、畜牧业、手工业、渔业以及初具雏形的文字、绘画、雕塑等方面的文明程度。

大家公认的中华民族始祖炎、黄二帝，相传其部族就崛起于渭水中游和陕北高原。位于黄陵县的黄帝陵，自西汉以来，历代供奉和祭祀不绝。认同黄帝，就意味着认同中华。陕西黄帝陵，已升华为亿万中国人心目中民族与历史的象征，成为全世界华人共有的民族精神家园。

陕西是中国古代历史的中心舞台之一。周、秦、汉、唐这样几个声威远播、最具影响力的王朝均建都于此，从而留下了“长安自古帝王州”的赞誉诗句。其所放射出的中华文化光辉，代表了当时人类所能企及的文明高峰，也谱写了陕西历史文化的辉煌篇章。以古都长安为起点的“丝绸之路”，连结东方文明与西方文明，促进了两大文明的交流与交融，同时也把陕西这片富饶的黄土地推向了世界，使之在人类文明交往的史册上占有重要的位置。

陕西还是诸多“革命”的策源地或圣地。古有“汤武革命”之说，武王伐纣，即起自陕西；唐代黄巢农民革命军的大齐政权，诞生在长安；明末李自成农民革命军的大顺政权，亦定鼎于长安。1911年10月，武昌爆发辛亥革命，陕西是最先响应并实现光复的省份之一。以毛泽东为代表的中国共产党人，在红色革命圣地延安奋斗13年，为抗日战争胜利和建立中华人民共和国作出了不可磨灭的贡献，演奏出陕西革命交响乐曲中最雄伟的乐章。

陕西地灵人杰。这里不仅有壮丽的山川、肥沃的土地、丰富的资源，而且产生了雄才大略、明德达人的圣君贤相，运筹帷幄、叱咤风云的谋臣猛将，巧夺天工、卓尔不群的能工巧匠，才华横溢、文章千古的文人学者以及忧国忧民、视死如归的仁人志士。他们为中华文明作出了巨大贡献，他们的业绩与名字，同陕西历史、也同整个中国历史永远连在一起。

光辉历史在陕西留下的丰厚文化遗产，同样为世人所瞩目。陕西文物遍地，名胜古迹星罗棋布。特别是秦始皇陵兵马俑、汉阳陵裸体彩俑、唐法门寺地宫一类超级文物，更被誉为奇迹。此外，还有大量的非物质文化遗产，如秦腔、紫阳民歌、商洛花鼓、木偶戏、皮影戏、民间社火、安塞剪纸、安塞腰鼓、陕北说书等。大凡知道或亲自到过陕西的人，不论其国籍、种族、肤色如何，可以说毫无例外地都会被这里的历史文化遗产所折服所倾倒。

由于陕西在中国历史上的特殊地位，所以编写专门的陕西历史读物，就成为一种客观的现实需要。人们高兴地看到，自20世纪80年代以来，陕西学界和出版界相互配合、共同努力，已经陆续推出了一批颇有影响的关于陕西历史的图书，如由著名学者、曾任陕西师范大学、西北大学及陕西省社科院领导的郭琦先生主编的《陕西五千年》，由郭琦和著名史学家史念海及我本人共同主编的多卷本《陕西通史》等。这些著述，在宣传陕西、介绍陕西历史文化，以及推进陕西文化建设等方面，都发挥了相当积极的作用。不过，随着改革开放的深入，随着进入21世纪后面临的各种挑战，特别是面对近年来出现的学术大众化的文化走势，新编一部品位高尚、立意新颖，科学性、趣味性、观赏性俱佳的陕西历史读物的任务，又迫切地提到议事日程之上。为此，经陕西省有关领导部门的周密策划，由西北大学出版社具体组织编写出版，奉献给大家这套通俗易懂、好读好看的《话说陕西》。

这套书精选陕西历史上的著名人物、代表性事件及重大成就，以故事形式为主，“珍珠”串线，“话说”陕西。同时，配置大量以陕西出土文物为主的图片，凸现图文并茂的特点，“图说”陕西。另外，在“话说”“图说”的不同节点上，穿插整个中国与世界历史文化背景及相关知识链接。如此故事、图片、知识链接三者有机结合，相互补充，相互佐证，相得益彰，形象直观地反映了陕西社会发展与进步、文明传承与演进的历史脉络。希望这套图文并茂、雅俗共赏的陕西历史文化图书，为中华民族共有精神家园的建设，为实现把陕西建成文化强省的战略目标，尽一份绵薄之力。

承西北大学出版社和《话说陕西》编委会的盛情，邀请我与石兴邦先生担任该书的学术顾问。如是，我与这部书就有了直接的关系。也许因我曾担任西北大学出版社第一任社长的缘故，他们又请我为该书写篇序言，于是写了上面一些话，供读者朋友们参考。我希望读者朋友们能够喜欢这套书。

二〇〇九年十二月二十日

总论

黄留珠

（一）

“陕西”作为地区概念，其出现可追溯到3000多年前的西周初期。据《春秋公羊传》的说法，周天子之下设有三位“相”（即当国之正卿），称作“三公”。其中，“一相处于内”，另外两相周公与召公则分区而“总诸侯”。“自陕而东者，周公主之；自陕而西者，召公主之。”这里的“陕”，通常认为指的是战国时的陕陌，汉以后的陕县，即今河南陕县。也有说法认为“陕”当作“郏”，指周王城所在地郏鄏（音jiá rǔ），即今河南洛阳西北。如此就产生了“陕东”与“陕西”的地理区分。陕东为周公负责的“总诸侯”区域，陕西为召公负责的“总诸侯”区域。研究者或认为，这时使用的“陕东”“陕西”概念，基本上与战国秦汉时期所谓的“山东”“山西”（“山”即崤山），或曰“关东”“关西”（“关”即函谷关）概念近似。由此可知，最初陕西概念所包含的地域范围要比今天的陕西省大多了。

明清之际的著名学者顾炎武在其所著的《日知录》卷三十一列有“陕西”条，专论陕西名称的由来及所指区域的演变。其中，有两句带有总结意味的话颇值得注意：一是说“晋时以关中为陕西”，再是说“后人遂以潼关以西通谓陕西”。

关于第一句话，从其后文可知，这里的“晋时”，当指西晋。而如果进一步从顾炎武举证的《晋书·宣帝纪》有关材料来看，三国时期魏青龙四年（326），司马懿在长安屯守备蜀，获白鹿贡献给朝廷，被魏明帝命之曰“今君受陕西之命，有白鹿之献”，似乎早在曹魏时，以长安为中心的关中地区已被称作“陕西”，而不是后来到西晋时期才将关中称为陕西。关于第二句话，从其前文列举《旧唐书》诸记载可知，这里的“后人”所指应是唐代以后的人，至于具体“后”到何时，似并未交代明白。不过这里可以确认的一点是，以潼关为东界的陕西，显然与周代召公所主的陕西已相去甚远，而与今天陕西概念的东界倒是基本相吻合了。

《宋史·地理志》载：“至道三年（997），分天下为十五路。”其中置设陕西路，治所在京兆府（今陕西西安），辖境约当今陕西和宁夏的长城以南、秦岭以北及山西西南部、河南西北部、甘肃东南部地区。这种格局与西周召公所主之陕西大体近似。不过，这却是陕西首次以国家统一、完整划分的行政区之一的面目登台亮相，意义重大。一些权威性工具书如《辞源》称："陕西之名始此。"一般论者也多沿用《辞源》的说法。其实，《辞源》之说并不严谨。这里，关键点一是没能区分"地区"与"政区"两个不同的概念，二是没有把部分性政区名与全国性政区名区别开来。历史事实应该是，陕西作为地区之名，西周时早已有之；作为部分性政区之名，首见于唐代以陕西为方镇名（节度使辖地之名），即上元元年（760），改陕虢节度使为陕西节度使；作为全国性政区名称，则始自北宋至道年间。

北宋熙宁五年（1072），将陕西路分为永兴军、秦凤两路，元丰元年（1078）复并为陕西路；八年（1085）又分为永兴军与秦凤两路。不过习惯上仍称此两路为陕西路。其后元、明、清三代，均以陕西作为全国性行政区划名称之一。元置称陕西行中书省（简称陕西行省），明置称陕西承宣布政使司（简称布政使司，又称藩司，习惯上仍称行省或省），清置称陕西省，并且此名称一直延用至今。这里，需要指出的有两点：其一，元、明两代陕西的辖区较今陕西所辖要大得多，而清代陕西省境与今陕西省境大体相若，换言之，即是说今陕西的省界基本上为清代所奠定。其二，自元代开始，陕西政区的东界均基本上以潼关为准沿南北方向划线，前举《日知录》"陕西"条"后人遂以潼关以西通谓陕西"句中之"后人"，确切地讲，当指元代以后之人。

今陕西省地处我国中部偏东靠北地区，总面积20.58万平方公里。全省地域南北长（延伸达800公里以上）、东西窄（最狭处仅170公里），形状宛如一跪射之武士；地势南北高、中间低，从北到南依次分为陕北高原、关中平原（所谓八百里秦川）、秦巴山地三大区域。其东邻山西、河南两省，西连宁夏回族自治区与甘肃省，南抵四川省、重庆市、湖北省，北接内蒙古自治区，为连接我国东、中部地区和西北、西南地区的枢纽之地。我国大地原点就定在陕西泾阳县的永乐镇。

（二）

如果要问陕西最大的优势是什么？人们会毫不犹豫地回答，是她灿烂辉煌而又古老悠久的历史文化。

20世纪60年代，在蓝田县灞水之滨的公王岭，考古工作者发现了距今115万年

的“蓝田猿人”，拉开了迄今可知的陕西历史帷幕。由蓝田人与距今18万—23万年的大荔人、距今3.7万—5万年的陕北河套人、距今1万年的沙苑人，以及以半坡、姜寨、北首岭遗址为代表的仰韶文化，以客省庄、米家崖遗址为代表的龙山文化等，给我们勾勒出了一条清晰演进的陕西原始社会的基本历史线索。按学术界较普遍的认识，仰韶文化晚期或龙山文化早期，大体便与传说的炎黄时代衔接上了。

被公认为中华民族始祖的炎帝、黄帝，在陕西历史上都留下了巨大的印迹。炎、黄部族就崛起于渭水中游和陕北高原之上。炎黄时代是我国原始社会末期各方面发生重大变革的时期，随后而兴的夏、商、周三代文明，其根基正是炎黄时代所奠立的。

夏代的势力是否到达陕西？从禹凿龙门的传说，以及有扈氏与夏启战于甘（今陕西户县境）一事，似乎可以窥见某些蛛丝马迹。而考古发现的商州东龙山遗址，研究者一般认为即夏文化遗存。有关殷商势力在陕西的情况，从西安老牛坡遗址和城固宝山遗址可知，殷商势力不仅发展到关中，而且还延伸到陕南地区。

发迹于陕西的周人所建立的周王朝，把陕西历史推向一个发展的新高峰。位于今西安市西的丰镐，作为王朝的京师，充分发挥了其政治中心的作用。周公制礼作乐，并以这种礼乐制度规范整个社会，从而奠定了中国传统文化的基础。日后孔子创立儒学，主要继承发扬的就是周公的这套礼乐文明。

秦人源自何方，至今学界仍存争议。不过，自襄公始国之后，秦人在陕西这块土地上生根、开花、结果，却是不争的事实。穆公的争霸，献公、孝公的求强，商鞅的变法，始皇的统一，这一切将陕西历史推向第二个发展的高峰。秦创建的以皇帝制度、三公九卿制与郡县制为特征的中央集权政治制度，创立的多民族大一统国家模式，其影响之巨大、之深远，直到今天仍是每一个中国人能够深切感受到的。

继秦而立的西汉，以其“匹夫而有天下”及“布衣卿相之局”的政治特色，被论者惊呼为一个“大变局”时代。以京师长安为中心的古代陕西，正是这一变局的原生之地。从汉初崇尚黄老之学、开创文景之治，到雄才大略的汉武帝兴功作业，再到昭宣中兴，以至王莽改制，激荡的大汉雄风使陕西历史迈入其第三个发展高峰。以西域“凿空”为标志，丝绸之路沟通了东西两大文明；以“尊儒”为旗号，“霸王道杂之”的汉政成为后世永则的范式；而汉族、汉人、汉字、汉语等，也都缘汉帝国得其名。

东汉以降，陕西失去政治中心的地位，但因长安为皇室先祖陵寝所在地，所以把这里与京师洛阳所在地同辖于司隶校尉，属京畿范围，以示重视。魏晋南北朝时期，前赵、前秦、后秦、大夏、西魏、北周等分裂时期的王朝，先后在陕西建都，陕西历史在民族融合的大潮中继续前进。

隋唐时期，陕西历史迎来了第四个发展的高峰。特别是唐代，陕西的历史发展则达到了巅峰。“华”“夷”如一，盛世之治；崇文好诗，文明中心。万民崇仰、万邦向往的京师长安，尽显数百年民族大融合结出的汇通硕果，满载经济文化交流国际大都会的历史责任。博大包容、开放进取的大唐气象，是中国历史的骄傲，更是陕西历史的骄傲。

五代以及宋、元、明、清时期，帝国中心东移、北迁，陕西虽然昔日辉煌不再，但以其地理区位优势，成为西北重镇，仍发挥着重要作用。“为天地立心，为生民立命，为往圣继绝学，为万世开太平”，如此一类陕西人发出的豪壮声音，继绝起衰，振聋发聩。陕西历史在继续发展，只不过场面远没有以前那么宏大罢了。

陕西以最先响应辛亥革命、实现光复的形象迈入民国时期。20世纪30年代，在民族危亡之际，震惊中外的“西安事变”爆发，它促成了抗日民族统一战线的建立，避免了亡国之祸。中国共产党人在以延安为中心的陕北地区的卓绝奋斗，谱写了中国革命史上雄伟壮丽的篇章，亦为陕西历史增添了光辉的一页。

新中国建立后，陕西历史开始了全新的时代。陕西作为西北大区最发达的省份，成为大西北发展的龙头。改革开放以来，昔日丝路起点的陕西，又作为整个欧亚大陆桥的东方桥头堡发挥巨大的作用，在西部大开发中，具有重要地位。今天，勤劳智慧的陕西人民，锐意创新，改革进取，正在努力为把陕西建设成为经济、文化强省而拼搏奋斗。一个现代、绿色、开放、和谐、人文昌盛、环境优美、蕴含巨大发展潜力、充满活力和机遇的新陕西，已经展现在人们面前。

综观整个陕西历史的发展，明显可以看出如下一些特点：

一曰“悠久”。陕西原始社会的历史，可追溯到115万年以前；其文明史，亦

可追溯到五六千年前的炎黄时代。而这些，皆有可靠的考古资料和文献资料证实，决非生拉硬扯、胡编乱造式的“作假”。

二曰“辉煌”。众所周知，周、秦、汉、唐是中国历史上最辉煌的时代，演绎了中国历史上最辉煌的篇章。而这几个辉煌的王朝，又均建都于陕西，以陕西作为其统治中心。所以这些王朝的辉煌，也势必为陕西所享有，衍为陕西历史的辉煌。无论是周的礼乐文明，秦汉的制度文化，还是唐帝国博大开放的气势、诗园艺苑的风韵，皆出自陕西而传之全国，从而成就了令世人引以为自豪的盛世辉煌。

三曰“融汇”。这可以从两个层面来理解：一是民族的融合。中国历史上，各民族不断融合，显然是其发展的主流。崛兴于陕西的周人灭商，里面就含有商、周两族的融合。秦人自西而东发展，实际就是不断征服、融合陕甘境内诸多戎狄少数民族的过程，至始皇统一，则建立了多民族大一统的帝国。魏晋南北朝的民族融合，更是规模空前，而陕西恰好就是这场大融合的中心舞台。此后建唐的李氏一族之所以崛兴，在陈寅恪看来，“盖取塞外野蛮精悍之血，注入中原文化颓废之躯，旧染既除，新机重启，扩大恢张，遂能别创空前之世局”。从某种意义上讲，盛唐之出现，正是此前民族大融合结出的汇通之果，再后的辽、夏、金、元、清，莫不可作如是观。二是文化的汇融。这包括国内、国外两个方面。就国内而言，主要指各地区的文化交汇。如秦汉时期，帝国政府大量迁徙关东豪富充实关中，造成关东、关中地区的文化交汇就很具典型性。史称故秦地，也就是陕西，“五方杂错，风俗不纯”，实际正是这种“四方辐凑并至而会”的文化融汇的结果。与国外的文化交汇则以佛教文化的中国化最具代表性。佛教自东汉传入中国后，即被加以中国化的改造，这实际上也就是中外文化的一种融汇。唐时长安为佛教的一大中心，佛教中国化的程度也被提升到一个更高的阶段，其标志就是佛教宗派的创立。在众多的佛家法派中，影响较大者计八派，而其中六派都创立于长安。此外，传入唐京畿地区的还有摩尼教（明教）、祆（音xiān）教（拜火教）、伊斯兰教、景教（基督教支派）等外来宗教。它们在不同程度上也与中国本土文化发生交汇交融。故以长安为中心的陕西关中一带，事实上成为中外文化融汇的圣地。当然，中外文化交汇并不只限于宗教一途，其他如国外派来的遣唐使、留学生等，也具有这样的功能。现藏于西北大学博

物馆的日本留学生井真成墓志铭，便是中日文化交流交汇最有力的证据。总之，陕西历史上的民族融合、文化融汇，乃常态的客观存在。惟其如此，才造就了周、秦、汉、唐四大高峰期长达千余年陕西历史那种博大包容、恢弘深邃的气势和积极向上、开放进取的风貌。这既是陕西历史的亮点，也是其显著特点。

以上所述，未必能将陕西历史的特点悉数囊括。不过，概括起来，陕西历史在整个中国历史中的地位，可做如下形象的说明：如果把中国历史比作一棵大树，那么，陕西历史就是这棵大树的根；如果把中国历史比作一条长河，那么，陕西历史就是这条长河的源。总括起来讲：陕西历史是中国历史的根源。当然，大树的根不会只有一支；大河的源，也不可能只有一条。但根中必有主根，源中亦必有主源。陕西历史正是那中国历史大树的主根，中国历史长河的主源。

进一步说，构成中国历史最根本性的思想、观念、意识形态等精神文化要素，如礼乐文明、集权式政治制度、多民族大一统国家形态、小农经济体制、“霸王道杂之”的治国理念、民族融合、文化汇融、丝路交流，乃至绵延不断的以纪传体为主的历史纪录等等，或发端自陕西，或奠立于陕西，或完善于陕西。换言之，即是说中国历史的基本要素，大多是在陕西这块沃土上孕育出来的。

（三）

陕西是文化大省，而今正在向文化强省迈进。对陕西历史文化进行系统梳理、研究，并以通俗、活泼的形式，将其介绍给广大读者，是建设文化强省、增强文化软实力的一项基础性工作。为此，在中共陕西省委宣传部、陕西省新闻出版局的领导和指导下，西北大学出版社组织相关专家学者，编写了这部《话说陕西》——一部图文并茂的普及版陕西通史。希望这种努力对建设我们民族共有的精神家园、实现民族伟大复兴的宏伟目标，出一点力，做一点事，尽一份心。

二〇〇九年十一月十日于锵音阁

话说陕西

导言

张铭洽

在中国历史上，从西汉至魏晋南北朝时期的陕西，就好像是在一个历史的大舞台上担任着无可争议的主角，所有的聚光灯都打在她的身上。从开创前所未有的辉煌，到各种社会矛盾、民族矛盾集中爆发，陕西在当时的历史环境下，始终成为全国政治、经济、文化等方面最重要的地区。这一时期的陕西，带动着全国的发展，犹如传说中的凤凰，在放射出耀眼的光辉之后，又经过“涅槃”的阶段，从而为更加辉煌的腾飞积蓄了充足的能量，迎接着更加灿烂的明天。

继秦代之后兴起的西汉王朝，在开国之初，民生困顿，百业凋零，史载“汉兴，接秦之敝，民失作业而大饥馑。凡米石五千，人相食，死者过半”“天下既定，民无盖臧，自天子不能具醇驷，而将相或乘牛车” 。在这种情况下，西汉统治者实行了“无为而治”“与民休息”的政策，大力扶植小农经济，在不长的时间里，使社会经济得到了充分恢复和发展。司马迁在《史记》中曾说：“故关中之地，於天下三分之一，而人众不过什三；然量其富，什居其六。”同时，在政治宽松的社会大环境下，西汉统治者大力发展教育，各种治国学说轮番上场，“大一统”成为历史的最强音，最终使西汉王朝在政治、经济、军事、文化等各个方面，都超越秦代而达到了一个新的高度，成为中国古代社会发展的一个新的高峰期，并出现了中国古代三大盛世中的第一个盛世。在政治制度方面，秦始皇创立的大一统中央集权制度，在西汉武帝时期趋于稳固和成熟；在经济方面，大汉王朝成为世界范围内最富庶、最繁荣的国度；在军事方面，汉军横扫匈奴铁骑，击溃游牧民族，保证了农耕文化的延续和发展；在文化方面，西汉王朝在继承秦文化的基础上，经过广泛深刻的文化整合，使各个地域的不同文化相互交融，最终形成了包容四海的汉文化，中华民族从此有了最深厚、最牢固的灵魂和根；甚至在汉族的最终形成方面，西汉时期也消除了数百年以来所形成的地域观念和族群观念，使大汉统治区内的所有民族融合为统一的汉族，汉人、汉语、汉字……这一串串以“汉”为标识的词，不仅具有鲜明的时代特征，也有着深刻的文化含义。

西汉时期，作为大汉王朝统治腹心区域的陕西，还涌现出了数不清的中国历史甚至是世界历史上的“第一”：当时世界上规模最大的国际性大都会长安城出现在这里，最完备密集的农业灌溉渠网出现在这里，最早的农业科技成

果代田法和三角耧出现在这里，最早的农业科技专著《氾胜之书》也出现在这里；这里还有中国最早的医药学专著《神农本草经》，有最早的数学专著《周髀算经》和《九章算术》，有中国最早的官办高校太学和最早的国家图书馆石渠阁与天禄阁，有"史圣"司马迁创作的第一部纪传体通史《史记》；数不清的文人学士还在这片热土上创作了数量庞大的"赋"，并将这种文学形式推向了极致……这一时期，勤劳勇敢的大汉人民甚至还超越人类生命的极限，开通了陆上丝绸之路，使从长安发出的文明之光与从地球的另一端发出的西方文明之光交相辉映。

> 东汉时期，陕西虽然失去了政治中心的地位，但在经济和文化发展方面，仍居于全国的首要地区之列：关中地区仍是最重要的农耕区，依然是古文经学最重要的大本营。在陕北地区出土的东汉画像石不仅数量众多，而且题材内容丰富广泛，既有真实的生活写照，也有浪漫的艺术想象，表明当时这里的经济和文化发展达到了较高的水平；古文经学大师马融在家乡扶风茂陵开馆授徒，古文经学从这里得以在全国发扬光大；经扶风安陵人班彪、班固、班昭两代三人之手完成的另一部史学巨著《汉书》，确立了纪传体断代史在中国传统史学中的正统地位……这些成就无一不凸显着陕西在这一时期的重要地位。

> 魏晋南北朝时期，陕西成为当时"天下大乱"的中心，位于今蓝田县的蔡文姬墓、勉县的武侯祠、马超墓等，正生动记载着这一段"乱"的历史。东汉末年，董卓挟汉献帝迁都长安。董卓及其部将嗜杀成性，给三辅地区的人民带来了无穷无尽的灾难。持续数年之久的董卓之乱使长安"城空四十余日"，昔日富饶甲天下的关中地区"二三年内无人迹"。此后，陕西又成为三国时期的大战场，许多惊心动魄的战争就发生在这块黄土地上。同时，匈奴、鲜卑、羯、氐、羌五个北方游牧民族大规模内迁，史称"五胡乱华"。这些民族迁入的最集中的地区和少数民族政权建立最多的地区，就在陕西。然而，历史在这里好像又突然拐了一个弯，一个个食肉膻腥、只识盘马弯弓的游牧民族来到这里，却先后不约而同地学习起了汉文化。凭借着深厚的农耕文明和汉文化底蕴，陕西，特别是关中地区，成为最深刻的一次民族大融合与文化大碰撞的中心舞台。这一时期，统一中国北方的两个少数民族政权——前秦和北周，都是建都于长安，并以关中为根据地而取得飞速发展和

强势地位的。今终南山脚下的草堂寺内，长眠着来自天竺的高僧鸠摩罗什，表明这里在当时已成为通过佛教来实现东西方文明大融合的中心；前赵、前秦、后秦、西魏、北周等一个个由游牧民族建立的政权，走马灯一样地在这块土地上轮番亮相，使这里又成为府兵制、均田制等制度最早的实验场所。“乱”的中心，又成为“治”的基地。最终，这些游牧民族全部融入了中华民族的大家庭。中华文化从此又吸收了更多的新鲜血液，焕发出更加朝气蓬勃的青春气息，为隋唐时期新的腾飞做好了充分的准备。

可以清楚地看到，从西汉到魏晋时期的陕西，是创造出一个个经济奇迹的地区，是世界上科学技术最发达的地区，是农耕文化底蕴最深厚的地区，也是人才辈出、推动中国历史乃至世界历史不断前进的动力澎湃的地区。

话说陕西

发生在帝国心脏区域的往事（公元前206年—公元581年）

话说陕西

汉魏六朝卷

目录

西汉

公 元 前 2 0 6 年 — 公 元 2 5 年

西汉时期全图

选自谭其骧主编《简明中国历史地图集》

西汉 玉羽人奔马

1966年咸阳市周陵乡新庄村出土。高7厘米，长8.9厘米。整体玉雕为立体圆雕，由奔马、羽人和底座组成。马体前倾，长尾高扬，四腿前扬后蹬，作腾云驾雾状；马上骑的羽人，昂首，身着短襦，双手紧抓马的鬃毛；底座上线雕相互缠绕的朵朵祥云图案，犹如浩翰的云天。玉羽人奔马，小巧玲珑，玉质洁白，色泽宛若羊脂，温润莹亮；奔马、羽人神态生动传神，充分表现了汉代人企慕长生不死、羽化登仙的浪漫意趣。

前206年，刘邦率军攻入咸阳，秦亡。

初入关中 赚足民心

刘邦"约法三章"的故事

刘邦画像

汉王元年（前206）十月，刘邦率领农民起义大军进入关中，秦王子婴素车白马、手捧符玺在轵道旁投降，雄极一时的秦王朝就此灭亡了。

不杀秦王 赢得民心

秦王子婴投降做了俘虏，有的将领就主张杀掉他，刘邦说："当初怀王之所以派我来，就是认为我能宽大容人，何况子婴已经降服，再杀掉已经投降的人，这么做很不吉利。"于是刘邦将子婴交给主管官员看管，自己则率部西入咸阳。这一宽容大度的做法，博得了关中父老的一片赞誉。

不贪财宝 退军霸上

刘邦进入咸阳后，看到秦壮丽雄伟的宫殿、后宫数不清的美女以及像天上星星一样多的金银财宝，恨不得一把都抓在手里。刘邦在沛县老家时"好酒及色"，现在有了可以大大享受一番的时机，就想好好放纵一下自己，于是决定当晚就住在秦宫里。但是，贴身护卫樊哙很激烈地反对说："您是想夺取天下呢，还是只想发财？当年就因为秦王贪图这些珍宝美女，才导致了天下人的反叛。您如果也同样贪图享受，那我们还有什么长久之计可谈！您还是赶快回到霸上军营去吧，绝不能住在秦宫里！"刘邦对樊哙的话很不以为然。谋士张良又赶紧规劝说："秦朝违背天意，才有了今天。如果您放

西汉早期 凤鸟鎏金钟

2003年西安市未央区文景路枣园汉墓出土。高78.7厘米，口径14.5厘米。该钟盖面中央铸一立姿凤鸟形钮，昂首翘尾，口中含珠，双翅拢于背，线条流畅准确，形象栩栩如生。器口稍侈，颈微收，圆鼓腹，肩两侧各有一铺首衔环耳，圈足。钟通体鎏金，腹饰三道宽带弦纹。该钟出土时，内装浅绿色酒液26千克。

纵自己，将会像秦朝一样重复恶行。您可千万别忘记自己的志向啊！樊哙的话是忠言逆耳，您还是照他说的做吧！”

刘邦听了樊哙、张良这一番规劝，立刻下令将秦宫中的贵重财物和所有府库封存起来并派兵看管，自己则率领部队回霸上驻扎。

约法三章 名享关中

一天，刘邦将咸阳附近各县的父老和有名望的人召集起来，对他们说：“父老们受秦朝严刑苛法的苦害已经很久了。秦法令规定，批评朝政的要灭族，偶然相聚议论的要杀头，这是秦朝的暴政。我和诸侯们同受怀王之约，先入关中者为王，所以等怀王的命令一到，我就要在关中称王了。今天特地与父老们说清楚，从现在起，秦的严刑苛法统统废除，只实行三条：杀人者处以死刑，伤人和抢劫者依法治罪。所有官吏和百姓都照平常一样生活，不要有什么顾虑。我到这里来，是替父老们除害的，不是来侵扰你们的，请大家不要害怕！我之所以驻军霸上，只是为了等待各路诸侯到来，以便制定一个大家共同遵守的规约而已。”随后，刘邦又派人和秦朝的官吏一起巡行各乡邑。关中的老百姓十分高兴，争着送牛羊酒食慰劳士兵。刘邦一再谦让，不肯接受，并说：“仓库里的粮食很多，并不缺乏，请大家不要如此破费。”这一来，老百姓更加高兴，都称赞刘邦宽厚爱民，唯恐刘邦不在秦地为王。

“约法三章”对刘邦收揽民心起到了极大作用，并被后人传为历史佳话。

西汉 人龙座熏炉

1985年宝鸡市出土，高23厘米。该熏炉身为半圆球形，博山盖，座为人乘龙的形象。铜人半跪于龙身之上，一手托举炉身，一手按扶龙首。龙张嘴翘舌，挺胸凸背昂首，三足委地，一足翘踏于尾。该熏炉造型巧妙，匠心独运。

汉高祖约法三章

知识链接

【刘邦为何称“沛公”】

刘邦自举起反秦大旗到被项羽封为“汉王”，一直被人们尊称为“沛公”。这是因为，刘邦的老家在沛郡丰邑，起义后又当过几天沛县令，按照楚制，县令即称“公”。当时一个人的籍贯和姓氏，有时也代表着他的地位和出身。于是人们称刘邦为“沛公”。

世界大事记

前206年，罗马军队将迦太基人逐出西班牙。

汉高祖刘邦。

项庄舞剑 意在沛公

杀机隐现、斗智斗勇的鸿门宴

在今临潼东北方向延伸的台塬地带，有一个气势雄伟的巨坡，名叫鸿坡。鸿坡中段东西断裂，南北洞开，形若山关隘口，“鸿门”因此而得名。中国历史上楚汉相争的序幕——鸿门宴的故事就发生在这里。

危在旦夕

刘邦占据关中以后，即下令封锁函谷关。不久，项羽率领诸侯军来到关前，却被阻挡不得而入。项羽大怒，立即下令攻破函谷关，直抵鸿门安营扎寨。这时项羽还听说刘邦欲在关中称王，心中更加怒不可遏，忙命令部队做好准备，等天亮就去攻打刘邦。当时，项羽拥有40万兵马，驻扎在鸿门；刘邦不过10万兵马，驻扎在霸上，两地相距只有40里路程。项羽若在此时发起进攻，刘邦就有全军覆没的危险，情况万分危急。

项羽画像

求项伯说情

项羽有个叔父叫项伯，刘邦的谋士张良曾救过他的命。为了报答救命之恩，项伯当夜找到张良，劝其赶快逃命。张良不忍心独自避难，恳请项伯去见刘邦，将项羽的计划告诉他。刘邦闻讯大吃一

西汉早期 楚大官厨鼎

1979年6月西安市文物商店移交。高18.5厘米，口径16.5厘米。该鼎浅腹，圜底，蹄形三足，腹部饰一周凸弦纹。上腹近口处先后刻有铭文四处，分别记载了此鼎流传的经过。铭文“楚大官”三字记载了该鼎原来可能是楚元王刘交家里的器物。景帝前元三年（前154），刘交孙刘戊参与“七国之乱”败死，铜鼎被朝廷没收，后转赐刘胜，铭文“今好时共厨金鼎”意思是此鼎前代曾用，现为好时供厨用鼎。供厨，即祭祀之厨。好时，即好时县，汉代设置北周省，故城在陕西乾县东十里。该鼎是研究西汉初期历史的重要实物。

历史百科问答：樊哙在起事前，以何为职业？

《鸿门宴》壁画（汉中博物馆）

惊，急忙摆上酒席，恭请项伯入坐上位，并请项伯转告项羽，他明天一定亲自去给项将军赔礼。

项伯回到军营，将刘邦的话转告给项羽，并劝项羽说：“如果不是刘邦先打进关，我们怎么能轻而易举地到这里？刘邦立了大功，你反而要攻打他，这种不义之举，怎能取信于天下？我看其中可能有误会，刘邦会来向你赔礼解释的。”听了这番话，项羽气消了大半，便同意见刘邦。

西汉 玉璧（西安市新城区动物园出土）

危机四伏

第二天，刘邦带着张良、樊哙等几个心腹及100多个骑卫到鸿门拜见项羽。刘邦向项羽赔罪说：“我与将军齐心协力讨伐暴秦，托将军洪福，我先入关，今日在此见到将军真是万幸！不料有人却暗中挑拨，使将军对我生了疑心。”项羽见刘邦如此谦恭，顿时转怒为喜，下令在鸿门军营里设宴招待刘邦。

范增没想到项羽对刘邦竟如此宽容，他心急如焚，拿起身上佩戴的玉玦，三次暗示项羽杀掉刘邦，项羽对此却不予理睬。范增出了军帐，让项羽的堂弟项庄借舞剑杀掉刘邦。项庄遂入帐，以敬酒的名义说：“军中没什么用以玟乐，我愿舞剑给诸公助兴。”说罢便舞起剑来，只见一团白光闪烁，渐渐地逼近刘邦。项伯察觉到“项庄舞剑，意在沛

世界大事记

前204年，第一次马其顿战争结束，《奥德赛》被译成拉丁文。

屠狗。

汉代 鎏金铜行虎

1997年2月，临潼区公安局移交。高4.4厘米，长21厘米。该铜虎通体鎏金，作潜伏行走状，虎前腿与虎颈部之间有翼，全身以阴线刻出虎的斑纹。虎的双眼用红色玛瑙镶嵌而成。虎的造型生动、夸张，将猛虎在潜伏捕猎前的瞬间神态刻画的惟妙惟肖。

公”，慌忙拔剑与项庄对舞起来，他一直用身体护着刘邦，使项庄始终没法下手。一时间刀光剑影，杀机隐现，气氛异常紧张。

机智逃生

张良见势不妙，找了个借口急忙出帐招呼樊哙。樊哙闻言，横剑持盾闯入军帐，直冲到项羽面前，满脸杀气。项羽不由自主地握住了剑把，冲着樊哙高声喝问：“你是何人？”紧跟樊哙进帐的张良抢先回答道：“他是沛公的卫士樊哙，特地前来讨赏。”“好一位壮士！”项羽赞叹一声，便吩咐赏给樊哙一大杯酒和一条生猪肘子。樊哙将酒一饮而尽，而后把肉置于盾面上，用剑剁成数块，大口吃了下去。项羽见状问道：“壮士能否再饮？”樊哙厉声答道：“我死尚且不怕，何惧一杯酒？秦王无道，天下造反，昔日怀王与诸将相约，‘先破秦入关者为王’，如今沛公先入关，可他并未称王，而是一心等候将军，为防止盗贼和意外，才派兵守关。沛公如此劳苦功高，将军不但不加封赏，反而听信谣言，要加害于他，这与秦王有什么两样？希望将军不要做不仁不义之事！”项羽一时不知如何回答才好，便说：“请壮士坐下饮酒。”过了一会儿，刘邦借口上厕所，招呼樊哙伴随，急忙抄小道返回霸上。

张良估计刘邦已脱离险境，这才欠身道歉说：“沛公酒醉了，不能亲自来辞行，托我奉上白璧一双，献给将军；玉斗一双，献给亚父。”项羽问：“沛公呢？”张良再次行礼赔罪说：“沛公怕大王部下为难于他，先回去了。”项羽并不介意，接过玉璧，并将它放在座席上。范增却暴怒异常，他将玉斗狠狠地掷在地上，用剑击得粉碎，并仰天长叹道：“夺项王天下者，必是沛公，我们等着做俘虏吧！”

知识链接

【玦】

传说盘古死后，他的骨髓变成了玉石和珍珠。因此玉器被视为吉祥物，具有驱邪避凶的魔力。而圆形的玉更代表天地之司的和谐圆满。“玦”就是环形但有一缺口的玉制饰物。“玦”通“决”，因此范增用它来示意项羽下决心。

项羽塑像（临潼新丰鸿门坂）

楚人一炬 可怜焦土

项羽烧咸阳

项羽也是秦末农民战争中的重要人物。他乘势而起，反抗暴秦，转战南北，威震诸侯。但与刘邦不同的是，他在关中却留下了一个残暴的恶名，完全失去了关中民心。

弑秦王 夺财宝 烧宫室

鸿门宴过后几天，项羽领兵西进咸阳。这时候，项羽得意非凡，自感慑服了刘邦，成为所有各路义军的首领，可以为所欲为。项羽的祖父项燕和叔父项梁，都先后死在了与秦军作战的战场上，因此项羽对秦朝的一切都怀有深仇大恨。如今，项羽要彻底报复秦朝，毁灭咸阳，来抒发自己的冲天豪气。于是，他下令杀了秦朝降王子婴及800多个王公大臣，然后命各路兵马冲进咸阳的各个宫殿和官署，抢光所有的财宝，掠走所有的宫女，砸毁一切带不走的东西，烧毁所有的秦朝宫室。

可怜作为秦都近150年的咸阳城遭到了灭顶之灾，到处是冲天大火，咸阳宫、秦灭六国时仿造的六国宫殿、秦始皇的离宫别馆等全都笼罩在熊熊火焰和浓密的烟雾之中。据史书记载，这场大火烧了整整三个月还没有熄灭，大火过后整个咸阳破败不堪。

项羽夺取了秦宫中财宝和宫女以后，准备东归故乡。这时，有个姓韩的儒生向项羽进言道："关中依恃山河，四面是要塞，土地肥沃，物产丰富，正可在此建都称霸。"项羽心中只想报仇，从没想过要做这片土地的主人，而此时秦朝的宫室都已焚烧残破，自己又思恋家乡，要回东方

西汉　鎏金凤鸟樽（兴平市出土）

西汉 鸿雁形熏炉

1971年西安市雁塔区三兆村出土。高15.5厘米，长18.5厘米，宽9厘米。熏炉是古代焚香用具，用途主要有三：一是熏衣，二是书房之用，三是供祀神佛。该熏炉为鸿雁造型。雁昂首挺胸，睁目仰望，双足直立，长嘴向上，头顶羽毛以浮雕手法表现，腹中空。背盖隆起，镂空，子母扣。其结构巧妙，形象生动，生活气息浓厚。

世界大事记

前202年，汉尼拔与西庇阿决战于扎马，战败求和。

本纪。

前200年，汉高帝亲自带兵击匈奴于平城，被围于白登。

西汉　螭龙纹璏（音zhì）（西安市阿房宫遗址出土）

摆摆排场，就说：“富贵不回家乡，就如同穿着锦绣衣服在夜间行走，谁能看得见呢？”遂没有采纳韩生的定都之言。

西楚霸王画像

分封诸侯　划定三秦

对于项羽和各路农民起义军的首领来说，仅仅抢夺了财宝，并没有使他们完全满足，他们还想封王称霸，作为义军之首的项羽更想称王。于是项羽派人请示楚怀王，怀王说：“按照先前的约定行事。”项羽便尊称怀王为义帝，划分天下，分封诸将，共分封了18位诸侯王。为了显示与众不同，项羽自称西楚霸王，作为各路诸侯王的首领。而势力颇大的刘邦则被立为汉王，领有巴郡、蜀郡和汉中。为阻挡汉王出关中东进，项羽还把关中划为三份，封三名秦朝降将为王：封章邯为雍王，领有咸阳以西地区，建都废丘（今陕西兴平东）；立司马欣为塞王，领有咸阳以东至黄河地区，建都栎阳（今陕西阎良附近）；立董翳为翟王，领有上郡，建都高奴（今陕西延安东北）。“三秦”由此而得名，后来人们遂以“三秦”指代陕西。

汉代　玉鹰剑首

1984年南郑县龙岗寺汉墓出土。高2.6厘米，长4.9厘米，宽2.4厘米。玉鹰为新疆和阗羊脂玉质，晶莹透亮，有鸡骨白沁斑。玉鹰作回首梳羽状，并以简洁流畅的阴刻细线与浮雕相结合的刀法，刻画出苍鹰机警与凶猛的神态。

知识链接

【霸王别姬】

公元前202年，刘邦大军围攻项羽于垓下（今安徽灵璧东南）。夜间，项羽于帐内闻四面楚歌声，知大势已去，遂慨然悲歌：“力拔山兮气盖世，时不利兮骓不逝。骓不逝兮可奈何，虞兮虞兮奈若何！”有美人虞姬随侍在旁，亦唱和曰：“汉兵已略地，四方楚歌声。大王意气尽，贱妾何聊生。”歌罢便拔剑自刎。

历史百科问答：古代历法中，“正朔”指的是哪一天？

千里马也需伯乐识

萧何月下追韩信

汉王元年（前206）四月，项羽分封的各路诸侯王分别踏上了去自己封国的道路。汉王刘邦来到南郑，拜萧何为丞相，曹参、樊哙、周勃等为将军，养精蓄锐，时刻想着打回东方，和项羽争夺天下。但是，部下一些将士却难耐巴蜀汉中偏远闭塞，不时有人悄悄逃走。

丞相失踪 夜追韩信

一天，忽然有人报告："丞相逃走了。"汉王心头一震，仿佛被人斩掉了一只臂膀一样手足无措。到第三日清早，萧何才来朝见汉王。汉王见到他后，且怒且喜，责问萧何道："丞相为什么也逃走啊？"萧何说："臣不敢逃走，臣是去追逃走的人！"汉王又问他："丞相所追何人？"萧何道："壮士韩信。"

萧何所说的韩信，本是淮阴（今江苏淮安）人。项梁起兵后，路过淮阴，韩信就去投奔他。后来，项梁战死，韩信遂跟随项羽，被任为郎中。韩信曾数次向项羽进言献策，但均未被采纳，于是他转而投奔汉王。但是在汉营里，韩信并没有多么出色的表现，汉王只让他当了个小官。一次，韩信犯法当斩，将要行刑时，恰逢将军夏侯婴经过，韩信于是高声呼救道："汉王难道不想打天下了吗，为什么要斩壮士？"夏侯婴闻言，心想此人非庸碌之辈，观其貌，只见长得高大魁伟，眉宇之间流露出一股凛然英气，心下不由欢喜，立刻命人释放韩信，并向汉王推荐，汉王遂拜韩信为治粟都尉。

后来，丞相萧何听说军中竟有韩信这样的奇士，便亲自去拜访。与韩信交谈数次后，萧何深觉他胸怀大志，富有谋略，是个不可多得的将才，于是多次劝汉王重用韩信，但汉王总是说："若拜韩信为大将，不但三军不服，诸侯取笑，就是跟随我一起打天下的周勃、灌婴、樊哙他们也会说我赏罚不明！"

西汉 彩绘骑马俑

1965年咸阳市杨家湾汉墓出土，通高69厘米，马长55厘米。骑马俑身穿红、白、绿、紫等色服饰，手作握缰或执器械状。马身绘有鞯子和鬓头，作静立状。该骑马俑造型优美，制作精细。

知识链接

【"汉中"的由来】

"汉中"之名源于汉水，意即汉水的中游。汉中郡始设于楚国，西起今陕西旬阳县，东至今湖北丹江口附近，恰处于汉水中游。公元前312年，秦国攻取汉中，又合并秦国原来在汉水上游的土地而设立了汉中郡。秦汉中郡使得原汉中辖区向上游迁移了数百里，并为后世所袭用。

世界大事记

前200—前197年，罗马发动第二次马其顿战争。

一年的第一天。

前198年，汉高帝与匈奴和亲，并开关市。

过了些日子，韩信知道汉王不肯重用自己，便找个机会逃走了。萧何得知这个消息，立即骑上快马追赶。两天后，终于在一条溪边追上了韩信。萧何再三向韩信保证汉王必定会重用他，而韩信得知丞相连夜追赶他的事情后，深为感动，但心中仍有些疑虑。这时，将军夏侯婴及时赶到。见到昔日曾对自己有过救命之恩的人，韩信再不好说什么，便跟着二人回到了南郑。

西汉　玉熊（咸阳市周陵乡新庄村出土）

举荐良才　韩信拜将

汉王听说萧何追的是韩信，便大惑不解地问道："军营中逃跑的将军有十几个，从没听说过丞相去追过谁。区区一个韩信，何劳丞相亲自去追啊？"萧何回答说："韩信与他们不同。三军易得，一将难求，像韩信这样的人才，实为举世无双。大王若想久居汉中，大可不必重用韩信；若准备东向与项羽争夺天下，则非韩信不足以成事。大王心里怎样打算呢？"汉王说："我当然想打回东方，怎能永居于这偏远之地呢？"萧何道："大王要争夺天下，须立即重用韩信。若不重用他，韩信终究还是会逃走的。"汉王说："好吧！看在丞相的面子上，就拜韩信为将军。"萧何说："若拜韩信为将军，还是留不住他。"汉王道："那就拜他为大将吧！"萧何高兴地说道："这是大王的英明。"

汉王即刻派人宣召韩信，欲拜他为大将。萧何道："大王素来不太注意礼节，如今拜大将如同呼唤小儿，这样不能郑重其事，恐难留住韩信。大王若决定拜他为大将，须择吉日，设立坛场，隆重地举行拜将仪式才可。"汉王点头应允。随后他让人造起拜将台，准备择日拜将。

拜将台

拜将台，亦称"拜将坛"。刘邦拜韩信为大将举行仪式所筑之坛。位于汉中市南门外。据《汉中府志》载："拜将台，在南城下，相传汉高祖拜韩信为大将，筑此以受命。"拜将台由南北两座土台组成，台高各丈余，两台方圆百余步，面积7840平方米。南台竖一石碑，上刻"汉大将韩信拜将坛"。

明修栈道 暗度陈仓

刘邦争夺关中的第一步

汉王择日拜大将的消息在汉营里不胫而走。将士们心里都明白，此举意味着汉王已下决心要打回东方，与项羽争夺天下，绝不会再在汉中这偏远之地受屈辱了。几个跟随汉王多年的将军更是兴奋不已，认为这次自己一定能当上大将。

刘邦拜将

待到拜大将的日子，所有将士都愣住了，原来汉王要拜的大将竟是平日被他们瞧不起的韩信。其实汉王心里跟将士们一样也有疑惑：韩信真有打败西楚霸王的本事吗？举行拜将仪式后，刘邦请韩信入上座，并问韩信："丞相屡次推荐将军，将军有何良策可以赐教寡人啊？"

韩信谢过汉王后，问道："大王是要跟项王争天下吗？"汉王说："是啊！"韩信又问："大王觉得自己与项羽相比，谁更加勇武强悍？"汉王沉默良久，说道："我不如项王。"韩信说："我也认为大王不如项王。先前我曾奉侍过项王，能够了解他的性情和胸怀。若项王怒喝一声，千人为之震恐，但他不能任用有本领的将军，因此只是匹夫之勇罢了。项王对待部下宽厚仁慈，若有士兵患病在床，他会心疼流泪，并与士兵共享饮食；但对有功劳应当封赏的将士，项王却总将封印拿在手中反复把玩，舍不得交给别人，因此项王徒有妇人之仁而不足以成大事。项王还违背昔日与义帝的约定，将大王分封在这偏远之地，诸侯都心怀不平。后来项王将义帝放逐江南，诸侯亦皆驱逐其主，各自称雄一方。项王所到之处没有不被毁坏的，老百姓都怨恨他，名义上他虽为霸王，但已丧失了人心。因此项王的强势很容易变为弱势。而大王入关后，秋

古汉台

又名七星台，位于汉中市城南偏东，相传是汉高祖刘邦在汉中时的王府。台高7米，面积4860平方米。四周台垣高耸，砌以砖石，上有女墙，气势宏伟。台上原有望江楼、竹林阁、喜雨亭、枕航榭等建筑物。现存望江楼、石鼓、唐代铜钟等物。

世界大事记

前198年，塞琉古大王安条克三世兼并巴勒斯坦。

陆贾。

前196年，汉高祖遣陆贾出使南越，封赵佗为南越王，拜萧何为相国。

暗度陈仓

毫无犯，并废除秦朝残酷的刑法，与三秦父老约法三章，秦人无不拥戴大王，期盼大王在关中为王。而在秦地为王的三将军章邯、司马欣、董翳先前曾率部下20多万将士投降了项王，项王却将他们全部坑埋，唯独这三位将军幸存，后来又被项王封为三秦王。因此秦地的父老兄弟对这三位将军已恨入骨髓。大王若发兵进军关中，一定会大得人心，一路势如破竹。”接着，韩信又详细分析了楚汉双方的形势，认为汉王发兵东征，一定能战胜项羽。汉王不禁为韩信这一番精辟透彻的宏论所折服，只后悔没有及早发现这个人才。

占领关中

汉王听从韩信谋划，遂进兵关中。韩信在夺取关中的首战中也表现出了一位军事天才的大智大勇。

为了隐蔽自己真实的军事意图，韩信采用了一套声东击西的战术。他派樊哙领兵大张旗鼓地重修刘邦进汉中时已烧毁的褒斜道，摆出一副要从这里进兵关中的架势。雍王章邯闻报后心中暗笑，心想刘邦挑选了一个“胯夫”当大将，已是够没眼光的了，如今又想从褒斜道进驻关中，简直自不量力！于是领兵驻扎在褒斜道口，准备以逸待劳，打刘邦个措手不及。但就在章邯放松警惕之际，韩信却率领大军从今宝鸡以南的陈仓道突然杀出。章邯惊慌失措，急忙重新调兵布阵，后两军在好畤（今陕西乾县东）大战一场，章邯兵败，逃往废丘，韩信遂平定了雍地。

韩信在关中连战皆捷，很快就占领了咸阳，平定了关中，使刘邦有了稳固的根据地和粮草、兵源的可靠保证。而韩信所采取的“明修栈道，暗度陈仓”之计，也成为历史上的著名谋略和战例。

知识链接

【“韩信将兵，多多益善”的来历】

《史记·淮阴侯列传》载，刘邦问韩信：“如我能将几何？”韩信以刘邦之能在统帅三军将将而不在将兵上，故答：“不过能将十万。”刘邦再问：“于君何如？”韩信答：“臣多多而益善耳。”

西汉 错金银弩机

1976年西安市未央区范家寨出土。望山到悬刀距离7.1厘米，郭长11.8厘米，郭宽2.8厘米。该弩机机身、牙、望山上饰满错金银云气纹、“S”形云纹和三角几何纹。纹饰线条细密流畅，富贵华丽，虽经两千余年，仍然光芒闪烁，熠熠生辉。

布衣献智 车驾西都

汉高祖刘邦定都长安

经过四年多的楚汉战争，汉王刘邦最终消灭了西楚霸王项羽，重新建立了全国统一政权。公元前202年，刘邦在今山东曹县的氾（音fàn）水北岸登上了皇帝宝座，定国号为“汉”。从此，开始了西汉王朝200多年的统治。

刘邦画像

布衣见皇帝

刘邦即位后，先将都城定于洛阳。不久，齐地有一个叫娄敬的人被地方官吏征发去陇西（今甘肃西南）戍边，因中途要经过洛阳，遂去求见汉高祖，上奏他对选择建都地点的看法和建议。

高祖听说有位布衣因建都问题而来晋见，便立即宣召娄敬。娄敬对高祖说道：“陛下定都洛阳，难道是要效法西周建立一个国祚昌隆的王朝吗？”高祖答：“是的。”娄敬又说：“然而陛下如今面临的形势与西周时期不同。西周时期，统治稳固，社会安定，所以修建了成周洛阳作为陪都。洛阳这个地方，社会安定则容易治国，社会动乱则容易亡国。东周时，周天子不能控制诸侯，王室衰弱，并非因为周天子不实行德政，而是因为洛阳地理条件不利的缘故。”接着，娄敬又分析了当时的社会状况，他说：“现在战争刚刚结束，天下百姓肝脑涂地，阵亡将士的尸骨遍

西汉 “汉并天下”瓦当

1952年临潼区栎阳遗址出土。直径16.5厘米。瓦当为灰陶质，瓦面中心为半球形，外圆四区分布“汉并天下”四个篆文。秦代诏文中有“皇帝尽并天下”文句，汉继秦后统一全国，或取诏文之意。此瓦当应是高祖刘邦建汉时期的宫殿用瓦。

世界大事记

前196年，马其顿与罗马签订和约，从此退出希腊。

赵佗，号称“南越武帝”。

西汉“延年益寿 与天相侍 日月同光”脊瓦（西安市六村堡出土）

布田野，家破人亡的农民哭声不断，社会动荡不安，洛阳又无险可守，不是建都的合适地点。而关中地区被山带河，四面都有险要坚固的关口要塞，一旦发生紧急情况，马上就可以召集起百万人马。凭借原来秦国的基础，利用这块肥沃的土地，这就是人们所说的‘天府’啊！陛下如果在关中建立都城，假使东方各地发生叛乱，仍然可以保全秦国的旧地。就像与人搏斗、卡住对方的咽喉就容易取胜一样，将都城建在关中，就如同卡住了天下的咽喉。”高祖听了娄敬的一席话后，深觉娄敬的谏言颇有道理，但心中仍有些顾虑。于是他召来众大臣，询求他们的意见。群臣大多不是关中人，他们争相反对在关中建都，高祖一时主意未决。

汉长安城墙夯土遗址（西安市北郊）

张良谏言 定都关中

高祖就建都问题询问军师张良，张良亦认为定都关中为便，遂对高祖说：“洛阳四周虽然有山河可以凭借，但是中间的地区狭小，方圆不过几百里，容易四面受敌，不是用武之地。而关中则东临崤山和函谷关，西据陇山和岷山，中间是上千里的肥沃原野，南面有汉中、巴蜀的富饶供给，北面有边塞地区的畜牧之利。西、北、南三面都可以凭险防守，只需从东面防备，控制各个诸侯王就可统驭天下。如果天下安定，则可沿着黄河和渭河运送物资供给都城；如果天下动乱，则可以出兵东征，顺河而下，足以保证后勤供应。关中确实是‘金城千里’‘天府之国’啊！”张良一席话，彻底打消了高祖的疑虑，促使他决定在关中建都。当天，高祖即令起驾西行，向关中进发。

初建长安城

汉高祖刘邦来到关中后，暂时住在栎阳。他采用了秦代渭河南岸长安乡的名称，将都城定名为长安，作为汉朝天下长治久安的象征，并由丞相萧何主持，开始了长安城的初建工程。从此，“长安”这一在中国和世界历史上影响深远的都市就此出现在世界的都城史上。

知识链接

【高祖还乡】

汉高祖十二年（前195），高祖路过沛县，与诸父老子弟置酒欢歌。高祖自击筑并歌曰：“大风起兮云飞扬，威加海内兮归故乡，安得猛士兮守四方！”为报答沛县父老，高祖下令此后沛、丰世世得免赋役，并且将沛作为自己的汤沐邑。

中国大事记

前185年，江水、汉水泛滥，先后冲没4000余家。

镇国家 抚百姓 给馈饷 不绝粮道

西汉开国重臣萧何

西汉的开国功臣萧何，与刘邦是同乡。刘邦起事时，萧何带领全家参加了起义军，成为刘邦统治集团中的核心成员之一。

深谋远虑 经营后方

刘邦率军进入咸阳后，将领们都争先恐后地奔向府库，欲取金银财物而分之，唯独萧何首先来到秦丞相、御史府，取秦的律令文书、地理图册、户籍簿等文献档案收藏起来。后来刘邦被封为汉王，便委任萧何为丞相。汉王所以能全面了解天下的山川要塞、户口多少、财力物力的强弱分布、民众疾苦等事，就是凭着萧何所收藏的这些文书档案。

汉王率军东进平定三秦时，萧何作为丞相留守汉中，他派人收取巴蜀地区的赋税，并谕告安抚当地百姓，保证了前线的军需给

萧何画像

养。次年，汉王与各路诸侯共击楚军，萧何便留守关中，坐镇栎阳。为稳定关中民心，萧何制定了一系列法令、规章；为显示皇权尊威，他命人修建了宗庙、宫室及一些官府机构，但举凡此等大事，萧何皆派人上奏汉王，以汉王旨令行事。若事有紧急，萧何遂便宜行事，而后奏明汉王。

楚汉相争期间，汉王多次兵败遁逃，萧何总能及时征调关中士卒，补足兵员缺额，汉王因此专门委任萧何负责处理关中事务。

功劳第一 位压“功狗”

汉高祖刘邦平定天下后，便开始论功行赏。高祖认为萧何功劳最大，就封他为酂（音zàn）侯，所封食邑也比一般功臣多。朝中许多武将对此很不

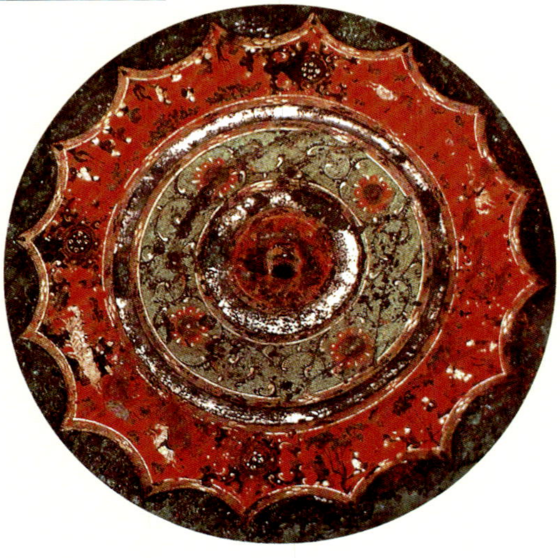

西汉 彩绘狩猎游春图纹铜镜

1963年西安市红庙坡出土。直径28厘米。铜镜的圆钮座周围以淡绿彩为底，上绘云气间红瓣团花纹。外区以红彩为底，以璧状花纹隔为四等份，两两相对绘制车马狩猎和丛林游春图。场面宏大，人物造型生动。这面完整的彩绘狩猎游春图纹铜镜极为罕见，既是汉代铜镜中的瑰宝，也是汉代绘画艺术的杰作。

世界大事记

前195年，塞琉古大王安条克三世与埃及缔结和约。

汉孝文帝。

前180年，吕后死。陈平、周勃等平定吕氏之乱。汉文帝即位。

西汉　绿釉孔雀九枝灯（潼关县汉墓出土）

服气，便上奏高祖说："我们披坚执锐，身经百战，攻城略地，最后才给陛下打下天下，而萧何从未领兵上阵，没有立下过汗马功劳，为什么封赏却在我们之上？"高祖于是问群臣道："众卿知道打猎吗？"群臣回答："知道。"又问："知道猎狗吗？"群臣答："知道。"高祖说："打猎时，追逐野兽兔子的是猎狗；而放开系狗绳，指示野兽所在的是人。如今众卿只能捕捉到野兽，功劳像猎狗。而萧何则放开系狗绳、指示猎取目标，功劳如猎人。况且，众卿只是个人追随我，一家多的也不过两三人，而萧何则全族数十人都跟随我作战，功劳非诸位所能比啊！"群臣听后，不敢再说什么了。

列侯受封后，待要排位次，群臣皆上奏说："平阳侯曹参身受70处创伤，攻城夺地，立功最多，应该排在第一位。"这时，关内侯鄂千秋进言说："大臣们的议论有失妥当。曹参虽有野战夺地之功，但这只是一时的功劳。陛下与楚军相持五年，常常兵败失军，只身逃脱好多次。而萧何总在陛下兵员乏缺的危急时刻，及时从关中调派人员补充缺额。汉与楚相持于荥阳数年，每当军队缺粮，萧何便派人从关中运粮至荥阳，源源不断地供应前线的军需给养。陛下虽然多次丢失殽山以东大片土地，而萧何总是保全关中以待陛下，这是万世不朽的功劳。怎能让一时之功凌驾于万世功劳之上呢？应该是萧何第一，曹参居次。"高祖听后大悦，便确定萧何功劳第一。

谨慎宽厚　泽被后世

萧何虽被评定为功劳第一，但他毕竟没有领兵打过仗，军功最大的曹参还是有些不服气，致使两人之间的关系始终不太和睦。萧何晚年患有重病，卧床不起。汉惠帝亲自去探望萧何的病情，且问道："相国如果百岁后，谁可以接替相国？"萧何回答说："了解臣下的莫过于君主。"惠帝又道："曹参怎么样?"萧何叩头说："陛下得到了最好的人选，臣死无遗憾了!"后来曹参得知萧何有如此胸襟，方才知道自己远远比不上萧何。

汉惠帝二年（前195），萧何病逝，葬于汉高祖长陵附近，以示高祖与萧何的密切关系。

萧何生前购置田地住宅时，总选在贫穷偏僻之地，其房屋也不修筑围墙。他说："子孙后代如果贤能，就学习我的俭朴；若不贤能，也不会被权势人家所强夺。"萧何的深谋远虑使萧氏家族世代平安兴旺。

知识链接

【萧规曹随】

萧何、曹参于高帝起事前均为沛县小吏。汉朝建立后，萧何任相国，制定了一系列法令规章。曹参继任汉相后，沿袭其制，诸事无所变更，为相三年而卒。时人歌之曰："萧何为法，讲若画一；曹参代之，守而勿失。载其清净，民以宁一。"

运筹帷幄之中 决胜千里之外

『送秦一椎，辞汉万户』的张良

在今陕西留坝县城以北15公里的公路旁，有一座规模宏大的祠庙，这就是闻名遐迩的张良庙，祭祀的是汉高祖刘邦的谋士——留侯张良。

张良画像

博浪沙里袭秦 下邳桥上得书

张良，字子房，其祖先为韩国人，祖父、父亲曾做过五代韩王的丞相。秦始皇灭掉韩国后，张良散尽家财，立志要为韩国报仇。

几经曲折，张良终于找到了一位大力士，并为他打造了一个120斤重的大铁椎，以备行刺秦始皇。当秦始皇第三次巡游东方时，张良便和这位大力士暗中埋伏在车队所经的博浪沙（今河南原阳西南），“送秦一椎”，虽未击中，但秦始皇

张良庙

位于留坝县北17公里处的庙台子。张良庙有六大院，150余间房舍。主要建筑有汉张留侯祠门楼、进履桥、保安观、三清殿、灵观殿、二山门、大殿、北花园、拜石亭、回云亭、南花园、授书楼等。庙内清幽、古雅，大殿庄严、宏丽，悬挂着众多匾额和楹联。匾额有“功成身退”“机谏得宜”“明哲高风”“相国神仙”“智勇深沉”等，楹联有“秦世无双国士，汉廷第一名臣”等。

世界大事记

前194年，卫满建立卫氏朝鲜。

新丰。

前175年，汉文帝下令除盗铸钱令，使民得自铸钱。

虚惊一场。混乱中张良趁风沙骤起逃得无影无踪，为躲避搜查，后来他改名换姓，逃至下邳（今江苏邳县南）。

一天，张良闲暇无事，便到下邳的桥上散步。这时，不远处走来一位身穿粗布短衣的老人。当老人行至张良面前时，故意将鞋子掉到桥下，并招呼张良下去捡鞋。张良捡得鞋子并跪地帮老人穿上，得到老人称许并相约五日后见面。张良又惊又疑。三个五日先后见面三次，老人考验了张良的忠实和守信，随即交给张良一本书。老人送给张良的这本奇书，就是《太公兵法》，张良用心苦读，不久就有了一肚子文韬武略。

足智多谋 助汉成功

当沛公刘邦率领数几千人马攻占下邳附近时，张良便归附了他。张良多次用《太公兵法》的道理向刘邦献计献策，深得刘邦赏识。刘邦率军进入武关后，欲以两万兵力进击秦朝峣（音yáo）关，张良劝告说："秦军还很强大，不可轻视。我听说那里的守将是屠户的儿子，市侩容易用钱财使他动摇。沛公最好派人多挂旗帜于各山头上，作为疑兵，以显示我们兵力强大，同时派人携带贵重宝物收买秦将。"刘邦听从了张良的建议。秦将果然背叛，欲与沛公联合进击咸阳。张良又说："这只是守将一人叛秦，若其部下众多士兵不从，则事情难以成功。我们不如趁着敌人麻痹时袭击他们。"刘邦于是率军进击秦军，大获全胜，又乘胜追至蓝田，再次交战，秦军终于被彻底击溃。刘邦遂进入咸阳。

之后，刘邦听从了樊哙和张良的劝阻而没有留宿秦宫；鸿门宴上，张良以智谋使刘邦逃离险境。刘邦被封为汉王后，张良劝告刘邦烧掉所经过的栈道，用以迷惑和稳定项羽。楚汉相争时，刘邦曾多次失利，张良又出谋划策拉拢黥布、韩信和彭越这三支能征善战的军队，最终在垓下包围楚军，用"四面楚歌"之计歼灭了项羽。

平定天下后，汉高祖刘邦封张良为留侯，并欲以齐地三万户授张良。张良天性恬淡，遂辞去封地。高祖晚年，执意要撤换太子，吕后遂请张良谋划计策。张良于是建议请"商山四皓"出山辅佐太子，最终使高祖打消了改换太子的想法。后来，张良远离朝政，练起了辟谷导引之术，成为一个远离尘世的隐士。

汉代 博山熏炉

1964年12月西安市南小巷出土。高25厘米，盘径19厘米。熏炉盖作山峦形，炉柱为凤鸟形，座是龟蛇合体的玄武，下为承盘。这件熏炉造型和装饰颇具匠心，既是高雅的装饰物品，又是很富有科学性的实用器物。

知识链接

【辟谷】

辟谷，又称"却谷""断谷""休粮""绝粒"等，意为不食五谷。它是方士用以修炼成仙的一种方术。辟谷术源于先秦。据史载，最早行辟谷术者为春秋时鲁国人单豹，他避世居深山，喝溪水，"不衣丝麻，不食五谷，行年七十，犹有童子之颜色"。道教创立后，承袭此术，世代有修习辟谷者。

大将韩信
连百万之众 战必胜 攻必取

韩信是西汉初年杰出的军事家，与萧何、张良合称"汉初三杰"。

幼年寄食 胯下受辱

韩信幼时家境贫寒，常借食乡邻。同县南昌亭长见韩信可怜，常引他到家中吃饭，如此天长日久，亭长妻子自然生厌。有一次，亭长妻子天没亮就生火做饭，等韩信到了吃饭时间又前来讨食时，早已经锅下熄火，碗进橱柜。韩信知道这是不让自己继续吃白食，于是从此不去亭长家。

后来韩信在城外的河边钓鱼时，遇到了一位在河边漂纱的老婆婆，老婆婆见韩信饿得面黄肌瘦，便常带饭食给他吃。韩信深受感动，立誓日后要重重报答这位老人家。

有一天，韩信在街市上碰到一群少年，其中一个上下打量一番韩信说："这家伙长得身材高大魁梧，腰间却佩带刀剑，肯定是一个懦夫！"其他少年也跟着起哄，那个少年更加得意，说："不怕死，就用剑刺杀我；如果怕死，就从我胯下爬过去！"韩信受此侮辱，并没有怒发冲冠，反而小心地趴在地上，匍匐着从那少年的胯下钻了过去。围观的人都讥笑韩信胆小如鼠，是个懦夫。

投靠明主 奇计胜赵

秦末农民起义爆发后，韩信先后跟随项梁和项羽，均未受到重用。后来韩信远赴汉中投奔汉王刘邦，在萧何的极力举荐下，韩信被任命为大将。汉王元年（前206），汉王采用韩信的"明修栈道，暗度陈仓"之计打败秦将章邯，很快夺取了关中地区。韩信因初出汉中第一功而被封为左丞相。

汉王三年（前204），韩信、张耳率军东攻赵国。赵王歇与主将陈余屯集重兵20万于井陉口（今

西汉 鎏金羊灯

1982年凤翔县城北出土。高21.8厘米，长27.4厘米。灯，也称"锭"，古代照明用具，形制多样。该灯为卧羊式，通体素面鎏金。羊首高昂，双角卷曲，短尾。造型逼真，形象生动。羊灯的设计者，将实用性与艺术性巧妙地融为一体。

世界大事记

前173年，塞琉古王安条克四世进攻埃及。

三服官。

前167年，汉文帝下令除肉刑，以笞刑代之。

河北井陉），据险与汉军决战。汉军在距离井陉口30里处扎营。夜半时分，韩信秘密派出一支由两千骑兵组成的精锐部队，每人手持一面赤色旗，埋伏在两边山道的草丛中，欲待赵军倾巢而出，他们就扑向赵军壁垒，拔掉赵军的旗帜，全部换成赤色旗帜。随后韩信又派万人先行，面向赵军阵地，背靠绵蔓水，排开阵势。这种背水而战的阵法犯了兵家大忌，不仅赵军主将成安君陈余看到后为之喷饭大笑，就是汉军诸将也摇头叹息，认为今天必败无疑。天明后，韩信率军杀出井陉口，扑向赵军营垒。陈余也率领赵军倾巢而出。双方激战良久，韩信佯败，退向背水阵地。赵军紧追不舍，这时汉兵前有强敌，后有河水，只得个个鼓起勇气，拼命向前冲杀。正当双方杀得难解难分时，突然听到汉兵齐声欢呼："看啊，我军已攻占赵军壁垒！"赵军闻声望去，果然见自己身后的壁垒已经全部改换成了汉军的赤色旗帜，顿时人人魂飞胆丧，以为营垒已经被汉军占领，于是军心大乱，四散逃命。而汉军斗志倍增，奋勇冲杀，斩杀成安君陈余，活捉赵王歇，大败赵军。韩信这一"陷之死地而后生，置之死地而后存"的背水阵法成为中国战争史上以少胜多的战例之一。

西汉　玉牛（蒲城县贾曲乡西贾曲村出土）

汉代　彩绘朱雀纹铜扁壶

府谷县新民乡出土。高16厘米，腹宽15.5厘米，腹厚7厘米，口径5.3厘米。该壶为明器性质的盛酒水器。壶身两侧各彩绘一只引颈长鸣、振翅欲飞的朱雀图案。朱雀的头部和双翅边缘为朱红色，其他部位为白色，周围云气围绕，一派凤鸟呈祥的祥瑞景象。

韩信画像

功高受封 还乡报恩

汉王四年（前203）十月，韩信指挥大军东向，以迅雷不及掩耳之势攻下了齐国。攻取齐地后，刘邦派遣张良前往齐地封韩信为齐王。楚汉战争结束后，韩信又被改封为楚王，都下邳。

韩信回到故乡后，首先找到曾给自己饭食的漂母，赏赐千金。又找到昔日的南昌亭长，赏赐了100个铜钱，并对他说："亭长大人为德不能善始善终，也是小人行径。"最后找来那位曾经使自己蒙受胯下之辱的少年，任命他为掌管巡城捕盗的中尉。韩信对部下诸将文官说："此人也算是一个壮士，昔日我受辱时，恨不得一剑杀了他。但考虑到那时死了只能是无声无息，所以忍受了这口恶气，才成就了今天的功业。"

知识链接

【海岛壮士自杀殉义】

汉朝建立后，故齐王田横率五百亲信逃至海上。汉高祖惧其为乱，两次派使者前往海岛召田横入朝为官。田横无奈，与两名亲信随使者入朝。行至尸乡厩置，田横自刎，并让使者持其头献给汉高祖。高祖壮其烈，以王者礼葬田横。两名亲信在田横下葬后，亦自刎于冢旁。高祖感念之，即派使者召海中五百壮士入朝。五百壮士闻田横死，全部自杀殉义。

云梦被擒 名将受诛

天下统一后，汉高祖刘邦开始了削夺异姓诸侯王的行动。有人告发楚王韩信在巡行封地时出入陈设兵仗，又收留项羽亡将钟离昧，意在谋反。汉高祖采用陈平的计策，以游览云梦地区为名来到楚国，准备收捕韩信。韩信为了表明心迹，逼迫钟离昧自杀，然后持其首级谒见刘邦，结果被刘邦下令捆缚起来，载于后车。韩信喟然叹息说："果然如人们所言，'狡兔死，良狗烹'。"车到洛阳后，韩信被降为淮阴侯。他心怀愤怨，从此称病不朝。

汉高祖十一年（前196），刘邦亲自领兵讨伐陈豨（音xī），韩信家奴向吕后告发韩信利用这一时机，准备与陈豨里应外合，起兵造反。吕后与萧何设计，于长乐宫钟室事先布好罗网，由萧何将韩信骗进宫中，可怜一代名将就这样被斩杀于钟室。韩信死后，其三族也被吕后诛灭。

西汉　玉獬豸（音xiè zhì）(西安市雁塔区沙坡出土)

世界大事记

前171—前168年，第三次马其顿战争，罗马灭安提柯王朝。

用淘米水和着小豆煮成。

西汉 塑衣式粉彩仕女俑

咸阳市汉阳陵陪葬园出土。高63厘米。女俑身著长袍拖地，衣着讲究而整齐，双手拱于长袖之中，双膝微微前倾，面部丰盈俊俏，神态端庄，表情温和，长发垂背。女俑的形象可能是贵族身边的侍女，随时听候主人的吩咐。

声名冠寰宇 气象越古今

西汉都城长安

在西汉王朝统治的200多年中，都城长安作为全国的政治、经济、军事和文化中心，其规模之宏大、经济之繁荣、人口之众多、文化之昌盛，都是前代都城所无法比拟的，被人们誉为古代东方文明的一颗璀璨明珠。

“斗城”长安

据史书记载和考古发掘，汉都长安以龙首原为基地向北展开，直抵渭水之滨，“四周六十里”。四面城墙用板土夯筑。其中东城墙笔直如线，其他三面城墙皆曲折起伏，并缺西北角，全城平面形状为不规则的正方形。这种建筑布局形式引起了后世史学家的许多猜测和遐想。中国传统建筑反映着“天人合一”的思想。上应天象，下因地理，是汉都城长安建筑的基本追求，南北的曲折起伏象征天上的南斗、北斗两组星座，因此又把长安城称为“斗城”。

规模宏大的建筑群

汉都长安规模宏伟，建筑众多，号称有“六宫一库十二城门，八街九陌东西九市十六桥一百六十余闾里”，是当时全国最大的城市，在世界上也只有同时代的欧洲罗马城可与之媲美。

所谓“六宫”是指长乐宫、未央宫、建章宫三大宫殿建筑群和北宫、桂宫、明光宫等宫殿建筑；“一库”是指位于长乐宫和未央宫之间、西汉王朝“精兵所在”的武库。

长乐宫建于汉初，其遗址位于今西安市西北郊的阎老门村。它由前殿、宣德殿等14座宫殿组成，周长达十公里，是汉高祖会见群臣的地方。高祖死后，皇帝移居未央宫。长乐宫遂专为太后所居，又称东宫。未央宫位于城内西南部章城门和西安门里，其雄伟壮丽不下秦之阿房，而清幽淡雅更犹胜之。未央宫是西汉王朝的统治中枢，也是后来新莽、西晋、前赵、前秦、后秦、西

清《汉宫春晓图》（袁耀绘）

世界大事记

前167年，安条克四世在耶路撒冷圣殿祭祀宙斯。

前165年，汉文帝下令「除田之租税」。

西汉 金灶

1972年西安沙坡村出土。灶高1.2厘米，长3厘米，宽1.7厘米。椭圆形灶为金质，由灶门、膛、面、釜、烟囱组成。长方形灶门周围装饰以金丝和联珠组成"S"和弧形纹图案，下有长舌形灰盘。灶面上放一釜，釜内盛粟，粒粒可见；灶台四周也用掐丝工艺制成盘绕的带纹和弧形纹样，灶台右上角安装有细金丝盘旋起的烟囱；在灶门正上方和釜四角处镶嵌桃形红、紫、绿色宝石五块。灶底有篆书"日利"吉祥语款。

魏、北周七朝重心所在地。建章宫在长安城西直城门外的上林苑内，与未央宫隔城相望，其间架有跨越城垣的飞阁相连，号称"千门万户"，是长安城中最为豪华壮丽的宫殿建筑群。据史书记载，建章宫台阶均用白玉砌成，东有凤阙，高20余丈；西有商庭、虎圈；南有神明楼、井干楼，其中神明楼高达50余丈，其上安置承露盘，据说若将承接的露水与玉屑和饮，则可以延年益寿、长生不老；北有太液池，池中筑蓬莱、方丈、瀛洲三仙山。因建章宫规模庞大，城中难以容纳，故置于城外以西。

北宫、桂宫位于未央宫以北，明光宫位于长乐宫以北，各宫之间都由飞阁和复道相连，供皇帝贵族往来，也避免外人窥视。

城门、街道与居民

西汉都城长安每面皆有三座城门，共12座城门。每座城门都有三个门洞即三条通道，十分壮观。据考古勘测，中间门道宽7.7米，两侧门道各

汉未央宫遗址发掘现场（西安市北郊）

宽8.1米，各通三条大道，中间一条为专备皇帝使用的驰道，其他各色人等走两边，入左出右。

长安城内有南北纵向的八条大街和东西横向的九条大街，每条街道可并行12辆马车。街道两旁还栽植槐、榆、松、柏等树，夏日时林木茂盛，蔽日成荫。这些纵横交错的街道把长安城分成大小不等的方块区域，其中住宅区又分为160余巷里，门巷修直，布局整齐，对后世都市建设产生了深远的影响。商业区主要分布于城的东西部和西北部，称为东西九市。商业区内市场繁荣，店铺林立，为国内外四方富商大贾云集之地。

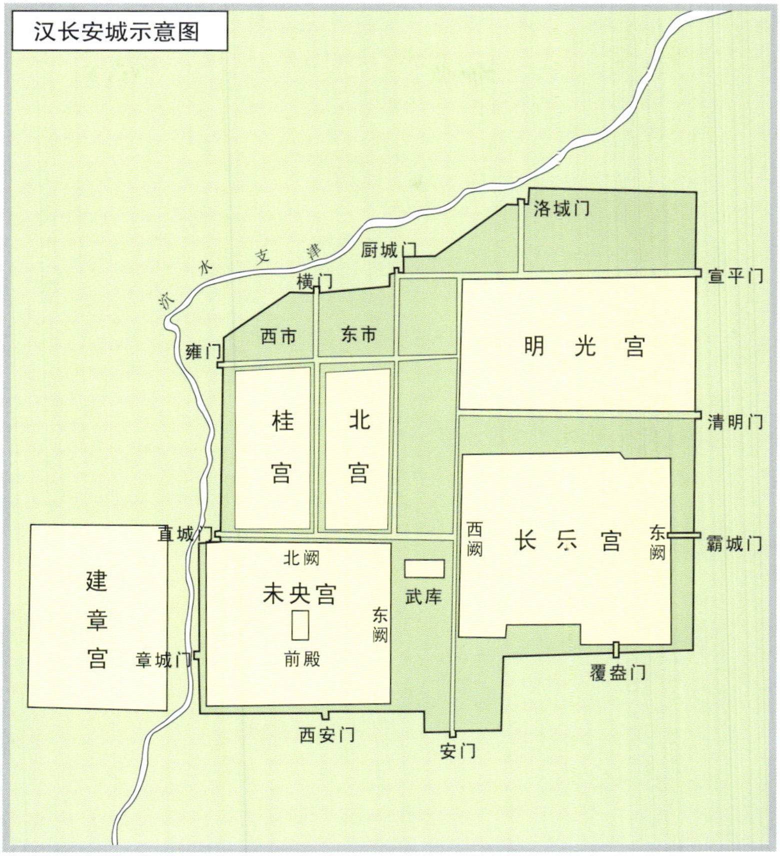

关于汉都长安城的居住人口，《汉书·地理志》载平帝二年（2），“为户八万八百，人口二十四万六千二百。”这个数字明显偏低，可能仅仅是指作为国家征收赋税对象的居民的实际数字，其他城居人口（包括皇室贵族、官僚贵族、驻军、奴婢、刑徒等）尚未统计在内。据最保守的估计，西汉都城长安的人口应在50万左右，鼎盛时期可能还远远超出这个数字。为解决长安城内居民的用水问题，西汉统治者还充分利用长安城外丰富的水利资源，引城南的滈水、潏水和城西的沣水等河水入城内，既解决了生活用水，又美化了环境。

总之，无论从布局规模、居住人口，还是建筑水平、基础设施来看，汉代的长安城都是当时世界上位居一流的大都市。

西汉　“长乐未央延年永寿昌”瓦当（西安市汉长安城遗址出土）

知识链接

【麒麟阁】

相传汉武帝获麒麟，以为祥瑞，于是在未央宫中建造麒麟阁以为纪念，并图画麒麟像于阁中。汉宣帝思“股肱之美”，于甘露三年（前51）图画功臣霍光、张安世、赵充国、魏相、丙吉、杜延年、萧望之、苏武等11人像于麒麟阁，“法其容貌，署其官爵姓名”“以表而扬之”，开我国图写功臣画像阁之端。

世界大事记

前165年，马加比起义胜利，犹太人收复圣殿。

建章宫。

中国大事记

前154年，吴、楚等七诸侯王起兵反，史称『七国之乱』。

公元前206 汉魏六朝 公元581

【话说陕西】

变草莽武夫为尊君顺臣

叔孙通定朝仪

公元前202年，刘邦在氾水北岸登上了皇帝宝座，乐滋滋地当起了皇帝。

皇帝意显威风

刘邦当上皇帝后不久，便觉得自己虽身为帝王，却毫无帝王的气派和尊贵，心中大为不悦。原来，刘邦的大臣大多都是草莽武夫，根本不懂得朝廷礼仪。刘邦设宴招待他们时，一些人喝醉了酒竟拔出剑来在宫殿的柱子上乱砍，酒席宴上乱成一团。刘邦想到当年见到秦始皇出巡时，那种场面是何等的威风，何等的尊严！而今自己贵为皇帝，大臣们却如此放纵无序，心中颇为厌恶。

这时，有一个叫叔孙通的儒生看出了刘邦的心事，便向刘邦建议说："陛下，虽然儒生不能为您夺取天下，但是他们却可以帮助您保守成业。臣愿意去征召鲁地众儒生，和我的弟子们一同制定朝会的礼仪，使朝廷上有些规矩。"刘邦听后龙颜大悦，只是要求制定的礼仪不要太繁琐。

诡言逃生 归降汉王

叔孙通是鲁国薛县（今山东滕州）人，秦朝时以文章博学被召为待诏博士。陈胜、吴广起义后，秦二世召来博士诸生们，询问这次动乱的性质，很多博士诸生都说是反叛，应该镇压。秦二世听后很恼怒，这时叔孙通立即走上前说："陛下，诸生所言有误。如今天下归于一统，上有英明的君主，下有完备的法令，使得人人尽忠职守，四面八方都集中统一，怎么会有人敢反叛呢？这不过是一伙盗贼在偷摸扒窃罢了，各地郡守、郡尉正全力追捕他们，请陛下不必忧虑。"秦二世听后高兴地说："好。"结果，凡是说陈胜是反叛的都被法办，罪名是"非所宜言"；凡说陈胜等人是盗贼的则不予追究。秦二世还赏赐叔孙通丝绸20匹、衣服一套，并任命他为博士。叔孙通看到在秦廷说话不当就有生命之虞，便逃回了老家。后来几经转折，叔孙通投降了汉王刘邦，并被任命为博士，封号为"稷嗣君"。

汉代 彩绘陶钟

1991年陕西历史博物馆征集。高32厘米，口径14厘米。陶钟是古代盛酒或盛水的容器。该陶钟为灰黑色，钟体上彩绘三角纹、云纹和弦纹，纹饰以红、白两色组成，色调热烈绚丽。肩部贴塑有对称的兽首。

历史百科问答："商山四皓"是指哪四位老者？

明代 《汉殿论功图》（刘俊绘）

设色绢本，高165厘米，宽106.5厘米。此图取材于“汉殿论功”的典故。汉高祖刘邦初立，功臣在殿上争功邀赏，致拔剑砍殿柱。叔孙通乃说高祖召鲁地诸生，规定朝仪，高祖大喜，以为如此始知皇帝之尊。画家在表现这一汉代历史题材时，礼节和陈设都以明朝的生活为准则。画家用精谨的笔法描绘植满奇花珍木的宫院里，皇帝端坐于巨大的屏风前，威严的武士守候于一侧，大臣们进谏、听朝，井然有序。画中人物衣饰线条转折起伏，疏密有致，设色明快和谐，反映出画家在人物画方面的高深造诣。

制定朝仪 彰显尊威

叔孙通领受了制定礼仪的任务后，便与诸儒将古礼和秦朝的礼仪删繁就简，制定了一套简单易行的朝廷礼节。演习了一个多月后，刘邦亲临栎阳视察，十分满意，便命令群臣们练习，准备在十月举行朝会。

汉高祖七年（前200），诸侯、大臣们都来长乐宫参加十月朝会。这一天清晨，朝中的谒者按照官员不同的等级，先后将他们引进殿门，让他们分列东西站立。大殿中，侍卫们沿着石阶排成队列；庭中四周，警卫部队手执武器或擎着锦旗威严地站立。所有人员立定之后，首先由谒者一级一级地传皇帝警令，然后皇帝乘辇而出，大臣们和其他各级官员按照官位高低依次敬贺。朝廷里充满了庄严肃穆的气氛，人人震惧，秩序井然。之后，皇帝赐宴，百官按职位高低依次敬酒。一直到酒宴结束，再也没有发生过喧哗等违背礼仪的事情。

朝仪过后，刘邦面对此情此景，想到所享受的威严和气派，不禁高兴地说：“直到今天，我才知道了当皇帝的尊贵！”

因为这份功劳，叔孙通被任命为太常，并被赏赐黄金500斤。他趁机向高祖刘邦进言道：“众弟子跟随我好久了，并协助我一同制定朝仪，希望陛下授予他们官职。”汉高祖于是让他们都做了郎官。叔孙通出宫后，将赏赐的500斤黄金全部分给众儒生。众儒生喜不自禁，都高兴地说：“叔孙先生真是圣人，能与时俱进。”

知识链接

【“刘氏冠”】

刘邦做泗水亭长时，喜欢戴用竹皮编成的冠，及至显贵，亦常冠之，时称“刘氏冠”。此冠高七寸，宽三寸，面如平板，后人又称之为“鹊尾冠”或“斋冠”。

世界大事记

前149—前146年，第三次布匿战争，罗马军队征服迦太基。

东园公、角里先生、绮里季、夏黄公。

中国大事记

前140年，董仲舒对策，请黜刑名，崇儒术。

公元前206 汉魏六朝 公元581

【话说陕西】

汉初的政权交替

吕氏擅权与周勃安刘

刘邦的原配夫人名叫吕雉，在她未嫁时，她的父亲吕公就想为女儿物色一位贵人当女婿，但一直找不到合适的人选。一天，吕公见到刘邦，一看面相，便知此人将来一定会发达，立即将女儿许配给他。后来，刘邦果然当上了皇帝，吕雉也被名正言顺地封为皇后。

吕后专权

独掌大权　残忍报复

汉朝刚刚建立时，天下还没有稳定。高祖刘邦深恐各地异姓诸侯王拥兵自重、反叛自己，吕后遂为高祖出谋划策，协助高祖诛杀了不少功臣名将，如楚王韩信、梁王彭越、淮南王英布等。高祖驾崩后，太子刘盈继位，是为惠帝。这时惠帝才17岁，朝中大权由皇太后吕氏独揽。

吕后独掌大权后，立即命人将戚夫人囚禁在别宫永巷。戚夫人是高祖生前最宠爱的妃子。她不但容貌秀美，而且能歌善舞，也很有手腕，使高祖对她的宠爱一直不衰。她曾说动高祖废嫡立庶，让自己的儿子如意取代太子之位，所以吕后对戚夫人一直怀恨在心。囚禁了戚夫人后，吕后又将她的儿子赵王如意骗至长安。性格仁慈的惠帝知道赵王性命有危险，亲自到长安以东的霸上迎回赵王，与他一同起居饮食，使吕后无法下手。但吕后还是趁惠帝早起打猎不忍唤醒赵王之机，用药酒毒死了尚在睡梦中的赵王。接着，吕后又命人砍断戚夫人的手足，挖去其双眼，熏聋其双耳，药哑其喉咙，然后将这个血肉模糊的躯体投入厕所，并称其为“人彘（音zhì）”。过了几日，吕后还请惠帝前来观看。惠帝看到这样残忍的场面，受到极大刺激，从此一病不起，不再听政，几年后便郁郁而终了，死时年仅24岁。

诸吕当政　朝臣自危

惠帝驾崩后，吕后决意只靠自己娘家人来掌

西汉　“皇后之玺”玉印

1968年咸阳市韩家湾狼家沟出土。高2.8厘米，边长2.8厘米。白玉雕刻，螭虎钮，印台四侧面刻云纹，印面阴刻篆书“皇后之玺”四字。该印文字线条匀落洁净，畅达有力，笔画方起方收，圆劲遒美。其形制与文符合汉制。因出土地点距长陵约一公里，推测此印可能是吕后陵园的供祭品。

历史百科问答：秦和西汉初年崇尚的颜色是什么?

权，除去高祖在世时所封的刘姓诸侯王，欲换刘氏天下为吕氏天下。

吕后先从开国元勋周勃手中夺去禁军兵权，交给自己的侄子吕台、吕产。一日，吕后与大臣议立诸吕为王，右丞相王陵反对说："先帝生前曾与大臣杀白马盟誓：'非刘氏而王，天下共击之。'如今太后要封诸吕为王，这违背了先帝的约定。"吕后听后不悦。左丞相陈平、太尉周勃迫于情势，违心赞同。吕后为掩人耳目，先封几个高祖功臣，接着大封诸吕子弟，甚至还将自己的妹妹吕媭（音xū）封为临光侯。

在吕后的安排下，朝中的高祖遗臣陆续都被排挤出去。丞相陈平虽因依附吕后而保留其位，但也被吕后派人暗中监视。朝中局势使刘氏宗室和功臣们人人自危，但又不甘心自己的权力被吕氏宗族夺去，于是就暗中联络，谋划铲除诸吕，安定社稷，重建刘氏天下。

诛灭吕氏　迎立汉帝

公元前180年，吕后突然病重不起，她自知大限将至，便令吕禄为上将军，掌控北军；吕产为相国，掌管南军，为自己死后诸吕把持朝中军政大权作了最后安排。

吕后驾崩后，太尉周勃、丞相陈平及刘姓诸王遂联合发动政变。周勃秘密潜入北军，对全军将士说："拥护吕氏的袒露右肩臂，拥护刘氏的袒露左肩臂。"北军将士听后，皆袒露左肩臂，愿为刘氏效忠。周勃于是派宗室刘章率千名北军兵将攻入未央宫，出其不意地一举诛杀了控制南军兵权的相国吕产和长乐宫卫尉吕更始。消息传来，周勃大喜说："我所担心的唯有吕产一人，如今已将他诛杀，天下定矣。"于是下令捕捉诸吕，将吕氏势力一网打尽。而后众臣迎立代王刘恒为帝，是为汉文帝。至此，刘氏与吕氏之间的一场大争斗宣告结束，西汉政通人和的一个新时期也从此开始了。

西汉　玉组佩（西安市新城区动物园出土）

知识链接

【西汉的南军与北军】

南军和北军都是汉初设置在长安城内的禁卫军。南军属卫尉统领，负责守卫皇宫。北军属中尉（后改名为"执金吾"）统领，负责长安城除宫城以外所有地区的守护，其中城门及城郊由城门、步兵校尉掌管。北军实力超过南军，它们均为中央政府直接控制的常备军。

世界大事记

前141年，美索不达米亚并入帕提亚。

黑色。

前138年，张骞应募出使西域。

第一个封建盛世的开端

汉文帝与『文景之治』

从西安市向东来到灞河西岸，在灞桥区毛西乡附近的杨疙塔村可以看到一座自然而成、气势磅礴的帝王陵墓，这便是安葬汉文帝刘恒的霸陵。

时来运转 庶子即位

刘恒是庶出的皇子，他的母亲薄姬只是高祖刘邦的一个妃子，并不十分得宠。刘恒七岁时，高祖平定了陈豨在代地（今山西、河北一带）的叛乱，刘恒遂被封为代王，并与母亲薄姬移居代地，在代地的首府中都（今山西平遥附近）居住了17年之久。

吕氏集团的势力被消灭后，因为汉惠帝没有儿子，长安一时出现了最高权力真空的现象。周勃、陈平等功臣宿将认为，刘恒在朝廷里没有势力，不会滥用皇帝的权势，其母薄氏亦宽厚谨良，于是众臣将他从代地请到了长安继承皇位。

汉文帝画像

汉文帝继位时虽然只有23岁，却富有智谋，善于应付复杂的局面。他迅速控制了政局，使社会秩序从战乱走向安定。

“无为”治国 汉运昌盛

汉文帝继承了汉高祖无为而治、与民休息的政策。他提倡以农为本，还多次颁布诏令，号召发展农业。公元前168年，文帝又采纳了晁错的建议，实行纳粟拜爵的政策，即凡是给国家献一定数量粮食的人，就可以得到相应的爵位。为了防御匈奴侵犯，文帝还下令将粮食先运到长城一带，使边境地

汉代 子母螭龙纹璏

1983年西安市草滩乡张千户村出土。高2厘米，长10.2厘米，宽2.5厘米。装在剑鞘中部用以穿剑带之钮称“璏”，亦称“璲”。该璏为青玉质，正面高浮雕一对子母螭龙，二者造型、姿态基本相同，侧首相望，作奔戏状。雕琢此璏的玉料局部有糖色，制作者采用“俏色”的技法，使大螭龙的头、肩显现出糖皮，为活灵活现的子母螭龙锦上添花。

历史百科问答：秦汉时，麻鞋又称“不借”，为什么？

区的存粮够五年使用，然后再供内地各郡贮藏。这项政策实行以后，国家的粮食储备大大增加，农民的赋税负担也有所减轻。为了鼓励农民发展农业，汉文帝还实行了轻徭薄赋政策。他将土地税由高祖时的“十五税一”改为“三十税一”，以后又下令免除了全部土地税。同时文帝还将人头税由原来的每人120钱减为40钱，并将原定的每个劳动力每年服一月徭役改为三年服一月徭役。

此外，文帝还取消了禁止在国家或皇室所属山林川泽采伐、捕捞鱼虾、种植粮食的法令，并多次下令赈贷鳏寡孤独，救济穷困老弱。这些措施的实行，使民众生活得到了相对的安定和提高，人口也不断增加，整个社会经济出现了繁荣景象。

西汉　彩绘女俑（西安市洪庆村汉墓出土）

招贤纳谏　节俭宽松

汉文帝统治时期，政治上也较为清明。即位后第二年，他就颁布诏令，要求各级官员举贤荐能，广泛招揽人才，开创了两汉的察举制度。他还鼓励大臣上书言事，以了解民情，匡救过失。他吸取秦朝因法令苛酷而灭亡的教训，先后废除了“诽谤妖言法”和“连坐法”，并且废除了肉刑，大大放宽了刑律。

汉文帝在历史上还是一个以节俭著称的皇帝。有一次，他打算在未央宫里建造一座露台，便让工匠先做一个预算。工匠说需要花费百金，文帝觉得太高，便说：“百金，这可是中等人家十家的资产啊！”最后终于使建造露台的事作罢。

由于采取了各种有效的措施，在汉文帝当政时期，经济逐步恢复，生产得到发展，景帝时又继续实行“无为而治”的休养生息政策，使西汉的国力逐渐强盛起来，出现了史书上所称道的“文景之治”。

知识链接

【黄头郎邓通】

有一次，汉文帝梦见自己要登天，但总不成功，这时有一黄头郎在身后将自己推上了天。梦醒，文帝信步至渐台，见一黄头郎似梦中人，便招至前询问。此人姓邓名通，恰与梦中登天畅通相合，于是召邓通入宫，日渐尊宠。文帝还赐邓通蜀郡严道铜山，邓通得以私自铸钱。时人称：“邓氏钱，布天下。”

世界大事记

前137—前132年，西西里岛奴隶起义，建立「新叙利亚王国」。

麻料易得，人各自有，不须假借，故麻鞋又称“不借”。

前134年，汉王朝令郡国举孝、廉各一人，察举制确立。

法者，天子所与天下公共也

张释之执法的故事

张释之是汉文帝时的大臣，以正直、敢于犯颜直谏知名。

不畏权势 弹劾太子

有一次，太子和梁王乘车进宫，未按法令规定在司马门下车，被当时任公车令的张释之拦住。张释之非但不让他们进宫，还郑重其事地上朝弹劾太子，要求依法处罚。这件事惊动了文帝的母亲薄太后，她听说有人在朝堂上弹劾孙子，不禁大怒，但了解事情的原委之后，薄太后深明大义地表示，张释之执法谨严，此事是孙子做得不对，并责备文帝没有好好教育儿子。文帝忙摘下皇冠，向薄太后赔罪。这件事使张释之名声大噪，汉文帝还因此擢升他为中大夫，不久又提拔他做了廷尉。

汉 “维天降灵 延元万年 天下康宁”十二字瓦当
（西安市北郊汉长安城遗址出土）

依法量刑 秉公执法

一天，汉文帝出行过灞河，当车驾经过中渭桥时，有一个人冒冒失失地从桥下跑出来，直冲到文帝的车驾前，惊了舆马。文帝非常生气，下令逮捕了此人，并交给廷尉张释之处理此事。经过审讯后得知，这个冲撞文帝舆马的人原来是听到皇帝行车驾到，因为来不及躲避，就藏在了桥下面。过了一会儿，他以为车马已走远，便从桥下出来，不

西汉 鎏金铜铺首

1973年延安市官庄乡庙原村出土。长11厘米，宽9厘米。铺首是门扉上的饰物。这件铺首通体鎏金，以浮雕和线刻手法制成，线条刚劲流畅，制作精细。

历史百科问答：秦汉时，“良家子”指什么人？

西汉　彩绘步兵俑（咸阳市汉长陵陪葬墓出土）

料却正好撞上文帝车驾，他惊慌地拔腿就跑，结果使马受了惊吓。张释之依照法令，罚此人黄金四两结案，并上奏文帝。不料文帝却大怒道："此人惊了我的马，多亏我的马性情柔和，没有将我掀翻在地，如果是别的马，那还不让我受重伤吗？你却只罚了他四两黄金，为什么不判他死刑？"张释之回答说："国家法令应是天子与百姓一起遵守，如今法令是这样规定的，若加重处罚，是法律不能取信于民了。当时陛下若说此人是刺客，下令处死也就罢了。但既已交给廷尉处理，廷尉可是必须按法律公平办事的，一旦发生随意执法的事，天下用法都随心所欲地或轻或重，那么老百姓怎样才能知道如何守法呢？请陛下明察。"文帝听后沉默不语，良久后才说："廷尉做得对。"

这件事过去不久，汉高祖长陵就发生了盗窃案。有一人偷盗了高祖庙座前的玉环，破案后，张释之按盗窃宗庙珍宝、服饰、器物罪依法判处盗贼"弃市"。但文帝觉得判刑太轻，非常生气地说："此盗贼太猖狂了！竟敢偷盗先帝庙里的器物！我让廷尉处理此案，是想判处此人灭族重罪，而廷尉却上奏只杀掉他一人，这样怎么能显出我继承宗庙彰显孝道的重要呢？"张释之见文帝动怒，便慌忙摘下官帽叩头谢罪，但仍坚持自己的意见说："陛下，根据法律规定将盗贼判处'弃市'已是最重的刑法了，且判处弃市还是灭族罪，应该按照罪行情节的轻重来定。如果现在对盗窃宗庙器物的人判处灭族罪，那么有朝一日若有小民公然去挖掘祖庙，陛下又要用什么国法来治罪呢？"文帝被张释之秉持公义、犯颜谏上的做法所震动，遂允准了张释之的判刑。

由于张释之执法严明，在他任廷尉期间避免了许多冤案，得到百姓的普遍赞誉。时人称赞他说："张释之为廷尉，天下无冤民。"

知识链接

【犯跸（音bì）】

皇帝出行时要清道禁止人行走，称"警跸"，犯了警跸即"犯跸"。汉令规定："跸先至而犯者，罚金四两。"

世界大事记

前135年，塞琉古王安条克七世亲征耶路撒冷，毁坏城墙。

非医、巫、商贾、百工家的子女，称为"良家子"。

西汉 鎏金银竹节铜熏炉

1981年兴平市豆马村出土。高58厘米，底径13.3厘米。熏炉是古代室内熏香除秽的器具。该熏炉为铜铸，通体鎏金银。炉盘和炉身是分铸铆合而成，圈足底盘透雕两条蟠龙，翘首张口咬住竹柄，柄端铸三条蟠龙，均以头承托盘腹。盘腹下部饰蟠龙纹，线条流畅，造型奇妙。熏炉盖口沿与底座铸有铭文，记述了炉的制造年月及重量等，具有很高的历史和艺术价值。从器物铭文可知，此器应是汉武帝赐给阳信长公主及其丈夫大将军卫青的赏物。

百男何愦愦 不如一缇萦

缇萦救父与汉文帝除肉刑

汉文帝时，在齐国临淄（今山东淄博）有一个名医叫淳于意，他自幼喜爱医学，先后拜当时的名医公孙光、公乘阳庆等为师。因为他曾在家乡任太仓令，所以也称他为“仓公”。

仓公获刑 押解长安

淳于意在家乡行医时，有一次，接诊医治一个大商人妻子的病症，不料药铺抓错了药，病人吃药后病情加重，不几天便身亡了。于是大商人仗势向官府告状，说淳于意错治了夫人之病。当地的官吏偏听一面之词，判淳于意“肉刑”。所谓“肉刑”，就是处以在脸上刺字或割去鼻子，同时砍去左足或右足的一种刑罚。这在当时属于重刑，要押解到长安去执刑。

淳于意没有儿子，只有五个女儿。在他被押送去长安之前，女儿们都出来为父亲送行。淳于意望着女儿们连声叹气说：“唉，可惜我没有男孩，遇到急难时，也没有人能帮我。”几个女儿都低着头哭泣，只有最小的女儿缇萦既悲伤，又气愤。她想：为什么女儿就没有用呢？我一定要到长安去，想办法搭救父亲。于是她草草收拾了一下行装，不顾家人的再三劝阻，跟着押差陪父亲去了长安。

小女御状 文帝废刑

缇萦来到长安后，托人写了一封上诉状，便独自来到未央宫门口，请侍卫将诉状转呈汉文帝。

汉文帝接到上诉状，得知上书的是个小姑娘，很是惊奇。只见那奏章上写道：“我叫缇萦，是临淄太仓令淳于意的小女儿。父亲为官时，齐地的人都称赞他清正廉直。如今父亲在行医治病时，因药铺抓错了药而使病人身亡，父亲因此被判为肉刑。我不但为父亲难过，也为所有受肉刑的人伤心。一个人砍去脚就成了残废，割去了鼻子，不能再安上去，日后若想改过自新也不可能了。我情愿给官府收为奴婢，替父亲赎罪，好让他有个改过自新的机会。”

汉文帝看完诉状后，深为缇萦的孝心和勇敢所震动，于是召集众大臣商议一个代替肉刑的办法。大臣们经过商议，决定将肉刑改为打板子。原来判砍去脚的，改为打500板子；原来判割鼻子的，改为打300板子。汉文帝当即就正式下令废除肉刑。

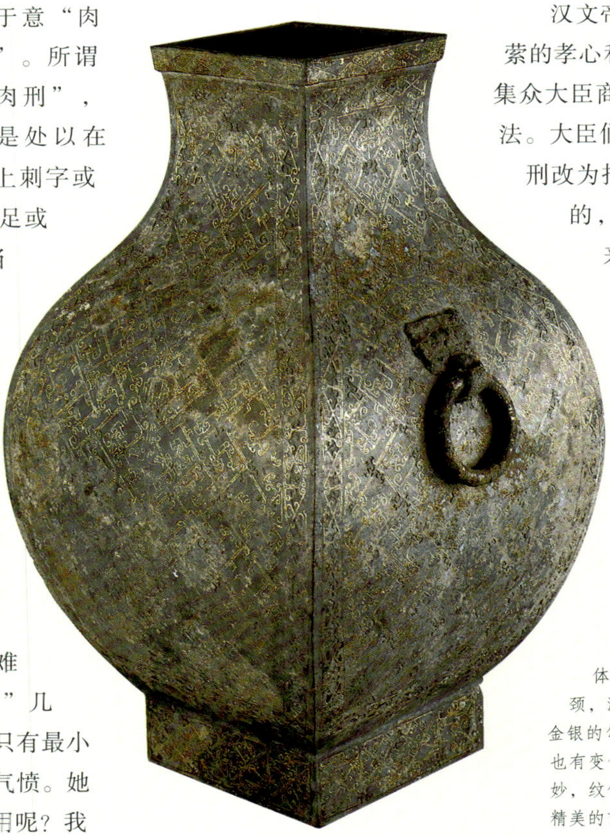

西汉早期 错金银勾连云纹铜钫（音fāng）

1964年12月西安市莲湖区南小巷出土。高61.5厘米，口边长16厘米。该钫体大厚重，略呈方形，直口短颈，深腹方圈足。器身表面布满错金银的勾连云纹，随部位的不同纹饰也有变化。该铜钫设计精心，构思巧妙，纹饰繁缛有条有序，是一件制作精美的艺术实用器物。

世界大事记

前117年，埃及托勒密八世发起远征探险，经红海至印度。

前115年，张骞出使匈奴归来，西域开始与汉相通。

医德谨厚 首创"医籍"

为了了解淳于意的真实医术水平，汉文帝还特意召见了淳于意，询问他行医的情况。淳于意详细叙述了自己学医、行医的情形，并具体论述了25个病案，包括病人姓名、年龄、性别、职业、籍贯、症状、诊断、病名、治疗经过、疗效等。汉文帝听后，觉得淳于意并不是地方官府案卷所说的是个庸医，而是一位治病救人、尽职尽责的好医生。于是就宣告淳于意无罪，让他继续行医。

淳于意能深谙病人个案，是因为他在行医后不久便深觉病人的情况各异，究竟诊断为什么病，服用什么药，是好转、痊愈还是死亡，只凭记忆是不够的。如有的病人中间隔了一段时间再来就诊，当时什么症状、怎样治疗，由于没有记录无从查找，对进一步辨证施治和总结经验十分不利。于是，他就把前来就医的每一位病人的有关情况详细记录下来。这样做的结果，使行医更加方便有效。他的记录病案的做法遂被传承下来，为后世医生所沿用，成为我国历史上最早的病历雏形，人们还将此病案称为"医籍"。

淳于意虽然没有儿子，但他的小女儿缇萦以

西汉　塑衣式持物紫服跽坐俑（咸阳市汉阳陵陪葬墓出土）

她的勇敢和坚强，不仅使她的父亲免遭肉刑，而且还促成了中国古代刑罚制度的一次改革，这使缇萦长期以来成为人们称颂的女性之一。班固曾在《咏史》中赞叹道："百男何愦愦，不如一缇萦。"

西汉　彩绘陶钟（陕西历史博物馆藏）

知识链接

【"诽谤妖言"罪】

秦汉时，有所谓"诽谤妖言"罪。凡以怪诞不经之说非议、诋毁皇上或其他不利于统治者的言论，即被认为"妖言"或"诽谤"。高后元年（前187）下诏除"妖言"令，后又设之。孝文帝二年（前178）又下诏除"诽谤妖言"罪。但终西汉一代，此罪并未真正取消。

贾生才调更无伦

青年政论家贾谊

西汉文帝时，在国都长安有一位出类拔萃、见识超群的青年政治家。他年轻聪颖，才华横溢，志向远大，观察问题深刻敏锐，在西汉初期的政治活动中发挥过重大作用。他就是贾谊。

少年俊杰 出类拔萃

贾谊是河南洛阳人。他18岁时就显露出不同凡响的才华。河南郡守吴公很赏识他，便将他召入门下。汉文帝即位后，吴公被任命为朝廷的最高司法官廷尉，他向文帝极力保荐贾谊。这样，贾谊便来到长安，当了为皇帝解答疑问和管理各种书籍的博士。

当时贾谊只有20多岁，在西汉朝廷的博士中他是最年轻的。由于贾谊才思敏捷加以少年气盛，很快就在同僚中脱颖而出。

西汉早期 蒜头壶

1985年长安区杜曲镇出土。高41.3厘米，口径3.7厘米。蒜头壶是古代盛酒器。该壶体瘦高，短直口，缘下一周呈倒蒜头形，颈部细长，颈中部略下有一圆箍，腹部较扁，圈足略高。

贾谊画像

按照当时的惯例，每当皇帝要制定诏令或者商议国事时，博士都要发表自己的意见。贾谊在汉文帝召对时，总是首先发言，别人还未想好该说什么，他已对答如流，说得头头是道。因此，汉文帝对他的才华十分欣赏，不久就把贾谊提拔为具有皇帝顾问职能的太中大夫。

贾谊当上太中大夫以后，一心想充分发挥自己的才干，因而在朝廷里不断发表自己对于治理国家的见解。汉初各种律令、法度皆袭自秦朝，所以贾谊提出了“改正朔，易服色”“兴礼乐”及让列侯

世界大事记

前115年，帕提亚控制阿姆河流域。汉朝派使节访问帕提亚。

妹妹。

都回到封国的建议。时文帝初即位，骤改法令还不合时机，便未采纳贾谊的建议，但这些建议却成为后来汉武帝改革法度的先声。

后来，文帝想擢升贾谊为公卿。秦汉时期，中央政府实行三公九卿制，公卿是中央各部门的最高长官。贾谊一旦进入公卿行列，地位就超过了一般的大臣。一些开国元老听说以后，自恃功劳很大，根本看不起这个无尺寸之功的少年，对贾谊心怀嫉妒，处处排挤贾谊。他们对文帝说："贾谊是个洛阳少年，年龄不大，正是开始学习的时候，但他一心想控制朝政大权，这样，国家非乱套不可。"

西汉　龟形铜熏炉（西安市北郊出土）

遭受诋毁　英才早逝

当时文帝即位不久，政治上还必须依靠这批元老扶持，而贾谊虽然少年得志，在朝廷上却没有势力。权衡轻重，文帝便不再重用贾谊，并将他贬出长安，让他担任长沙王太傅。太傅是辅导诸侯王的一个官职，没有什么实权，于是贾谊就成为一个可有可无的闲散官员。

贾谊被贬职以后，郁郁寡欢，在长沙的三年中，他写出了《吊屈原赋》《鹏（音fú）鸟赋》等作品，用自己遭人诋毁、被迫离开长安的心情，和屈原理想不能实现、痛苦流离的遭遇作比较。之后他又写了《治安策》《陈政事疏》《过秦论》等文章。这些文章是贾谊针对社会时政提出的切实可行的具体建议和政论。但是，自从贾谊被贬出长安以后，就再也没有机会直接参与朝政。

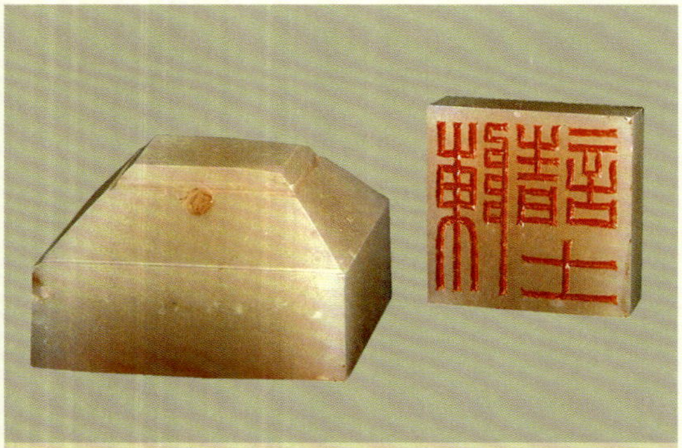
西汉　"陈请士"玉印（西安市未央区范南村出土）

后来，文帝曾把贾谊召回长安一次。当时，文帝刚进行过祭祀，就同贾谊谈论有关鬼神之事。两人在未央宫前殿的宣室里一直谈到半夜。文帝被贾谊的才华和博学所折服，叹道："我好久没召见贾生了，本以为自己超过了他，今天才知我还是不如他。"唐朝诗人李商隐为此还写了《贾生》一诗："宣室求贤访逐臣，贾生才调更无伦。可怜夜半虚前席，不问苍生问鬼神。"感叹文帝在极为庄重的地方，却只同贾谊谈论鬼神之事，使杰出的人才很难施展治国本领，不能造福于民。

贾谊被召见不久，便被拜为文帝爱子梁怀王的太傅。有一次，梁王骑马不慎掉下来摔死了。贾谊认为是自己失职，心情更加抑郁。他时常感伤哭泣，不久感染疾病，年仅33岁就病死了。

知识链接

【汉代的"对策"】

汉文帝十五年（前165），文帝下诏举贤良能直谏者，并亲自出题策问。察举对策制度自此始。对策，又称"策试"，就是把策题书于简册之上，使应举者作文答问。王朝往往因灾异、动乱而下诏特举，使应举者对策进言，君主常亲自主持策问并阅读策文，依文章高下授予相应官职。汉武帝时，察举制正式确立下来。

吴楚兵起『智囊』屈死
『七国之乱』与冤杀晁错

景帝时期，长安又出了一位青年政治家。他同样知识渊博，志向远大，思想敏锐，观察问题深刻，并一度成为汉景帝的主要谋士。他就是晁错。

脱颖而出的年轻“智囊”

晁错在少年时期曾学过战国申不害、商鞅等法家的学说。汉文帝时，晁错曾任太常掌故。后来又受诏服侍太子刘启，担任太子舍人、门大夫、太子家令。由于晁错才思敏捷，计谋很多，为太子出过不少主意，因而被称为太子家的“智囊”。

当时，北方的匈奴多次入侵西汉边境，晁错便上书文帝，建议把巩固和加强边防、发展农业生产作为最重要的两大政事，并提出“纳粟授爵”和“募民实塞”两项建议。“纳粟授爵”是让民众交纳粮食，国家再按照交纳粮食数量的多少授予一定的爵位；“募民实塞”就是招募农民到边疆开荒种地，充实防守边塞的力量。晁错的这两项建议都受到了文帝的赏识，被正式采用。后来，文帝颁布求贤诏令，让有关部门推荐贤良文学之士，晁错也在被推荐之列，文帝便将他提拔为作为皇帝顾问参谋的中大夫。

文帝驾崩后，太子刘启即位，是为汉景帝。由于晁错曾侍奉过景帝，很得景帝的信任，景帝便任

西汉 着衣式铠甲武士陶俑

咸阳市汉阳陵南区20号从葬坑出土。高56.5厘米。汉阳陵出土了大量身穿皮革甲衣的武士俑，俑体是按真人比例塑造的裸俑，再配上特制战袍，外披皮质甲衣，这种制作方式和风格实属罕见。而大量披甲武士俑的随葬，反映了汉景帝时期重装兵种的进步和强大，也反映了西汉国力的增强。

世界大事记

前113年，日耳曼条顿人、森布里人进入内高卢。

正月。

前111年，汉平定南越，以其地为南海等九郡。

命他为掌管京师行政大权的内史。从此晁错在参与国事上更加积极。他多次上书，议论国家事务，发表自己的看法和建议。他所上奏的事情，景帝没有不听从的，国家的法令有很多就是按照他的建议修改制定的。由于景帝对晁错的宠爱和信任超过了其他官员，所以引起了朝中一些大臣的嫉妒和不满，为晁错后来蒙冤被杀种下了祸根。

“清君侧”与晁错之死

刘邦建立汉朝后，曾在全国各地分封了一批同姓子侄为诸侯王。到文帝和景帝时，这些地方诸侯王的势力越来越大，对中央政府构成了严重威胁。同时，大地主、大商人的势力也不断发展。看似平静的“文景之治”背后，却隐藏着较为严重的社会危机。晁错敏锐地观察到了这个问题。

针对社会现实矛盾，晁错上书提出实行重农抑商政策，以农业生产为立国之本。他担任御史大夫后，多次上书揭发诸侯王的罪过，请求景帝削减诸侯王的地盘，制约诸侯王的势力。为此晁错还先后更改修订了30多章法令。这些措施使他更加得罪了皇帝宗室和一些元老大臣，各地诸侯王也都

汉代 鸟形柲（音bì）冒

1972年西安市第二机砖厂出土。长6.6厘米，宽7厘米。柲冒是古代安装在戈上端的饰件，柲的另一端安装镈或镦，与冒相对应。此柲冒为扁圆形鸟体，头顶有扁冠，冠上有一圆孔，双翅拢于腹，尾部上翘张开。

西汉 彩绘男骑兵俑（咸阳市汉阳陵出土）

西汉 河间食宿官扁壶

1961年西安市未央区三桥镇高窑村出土。高30.4厘米，口径7.9厘米。壶体呈扁椭圆形，带盖。盖中央有一小钮带环，壶肩部有铺首衔环各一，壶腹微凸，其轮廓呈“心”形。器盖和腹部錾（音zàn）刻有铭文。铭文“河间”位于今河北省境内，因地处黄河与永定河之间而得名；“食官”指掌饮食的官员。

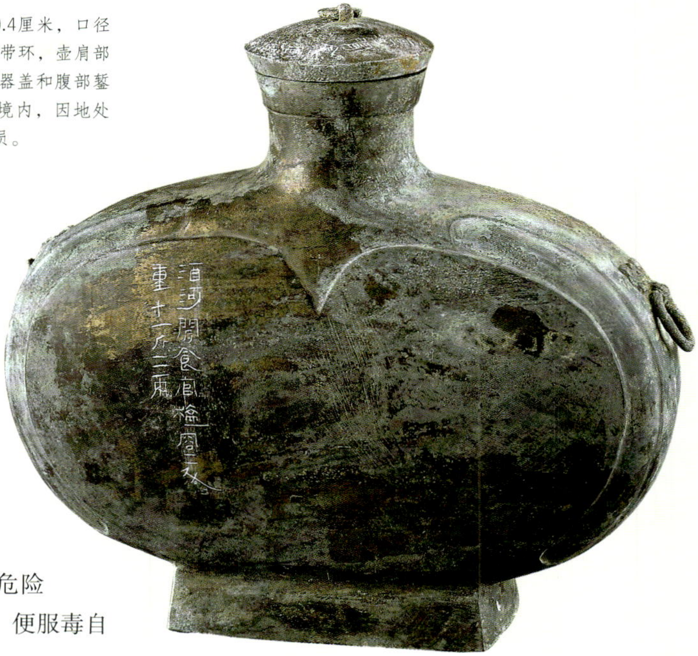

视他为眼中钉。晁错的父亲听到这些消息以后，从家乡匆忙赶到长安，对晁错说：“你这样锋芒毕露，还要削弱诸侯王的势力，他们可都是皇帝的骨肉亲属，你招惹他们的怨恨，究竟为什么？”晁错回答道：“我知道这样做会招来怨恨，但是不如此，皇帝就没有人尊敬，刘家的天下也不会稳定。”他的父亲叹了口气，说：“刘家的天下稳定了，而晁家却危险了。我不能眼看着大祸临头啊！”说罢，便服毒自杀了。

汉景帝前元三年（前154），以吴王刘濞为首的七个诸侯国举行叛乱，历史上称为“吴楚七国之乱”。他们打着“请诛晁错，以清君侧”的旗号，武装对抗中央，向长安进军。当时，一些和晁错有私人成见的大臣，纷纷指责晁错。袁盎、窦婴等大臣趁机对景帝说：“七国反叛的责任只在晁错一人，只有杀掉晁错，且派遣使者安慰诸侯王，反叛自然就会平息。”景帝沉默良久后才说：“既然是这样，我不能因为喜爱一人而得罪天下。”于是用计骗来晁错，可怜晁错竟身着朝服被腰斩于长安东市。

晁错死后，反叛却没有因此而平息，最终还是大将周亚夫率领军队，以武力平定了七国之乱。参加平定叛乱的将领邓公对景帝说：“诸侯国蓄谋反叛已数十年了，而今只不过是以请求杀掉晁错为借口。晁错的所作所为，完全是为了国家和陛下，陛下杀了晁错，以后谁还敢给朝廷出主意啊？”听了邓公的话，景帝深知冤杀了晁错，但后悔已经来不及了，晁错就这样成为宫廷政治斗争的牺牲品。

西汉 “太官之印”铜印（咸阳市汉阳陵出土）

知识链接

【晁错受《尚书》】

文帝时，诏求天下能治《尚书》者。故秦博士济南伏生习研《尚书》独精，但伏生时年九十余，老不能行，文帝便遣太常掌故晁错前往受书。伏生因年老发齿脱落，言语不甚清晰，便让其女传言教晁错。而齐人语与颍川语（晁错是河南颍川人）又多有异，晁错不懂者凡十之二三，只略通大旨而已。

世界大事记

前111—前105年，罗马与努米底亚发生朱古达战争。

博士、博士弟子。

前110年，桑弘羊主持推行均输、平准政策。

纪律严明 军令如山
周亚夫军细柳

西汉前期，在我国北部地区活跃着一个强盛的游牧部族——匈奴。他们时常发兵向南进攻，抢掠中原地区的财物和民众，给西汉王朝构成了极大威胁。汉文帝后元六年（前158），匈奴六万骑兵向中原地区发动了大规模进攻。为保卫都城长安，汉文帝派遣了三路大军，分别驻扎在长安附近的霸上、棘门和细柳。

将门虎子威名扬

一天，汉文帝亲自带领随从，前往军营视察和慰问。他先到霸上，只见军营的大门敞开着，汉文帝和随行的车驾便毫无阻拦地闯了进去。这时，带队的将军才慌忙骑马去迎接皇帝的到来，军营里乱作一团。接着，汉文帝一行又来到棘门军营，遇到的情景同霸上一样。之后汉文帝又去视察驻扎在细柳的军营。

周亚夫画像

远远地，汉文帝就看见军营的大门紧闭着，守卫军营的将士们身披盔甲，箭上弦，刀出鞘，完全是一副如临大敌、随时准备战斗的样子。汉文帝的先遣队到达营门后，立即遭到了岗哨的阻拦。先遣的使者傲慢地训斥士兵：“皇上马上就要驾到！”守卫营门的士兵沉着回答道：“军营之中只听将军的命令，不奉皇帝的诏书，如今将军还没有下令，因此不能放你们进去！”正说话间，汉文帝的车驾已到了营门前，士兵们照旧不予放行。汉文帝只好拿出皇帝的符节，派人给军营里的将军传话：“皇帝要到军营视察和慰问。”

细柳军营的主将名叫周亚夫，是老将周勃的

西汉 四神空心砖

兴平市茂陵附近出土。长117厘米—119厘米，宽38厘米—39.5厘米，高20厘米—21厘米。“四神”在汉代也叫“四灵”，是指把守上天四界的四种神兽，即东青龙，西白虎，南朱雀，北玄武。四神纹往往出现在皇宫和一些大型礼制性建筑构件上，以代表吉祥和顺。这四件空心砖上的四神纹均为浅浮雕，青龙腾空欲飞，白虎健壮肥硕，朱雀引颈展翅，玄武龟蛇相绕。四神的线条刚劲有力，神态造型生动，呼之欲出。

历史百科问答：《春秋繁露》的作者是谁?

西汉 铠甲武士俑群

咸阳市汉阳陵南区20号从葬坑发现的铠甲武士俑群，位于帝陵的东南，出土了着衣式彩绘铠甲武士俑、兵器、车马器、生产工具、生活用具等文物。从排列阵容和出土文物来看属于军事性质，可能是西汉时期南军的缩影。

儿子。周亚夫接到皇帝的符节后才下令打开营门，让汉文帝的车驾进入军营。汉文帝一行刚进入营门，守营的军官马上郑重地说："将军有令：军营之内不准车马奔驰，否则按军法处置。"汉文帝一行只得老老实实地放松了缰绳，让车马缓慢地前进。

到了将军的大帐前，只见周亚夫全身披挂站在那里迎接。周亚夫拱手作揖，大声说："臣盔甲在身，不能下拜，请允许臣以军礼相见！"

世界大事记

前107年，盖约·马略出任罗马执政官，其后六次连任。

董仲舒。

汉文帝被军营里的严肃气氛所感染，连忙端正姿态以示答礼。

慰问结束后，在返回长安的途中，汉文帝的随从纷纷责怪周亚夫对待皇帝太没有礼貌。汉文帝却不这样认为，他由衷地赞叹道："这才是真正的将军啊！霸上和棘门的驻军简直不像个军营，如果敌人偷袭，他们不做俘虏才怪呢！像周亚夫这样治理军队，敌人怎么敢来侵犯呢？"

通过这一次视察，汉文帝发现周亚夫是位不可多得的优秀军事人才。匈奴退兵后，文帝就提升了周亚夫的官职。文帝驾崩前还特意嘱咐太子刘启说："将来如发生变乱，周亚夫一定可以承担起统率全军的重任。"

汉阳陵东侧13号坑发掘现场（咸阳市）

平定"七国之乱"

"七国之乱"爆发后，汉景帝想起了文帝临终前的嘱咐，便任命周亚夫为太尉，让他率领36位将军带兵前去平息这次叛乱。周亚夫率领着千军万马，由长安向东进发。吴王刘濞听到这个消息后，急忙在一处地势险要的山口埋伏了一支军队，企图在朝廷兵马出关的途中进行偷袭。而周亚夫对此早有防备，他星夜进军，绕道出了关中，直趋洛阳。由于叛军人多势众，周亚夫极力避免与叛军正面作战。他派出一支精悍的骑兵部队绕到叛军的后方，切断了他们运输粮草的道路。叛军粮食匮乏，人心涣散，只得撤兵。周亚夫乘机指挥精兵追击，叛军大败。"七国之乱"前后只有三个月，就被周亚夫率兵平定了。

周亚夫之所以能够取得战争的胜利，同他平时严格治军是分不开的。"周亚夫军细柳"也成为一个治军严明的故事永远流传。

西汉　着衣式彩绘武士陶俑头（咸阳市汉阳陵南区从葬坑出土）

知识链接

【霸上】

军事要地，即灞上，在今西安市东灞河西之高原上。这里地势高亢，东有灞河，西有浐河，背为秦岭延伸出之高原丘陵，北面渭水，距都城长安较近，是攻入长安的军事咽喉。

中国大事记

前106年，汉王朝设十三部刺史。

历史百科问答：年号是历代皇帝表示统治纪年的一种制度，它始于何时？

身经坎坷 手握重权

窦太后崇《老子》

西汉初期从高祖刘邦到武帝初年，在七八十年的时间里，统治者一直信奉黄老之学，实行“清静无为、与民休息”的政策，这种状况，在景帝窦太后时期达到了顶峰。

西汉　铜鸠杖首（西安市草滩废品回收站征集）

宫女当了皇后

窦太后出身于平民家庭，少时家境贫困，也没有名字，后人就称她“窦姬”。吕后当政的时候，窦姬由良家子选入宫中服侍吕后。后来，吕后把一批宫女遣送出宫，赐给各诸侯王，每个诸侯王分配五人，窦姬就在这批宫女之中。窦姬家在清河（今河北武邑东南），想到赵国离家乡较近，窦姬就请求主管遣送的宦官一定将自己的名字写在去赵国的名册里，但后来宦官把这件事忘了，顺手将她的名字写在去代国的名册中了。窦姬听说自己被分配去代国，心生伤悲，痛哭流涕。直到奉诏起程时，她才勉强动身。

没想到去代国后，代王刘恒偏偏只宠爱窦姬，并和她生下女儿刘嫖和两个男孩，长子就是后来的汉景帝刘启，少子是梁孝王刘武。汉文帝刘恒入主未央宫后，窦姬便被立为皇后。

喜好《老子》 坚守“无为”

汉文帝时，实行轻徭薄赋、与民休息的政策，国家的经济形势和老百姓的生活都有了好转。窦皇后虽然不懂朝政，但是早年的贫寒家境和经历使她明白，官府管得少一点，少扰民，百姓的日子才好过。由此，她也喜欢起黄老之学，特别爱读《老子》一书。

文帝去世后，景帝即位，窦皇后也变成了窦太后。在治国大政方针上，窦太后教导景帝继续实行文帝时的政策。在窦太后的强制下，“景帝及诸窦

西汉　彩绘跽坐俑

1966年西安市东郊任家坡窦太后陵随葬坑出土。高33厘米。俑呈跽坐姿态。发分两颞，至颈后收束为长垂髻。该俑眉清目秀，身穿三层曲裾深衣。通体彩绘，生动地表现了皇亲贵族家中一位克尽职守侍女的形象。

世界大事记

前106年，罗马执政官马略率部将苏拉进军努米底亚。

汉武帝时期。

前105年，汉以宗室女细君为公主，与乌孙王和亲。

西汉 虎纹韘（音shè）形玉佩

1955年西安市西郊沣河明渠工地出土。高5.8厘米，宽5.7厘米。韘是人们射箭时佩戴在右手大拇指上用来勾弦的工具。韘形玉佩是由韘演变而来，该韘形玉佩为白玉质，造型呈心形，中心圆孔透雕一虎纹，虎蜷曲盘绕，动感十足。两侧为卷云纹，线条流畅灵动。

不得不读《老子》，尊其术”。转眼间，景帝又撒手西去，窦太后又变成了太皇太后。继任的汉武帝对儒家思想更感兴趣，在武帝的身边，聚集着一批儒生。但太皇太后摄政，仍遵循前代清静无为的政策。

一天，一个叫袁固的儒生竟在太皇太后面前说《老子》不过是“家人之言”，意思是管不了大事，登不上大雅之堂。气得太皇太后两手发抖，一气之下罚他去和野猪搏斗，这等于将袁固变相处死。幸亏汉武帝私下里偷偷塞给袁固一把锋利无比的匕首，袁固才侥幸杀死野猪，捡回一条命。黄老之学在最高统治者的扶植下达到了它的鼎盛期。

景帝后期，淮南王刘安召集宾客撰写的鸿篇巨著《淮南子》（又名《淮南鸿烈》）问世。汉武帝建元二年（前139），刘安将其献给朝廷，此时正是窦太皇太后摄政期间。《淮南子》是一部集黄老之学之大成的巨著，它系统地阐述了道家思想的理论，保留了极其丰富的传统文化内容，它的出现，可谓应运而生。

朝廷里的儒生们却不甘心无所作为，他们建议武帝以后议事不要经过太皇太后，欲剥夺太皇太后的摄政权。太皇太后闻知后大怒，将参与此事的御史大夫赵绾和郎中令王臧逮捕入狱，令其自杀，同时还罢免了丞相窦婴和太尉田蚡的官职，朝臣震恐。直到武帝建元六年（前135），年迈的太皇太后去世了，坚持了几十年的黄老之学才被“独尊儒术”所代替。

知识链接

【黄老之学】

黄老之学始于战国，盛于汉初，时人称之为“道家”。它假名黄帝和老子，熔铸道、法，兼采儒、墨、阴阳诸家观点而形成独立的思想体系，成为汉初“休养生息”“无为而治”的理论依据。1973年，长沙马王堆汉墓出土了《黄老帛书》，为探索黄老思想提供了珍贵的文献资料。

汉 彩绘陶鹅（西安市郊出土）

汉景帝立太子

『金屋藏娇』与政治交易

在汉景帝阳陵陵区中，并排耸立着两座高大的陵墓。其中，东面的一座是景帝王皇后的陵墓，西面的一座是景帝刘启的阳陵。说起王皇后，还有一段曲折的故事。

民女“改嫁”太子 后宫诸姬谋位

汉景帝画像

王皇后名叫王娡（音zhì），她的母亲臧儿是高祖时曾受封为燕王的臧荼的孙女，后来嫁给平民王仲，王娡就是他们的长女。王娡长大后，嫁与一个姓金的平民，并生有一女。有一天，臧儿带着女儿王娡去算命，结果算出女儿当大富大贵。臧儿便逼着女儿离婚，并将女儿送到了太子刘启府中。王娡凭着端庄的容貌和成熟的气质，很得太子宠幸，并为太子生下三女一男，男孩就是后来的武帝刘彻。

西汉 塑衣式粉彩拱手跽坐俑

咸阳市汉阳陵陪葬墓园周应墓出土。高33厘米。该俑面容秀美，凤眼下斜视，朱唇紧闭。长发后垂，发稍挽结。身穿红边白色衣袍，拱手跽坐，若有所思。

刘启继承皇位后，以不能生育为名，废掉了薄皇后，后宫诸姬便开始了皇后之位的争夺。在景帝的所有姬妾中，最有希望成功的是栗姬。栗姬是景帝最宠爱的妃子，并生有长子刘荣。刘荣被立为皇太子后，栗姬被封为皇后本是顺理成章的事。可是栗姬生性妒忌，她非常讨厌馆陶长公主，因为她常常给景帝送美人来，于是跟馆陶长公主闹起了矛盾。馆陶长公主是景帝唯一的同母姐姐，是当时朝廷中举足轻重的人物，这个矛盾闹起来，吃亏的可就是栗姬了。

公主结亲帝家 意图谋废太子

馆陶长公主刘嫖生有一女，小名叫阿娇，世人称之为陈阿娇或陈娇。

世界大事记

前105年，日耳曼条顿人、森布里人大破罗马军团。

汉武帝时期的东方朔。

前104年，汉武帝下令修筑建章宫，诏改「颛顼历」为「太初历」。

西汉　汉阳陵南区10号从葬坑武士俑群局部（咸阳市）

汉　玉舞女

西安市未央区三桥镇汉墓出土。高4.4厘米，宽2.2厘米。舞女为白玉质地，作对称舞蹈姿态。舞女身穿交领广袖长袍，腰系带，手舞足蹈，身体呈“S”形，姿态婀娜，舞女面形浑圆，长眉细眼，嘴角向上，露出少女天真的微笑。表现的是长袖舞。汉代乐舞十分盛行，皇帝贵族常以女舞人作乐。这两件玉舞人，就是长夜歌舞陶醉场面的真实写照。

阿娇自幼就深得外祖母窦太后的宠爱。起初馆陶长公主打算将女儿陈阿娇许配给太子刘荣，以期日后成为皇后。她派人询问栗姬的意思，谁知栗姬竟断然拒绝，并且出言不逊。馆陶长公主大为震怒，遂起了废太子之心。此时，身为后宫美人的王娡发现有机可乘，于是曲意迎合、百般讨好馆陶长公主，两个人的关系日渐亲密。

一天，馆陶长公主抱着刘彻玩，故意问：“彻儿长大了要讨媳妇吗？”当时只是胶东王的刘彻回答说：“是啊！”长公主于是指着左右宫女侍女百余人问刘彻想要哪个，刘彻说都不要。最后长公主指着自己的女儿阿娇问：“那阿娇好不好呢？”刘彻一脸认真地回答说：“好！如果能娶阿娇做妻子，我会造一个金屋子给她住。”这就是成语“金屋藏娇”的由来。

馆陶长公主见阿娇和刘彻年纪相当，感情也融洽，就转而促成陈阿娇和刘彻这对姑表姐弟正式订立婚约。她向景帝进言道：“栗姬崇信邪术，日夜诅咒其他妃嫔，每与其他妃子遇见，往往唾别人的后背，肚量十分狭小。恐怕一旦为后，吕后残害戚夫人的‘人彘’惨剧还会重演啊！”景帝听后，心中对栗姬十分不满，于是打算试探栗姬。一次，景帝对栗姬说：“假如我百年后，后宫诸姬都已生子，你一定要善待她们啊！”一面说，一面暗中看栗姬的反应。只见栗姬脸色一会儿青，一会儿白，良久沉默不言。景帝暗中叹气，他刚出宫门，就听见宫内传来栗姬的哭骂声，其中隐约竟有不堪入耳的话。景帝十分生气，对栗姬由此也大失所望。

后来，馆陶长公主在与景帝及窦太后闲谈时，不住地夸赞刘彻聪毅仁孝，暗示只有刘彻才是当太子的最好人选，窦太后也不住地点头称赞。在母后和姐姐的两面夹攻下，景帝终于被说动了，于是找借口废掉太子刘荣，将其贬为临江王。同时立刘彻为太子，刘彻的母亲王娡遂被立为皇后。栗姬失宠后，被贬入冷宫，后来忧郁而死。

知识链接

【汉代女子封爵】

秦汉时人“豁达闳放”，妇女在社会生活中有较高的地位。女子封爵现象屡见于史籍。如：刘邦封兄刘伯妻为阴安侯；吕后当政时，封萧何夫人为酂侯、樊哙妻吕媭为临光侯；武帝封王太后母臧儿为平原君；宣帝赐外祖母号“平原君”；光武时，子刘强的三个女儿皆被封为“小国侯”等。据史载，两汉时女子封侯封君事多至30余例。

宏图大略 千古威名（上）

汉武帝强化集权政治

汉武帝刘彻是中国历史上继秦始皇之后又一位雄才大略的皇帝。公元前141年，16岁的刘彻在未央宫登基即位，开始了长达54年之久的统治。

统一思想 独尊儒术

汉武帝即位时，西汉王朝经过汉初70年的休养生息和努力经营，社会已经积累了大量的财富，国家府库充足，人民安居乐业，社会经济呈现出一派繁荣景象。

汉武帝画像

为了进一步加强皇权，统一思想，汉武帝即位不久就采用了董仲舒提出的“罢黜百家，独尊儒术”的建议，用儒家思想取代汉初“无为而治”的黄老之学作为统治思想，而其他诸子的学说则被视为异端邪说，备受排斥和打击。经过董仲舒改造后的儒家学说，以“天人感应”为核心，主张天下一统，君权神授，天子的权威与尊严神圣不可侵犯，赋予了人间帝王以神秘的至高无上的尊位。从此以后，儒家思想取得了天下独尊的地位，成为后世中国封建社会正统的统治思想。

打击诸侯 削弱地方

为了加强中央集权，打击和削弱各地诸侯王的势力，汉武帝颁布了“推恩令”，使诸侯王多分封自己的

西汉 卧牛

位于兴平市茂陵霍去病墓前。长260厘米，宽162厘米。卧牛双目圆睁，厚唇大鼻，筋肉丰满。牛的背部鞍鞯用线刻成，其他仅粗略地雕出大体形状，粗犷有力，自然而真切地雕刻出了牛驯顺与善良的本性。

世界大事记

前103年，萨图宁当选罗马保民官，与执政官马略结盟。

西域。

前102年，李广利再次西征，攻克大宛国都，从此大宛服属汉朝。

子弟为侯，将过去的诸侯大国变成了许多小封国。接着又颁布了“左官令”和“附益法”，以降低诸侯国内官吏的政治地位，并严惩朝中大臣与地方官员和诸侯王私相往来，结党营私。元鼎五年（前112），汉武帝又实施了“酎（音zhòu）金律”，一举削夺了106个列侯的爵位，废除其封国，改设为郡县。经过这一系列沉重打击，诸侯王失去了昔日强大的经济实力和政治地位，而只能衣食租税，无力与朝廷相抗衡了。困扰西汉王朝近70年的诸侯地方割据势力问题得到了比较彻底的解决。

西汉　龟座凤鸟（西安市北郊范南村出土）

削弱相权 加强皇权

为了加强皇权，独断朝纲，汉武帝又将打击和削弱的矛头指向了作为“百僚之长”的丞相。西汉初年，由丞相辅佐皇帝处理军国要务。因此丞相权力很大，可以独立开府，自辟僚属，甚至私置中央和地方长官，大有与皇帝分庭抗礼之势，皇帝的尊严与权威受到了严重的威胁。汉武帝刚即位时，丞相田蚡就在武帝面前开出一列长长的名单，要求汉武帝一一任命为二千石以上的中央九卿或地方郡太守之职。正当他喋喋不休时，汉武帝禁不住怒喝道：“大丞相任命官员完了没有？我也想任命几个官员！”之后汉武帝专门选拔了许多“贤良文学”之士及其他一些有才能的人充当高级侍从，负责批阅奏章，草拟诏旨，参与朝政决策。这样便在皇宫之中围绕着皇帝形成了一个“朝中之朝”，成为最高决策机构，史称“中朝”；而以丞相府为首的中央行政机关则成为“外朝”，职权受到严重削弱，并逐渐变成执行机构。汉武帝对此还心犹未足，干脆任命一些对自己唯唯诺诺的人为丞相，敢有抗旨不从者或被罢官，或被捕入狱，甚至被处死。据统计，汉武帝在位54年，先后任命了13位丞相，这13位丞相中卒于相位或寿终正寝者寥寥无几，大多都没有什么好下场。一时丞相受命泪水流，相府门前车马稀，汉武帝加强皇权削弱相权到何种程度，就可想而知了。

西汉　“与天久长”瓦当（西安市汉长安城遗址出土）

知识链接

【酎金】

酎是经过三次复酿的醇酒。西汉时期，每年八月献酎祭祀宗庙时，诸侯王要按封地人口数量献一定量的黄金以助祭，称酎金。时皇帝亲受酎金，若所献黄金不足斤两或成色不足，诸侯王要受到夺爵削县的处罚。

汉武帝的文治武功
宏图大略 千古威名（下）

汉武帝时期，在财政经济方面也采取了一些新的措施，加强中央对全国经济的控制，以解决由于战争和宫廷奢侈生活所造成的经济困难。

加强中央财权 发展农业生产

汉武帝在位期间，实行了强硬的经济政策。他下令将冶铁、煮盐等关系国计民生的手工业收归官营，还设置了平准官和均输官，用国家干预的手段平衡市场物价，调节各地运输。为打击和削弱富商大贾的经济实力，汉武帝下令实行“算缗”和“告缗”政策，向商人和高利贷者征收财产税。他还下令实行币制改革，将铸币大权收归中央政府，在都城长安由水衡都尉负责的上林苑三官统一铸造五铢钱，史称“三官钱”。

此外，汉武帝还采取了一系列发展农业生产的措施，如在全国推广赵过改进的农田耕作技术——代田法等。在汉武帝统治时期，关中的水利建设也得到了前所未有的发展，先后开工修建了漕渠、白渠、龙首渠、六辅渠、成国渠和灵轵渠等水利工程。这些水利工程大多直到今天仍然保存完好，继续发挥灌溉功能，可以说是创造了世界水利史上的奇迹。

西汉　玉人头（咸阳市周陵乡新庄村出土）

兴办文化教育 开创文学盛世

在文化教育方面，汉武帝也以开创之势雄治天下，颇多建树。他下令设立五经博士官，并在长安城安门外设立了全国最高学府——太学，成为我国封建社会历史上最早的官办高等学府。他还批准了司马迁等人提出的制定新历法的建议，推出了新历

西汉　“阳陵令印”封泥

咸阳市汉阳陵邑出土。长3.3厘米—3.9厘米，宽2厘米—2.2厘米，封泥是古代封黏信件文书、确保文书内容不泄露的一种印章形式的凭证物，通常用于官方书信往来。阳陵邑出土的这两块封泥上均压印有阳文篆书“阳陵令印”四字，字体笔划苍劲有力。该封泥证明当时设置有管理阳陵的行政长官“阳陵令”，治所在阳陵邑，相当于县一级的行政机构。这两枚“阳陵令印”封泥为研究西汉官制提供了新的实物资料。

世界大事记

前102—前101年，马略率罗马军团大败条顿人和森布里人。

汉武帝时。

前98年，桑弘羊主持初行酒榷。

西汉 彩绘骑兵俑

1965年咸阳市杨家湾出土。骑手头发自额前用巾束起，系结于颏下，身穿红色袍，腰系带，腿扎行縢，端骑马上，右手持兵器，左手作握缰控马状；马勾头翘尾，四腿挺立，威武雄壮。

法——太初历。太初历已经具备了后世历法的基本特点，特别是第一次弄清了日食的周期，在世界天文学发展史上具有划时代的意义。

更为后人称道的是，汉武帝本人喜好文学，精通音律，能诗能赋。如传说他所作的《秋风辞》就显示了这位雄才大略的皇帝才华横溢的一面：

秋风起兮白云飞，草木黄落兮雁南归。
兰有秀兮菊有芳，怀佳人兮不能忘。
泛楼船兮济汾河，横中流兮扬素波。
箫鼓鸣兮发棹歌，欢乐极兮哀情多。
少壮几时兮奈老何！

这首辞寓情于景，在泛舟中流、箫鼓和鸣的欢乐气氛中增添了几分渴望贤才的心愿与来日不多的忧伤，读之令人叹息不已。鲁迅先生称此诗“缠绵流丽，虽词人不能过也”。

在汉武帝的大力提倡和影响下，当时的文坛上涌现出了一大批如司马迁、司马相如、东方朔、枚乘等文学巨擘与辞赋大家，共同开创了西汉文学盛世。

知识链接

【汉武帝时期在关中修建的离宫别馆】

汉武帝时，在关中修建了许多离宫别馆。如：在今淳化县修建了西汉最大的一座离宫建筑群甘泉宫；在今周至县境内修建了五柞宫和长杨宫；在华山脚下修建了集灵宫，作为岁时祈祷、以求仙佑之处；在今蓝田县境内修建了鼎湖宫，以附会黄帝铸鼎乘龙升天的传说；在今韩城市境内修建了扶荔宫，以移栽培植破南越所得的奇草异木等。

大举出击匈奴 开辟丝绸之路

在军事方面，汉武帝首先加强中央常备军建设，在驻守长安的南北军中增设八校尉，并组建“期门军”和“羽林军”，形成了中央和地方军事力量对比上的内重外轻的格局，巩固了中央集权。其次，又增设楼船（水军）等军种，加强了军事实力。而后，汉武帝一改汉初以来对匈奴和亲的政策，展开了大规模的反击战争。他命卫青、霍去病为统帅，率领大军三次深入大漠，占领了河套和河西地区，迫使匈奴远徙，取得了决定性胜利。为了开拓西北边疆，汉武帝派遣张骞等人多次出使西域，开辟了“丝绸之路”，从此开始了内地与西北边疆、中亚地区乃至更远的西方之间的经济文化交流。他还派遣唐蒙等人通西南夷，在西南地区先后设立了七个郡；又派遣路博德、杨仆等人攻灭南越政权，在其故地分别设立了九个郡。汉武帝统治时期，中华版图得到了空前的扩大，西汉王朝的声威远播四方，多民族的中央集权的封建国家得到进一步巩固。

汉武帝在位54年，虽然造就了一个前所未有的盛世，但由于连年用兵，使国家和人民付出了“海内虚耗、人口减半”的沉重代价。而“巫蛊之祸”又使汉武帝和太子之间兵戎相见，自相残杀，统治阶级内部的矛盾日趋严重。面对危机四伏的局面，晚年的汉武帝幡然悔悟，于征和四年（前88）颁布“轮台罪己诏”，公开承认自己的某些错误，并采取了一些补救措施。这些都为以后的“昭宣中兴”创造了良好的条件。

汉 “上林”铜鼎（西安市未央区三桥镇高窖村出土）

西汉 彩绘兵俑（咸阳市杨家湾出土）

世界大事记

前98年，日本开化天皇去世，崇神天皇继位。

郑吉。

西汉 铜羽人

1964年西安市未央区汉长安城遗址南出土。高15.3厘米。羽人跽坐、长脸尖鼻，颧骨、眉骨隆起，两个大耳竖起高出头顶，脑后梳有锥形发髻，面露一丝笑意。羽人身向前倾，穿一件无领紧袖交襟长衣，背部有卷云纹双翅。两手臂前伸似抱方形器物形状。羽人在我国古代文献中的记载历时已久，其内容都与不死的传说或仙化的思想相联系。在许多汉代艺术品中，"羽人"是最能表现汉代升仙思想的形象之一，它的特殊造型是两汉时期人们祈求羽化升仙的最典型的代表物证，同时也正是汉代人希望通过"羽化升仙"实现其成为"神仙"梦想最有效途径的明证。

但使龙城飞将在 不教胡马度阴山

『飞将军』李广

西汉前期，有一位神射手，他就是将军李广。李广历文、景、武三朝，以勇猛善战闻名于世。

世代习武 箭术高超

李广是陇西郡成纪县（今甘肃天水地区）人，其家族世代传习弓箭骑射之术。李广身材高大英武，两臂如猿臂一样修长，秉于天赋，他练就了一套高超的射箭技能。他的子孙或外人都曾向他学习过射箭，但没人能赶得上他。李广口讷，与人在一起时常以射箭为消遣：在地上画军阵，然后赛射，按射中的疏密行列来定罚谁喝酒。

有一次，李广出外打猎，暮色苍茫中，他猛然发现前面不远处蹲着一只老虎。李广忙拉弓搭箭，使出全身的力气射出一箭。只听得“咣”的一声，箭中老虎左眼，但老虎却纹丝不动。李广心觉有异，走到跟前一看，原来是尊“石老虎”，箭扎入石中两三寸深。以后李广又重复那晚的射法，却再也不能将箭射入石中了。

杀敌立功 智退匈奴

汉朝建立后，北方的匈奴部族不时侵扰边地，掳掠人口和畜产，边境人民年年受灾。文帝十四年（前166），李广以良家子身份从军，因他善骑射，被朝廷任命为中郎。景帝时，李广追随骁骑都尉周亚夫平定吴楚七国之乱，在昌邑城下夺取了敌人军旗，立功扬名。以后他又历任上谷、陇西、北地、雁门、代郡、云中、上郡太守，都以奋力作战出名。

匈奴大举入侵上郡时，景帝派亲近的宦官跟随李广学习军事，抗击匈奴。闲暇时，这名宦官带领几十名骑兵纵马驰骋，途中遇到三个匈奴人，双方交战开来。三个匈奴人箭法高超，不仅射伤了宦官，还杀光了李广的骑兵。这位宦官飞奔逃至李广那里。李广说：“他们一定是匈奴的射雕高手。”于是带领百名骑兵去追赶那三个匈奴人，行数十里后，终于追上了匈奴人。李广让骑兵分两路进行包抄，他亲自射杀了两人，活捉了一人，果然是匈奴的射雕手。正要捆缚那

李广画像

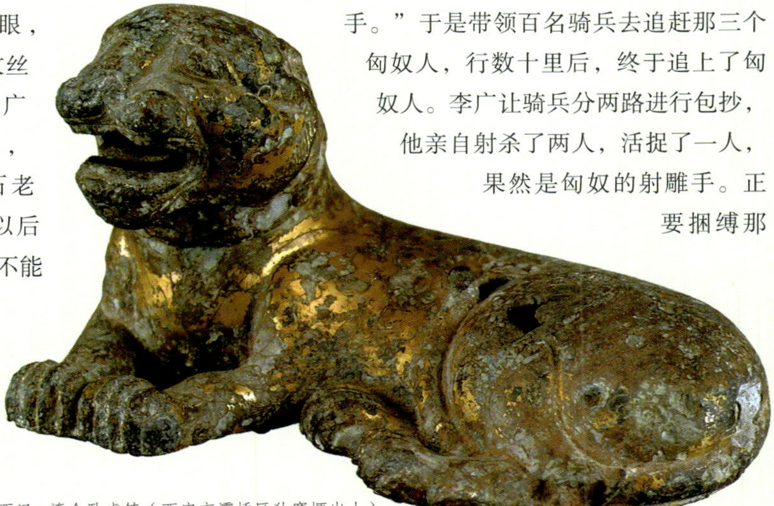

西汉 鎏金卧虎镇（西安市灞桥区狄寨塬出土）

世界大事记

前93年，罗马—亚美尼亚战争爆发。

前93年，汉武帝东巡狩，封禅泰山。

西汉 彩绘持盾步兵俑

咸阳市杨家湾汉墓陪葬坑出土。高44.5厘米—48.5厘米。这些彩绘持盾步兵俑左手持盾，右手作握兵器状，或穿战袍，或披铠甲，反映了西汉步兵可以分为重装和轻装等种类。步兵俑面部神态祥和而不失威严，表现出韬光养晦、蓄势待发的态势。

位匈奴人上马时，李广远远望见匈奴数千骑兵奔驰而来。匈奴人看到他们，以为是诱敌之兵，忙上山摆好阵势。李广镇定自若，指挥百名骑兵继续前进。大约走到离匈奴二里远的地方停下来，李广下令：“全体下马解鞍！”骑兵们慌恐不安地说：“匈奴人那么多，况且离我们很近，若有紧急情况，怎么办？”李广说：“敌人原以为我们会逃走，现在我们下马解鞍，他们就会坚信我们是诱兵。”果然匈奴不敢前来攻击。后来，有一名骑白马的匈奴将领出阵监护士兵，李广带领几十名士兵立即上马驰向敌阵，射杀白马将领后，重又回阵下马解鞍。匈奴人非常吃惊，疑虑不定，始终不敢进攻，结果在半夜里就悄悄撤离了。

治军简易 善护士兵

李广治军极其简易，行军没有严格的队列和阵势，在靠近水草的地方驻扎军队，士兵人人都感到便利自由。将军府中简化各种文书簿册，晚上军营内也不打更自卫，只是远远地布置了哨兵，但军队不曾遭到匈奴的偷袭。武帝时，李广、程不识都是边郡名将。程不识治军严明，军吏处理公文簿册要到天明，军队得不到休息。因此士兵们大多愿意跟随李广，而以跟随程不识为苦。李广任右北平太守期间，匈奴人因害怕李广的谋略，好几年不敢入侵右北平，并称他为“飞将军”。

李广对部下也极其爱护。在边郡领兵打仗时，若遇到军中水、粮储备不足，他就让士兵们先吃饱饭，等到最后一个士兵吃完后，他才去吃饭。行至有溪水的地方，他总是等到士兵们全都喝上水后，自己才走到溪边饮水止渴。李广对士兵们宽厚不苛刻，士兵们因此非常爱戴他，乐意为他所用。

武帝元狩四年（前119），李广跟随大将军卫青、骠骑将军霍去病讨伐匈奴。因军中没有向导，李广在行军途中迷了路，未能及时与大将军会合。时李广已年老，不愿接受刀笔吏的审问质对，便拔剑自刎。李广军中所有将士都为之痛哭。百姓听到这个消息，不论是老是少，每个人都为他的死哀伤垂泪。

知识链接

【“冯唐易老，李广难封”】

飞将军李广一生虽战功赫赫，但却未有尺寸之封。李广从弟李蔡才列中下，却位至三公；李广部下亦多以功被封侯者。后人多怜惜李将军才高却未被封侯。唐诗人王勃在《滕王阁序》中惋惜道：“时运不济，命运多舛。冯唐易老，李广难封。”

不畏权贵 严厉执法

酷吏张汤

张汤是西汉杜陵（今西安东南）人，汉武帝时以“执法如山”著称，司马迁在《史记》中将其列为“酷吏”。

幼习刑律 跻身三公

张汤的父亲是长安县丞，父亲办案时，张汤常在一旁陪侍。耳濡目染之间，年幼的张汤竟学会了一套审讯、判决的程式。一天，张汤的父亲外出，回家后发现厨房里的肉被老鼠偷走了，一怒之下便打了张汤一顿。张汤受了委屈，心中非常气恼，便挖开鼠洞，逮住老鼠并找到它吃剩下的肉。而后，张汤“开庭审讯”，以赃证俱在，列数老鼠罪行，最后判处老鼠死刑，并立即执行。这一切让躲在一旁观看的父亲大为吃惊，特别是当听到张汤的判词俨然像一个老狱吏一样时，父亲更为惊异，

西汉 陶翼马（西安市东郊出土）

从此便用心教张汤学习法律。

父亲死后，张汤当了长安县的一名小吏。他非常勤奋好学，又爱结交官场上的人物，史称他“造请公卿，不避寒暑”。

武安侯田蚡为丞相时，将张汤召入门下，并向武帝推荐张汤为侯补侍御史。后来，张汤办了一件案子，一下子轰动了京师。那是公元前130年，失宠了的皇后陈阿娇为了重获汉武帝的宠爱，竟用“巫蛊”术诅咒武帝的新宠卫子夫。武帝大怒，命张汤严加审讯。张汤审问俱实后，将参与此事的

西汉 奇华宫五足炉

1972年西安市征集。高14厘米，口径20厘米。该炉是古代人们燎炭取暖用具。炉腹壁饰四道凸弦纹及五个铺首衔环耳。炉足为五个巨目张口、长舌伸出的狮形兽足，炉口沿下錾刻“奇华宫铜熗炉，容一斗二升，重十斤四两，天汉二年工赵博造，护守丞贤省”29个字铭文。由铭文可知，此炉为西汉武帝时期，汉长安城奇华宫内取暖用具。奇华宫即奇华殿，在汉长安城西、建章宫旁。据《三辅黄图》记载：“奇华殿，在建章宫旁。四海夷狄器服珍宝，火浣布、切玉刀、巨象、大雀、狮子、宛马，充塞其中。”

西汉 鹰马搏斗纹铜牌饰

1982年西安市东郊三店村出土。高8厘米，长12厘米。该牌饰为透雕。鹰是空中猛禽，鹰喙紧咬马的要害部位脖颈，利爪抓着马嘴，展翅搏斗，真实生动。

二三百人以大逆不道罪一并诛杀，其中不少是皇亲贵戚。陈阿娇也因此被废去皇后之位，幽禁于长门宫。由于张汤办案迅速彻底，武帝非常赏识他，遂将他擢升为太中大夫，与赵禹等人共同制定新的律令。不久，张汤又升为廷尉、御史大夫，位居三公之列。

谄媚侍上 蒙咎自杀

张汤善于揣摩汉武帝的喜好，每遇有疑案，他便上奏武帝，详述事情原委。汉武帝认为对的，张汤就记下来，作为以后判决的法规。如果办案没有顺着武帝的意思而遭受责备时，张汤就会聪明地说："哎呀！别人也提过这样的意见，我太愚蠢了，竟然没有采纳。"既恭维了汉武帝，又推卸了责任，汉武帝也就既往不咎了。

张汤还善于笼络人心，汉武帝对他办事很满意的时候，张汤就说是某某人出的主意。凡是他办的案子，揣摩是汉武帝想要治罪的，就交给执法严酷的官吏去办；汉武帝想宽大的，就交给执法公正的官吏去办。所以张汤经办的每件案子结果都很符合汉武帝的心意。

由于汉武帝对匈奴连年用兵，中央财政出现了困难，张汤遂建议铸造皮币、白金币、五铢钱，使钱币铸造权归属中央；同时他还建议国家要实行盐铁官营政策；为打击富商大贾，张汤还拟定了"告缗令"，用告密、举报的办法，严查并征收工商业者的财产税与所得税。这些建议都被武帝所采纳，特别是"告缗令"的实行，使当时中等收入以上的家庭大都破产，却使国库收入大增，相对缓解了财政危机。

张汤先后做了七年御史大夫，后来失势了。这时，被他整治过的人开始对他实施报复。当时丞相庄青翟和他手下的三位长史都忌恨张汤，于是合谋陷害他，张汤被迫自杀。张汤死后，抄家时发现，他的家产只有五百金，而且全是武帝的赏赐和俸禄，没有别的任何产业。亲戚们想厚葬张汤，张汤的母亲却说："张汤身为天子之臣，却被诬告而死，为什么要厚葬呢？"于是葬得非常寒酸。汉武帝听说后，感慨地说："没有这样的母亲，怎么会有这样的儿子呢？"对张汤的廉洁和自杀既感慨又惋惜，于是下令穷究此案，将三长史治罪，还了张汤清白。

西汉 彩绘陶猿（西安市南郊沙坡村出土）

知识链接

【西汉的酷吏】

汉兴至文景时期，统治者与民休息，凡事简易，禁网疏阔，而民多从化。孝武帝以来，至于哀、平，用法刻深，出现了众多执法严酷的酷吏，如张汤、赵禹、义纵、王温舒、减宣、杜周、严延年、尹赏等，班固称其"虽酷，称其位矣"。

公主家奴 汉室名将

大将军卫青

秦末汉初，北方的游牧民族匈奴强盛起来。他们趁中原战事方酣，不断入侵烧杀抢掠，边郡人民深受其害。汉武帝登基后，凭借汉初几十年间积攒的财力物力，决定主动出击匈奴。在艰苦的连年征战中，涌现出了一大批英勇杀敌的将士，卫青则是其中突出的代表人物。

出身低贱 带兵神勇

卫青，字仲卿。其父郑季是河东平阳（今山西临汾）人，曾在平阳侯家做过杂役，并与主人家的女僮卫媪私通，生下了卫青。卫青幼年时随父亲生活，父亲便让他在乡间放牧牛羊。由于卫青出身卑贱，使他经常遭受别人的嘲笑和欺侮。卫青长大后，身材魁梧，相貌堂堂。靠母亲说情，卫青在平阳侯家给汉武帝的姐姐平阳公主当了个骑奴。后来，卫青的姐姐卫子夫由歌女选入皇宫，被汉武帝立为夫人，卫青亦随之显贵，被武帝任命为太中大夫。

元光五年（前130），匈奴又兴兵进犯。警报传来，武帝任命卫青为车骑将军，同骁骑将军李广等三名将领兵分四路，出征御敌。在诸位将领中，只有卫青初出茅庐，资历最浅。然而，战斗的结果却只有卫青一人破敌立功。原来，战斗开始后，匈奴的主力都被那三名将领吸引住了，卫青当面的一路匈奴却兵力空虚。卫青带领兵马直捣匈奴人祭祀天神的地方——龙城，斩杀敌兵700多人，大胜而归，武帝见卫青立了大功，遂赐封他为关内侯。

元朔二年（前127），匈奴又派兵入侵，西汉对匈奴的第一次大规模战役拉开了战幕。卫青奉命出征，沿黄河北岸进击，大败匈奴的白羊王和楼烦王，杀敌数千人，缴获牛羊100多万头，一举收复了河套南部。汉武帝遂在此地设置了朔方郡和五原郡，从此不仅解除了匈奴骑兵对长安的直接威胁，还建立了反击匈奴的前哨基地。

后来，为夺回朔方，匈奴右贤王连年入侵。元朔五年（前124），武帝派卫青率领三万人马还击。匈奴右贤王见汉兵大举而来，迅速撤兵。晚上，右贤王以为汉军远在塞外，遂在帐篷里饮酒作乐。但出乎他意料，卫青率领大军，星夜兼程，以迅雷不及掩耳之势突袭而来，团团围住了匈奴军

西汉 彩绘指挥俑

1965年咸阳市杨家湾汉墓出土。高56厘米。该俑头系巾，下有结带。身穿白、红镶边的绿色战袍，外披黑色的甲衣，腰系带，足登彩绘高靿靴。姿态和服饰与其他俑不同，显然是一位指挥官的形象。

世界大事记

前73—前71年，斯巴达克起义，被克拉苏镇压。

犍为、牂柯、越巂、益州、武都、沈黎、汶山七郡。

前69年，假郡国贫民田。日食。

卫青画像

营。一霎时杀声四起，匈奴士兵大乱，溃不成军。右贤王措手不及，仓皇中只带了几百名骑兵狼狈逃走。捷报传到长安，全城欢庆，汉武帝立即派人带着大将军印去见卫青，就在军营中拜他为大将军，让他统率所有抗击匈奴的军队。

功彪史册 陪葬茂陵

卫青带兵，爱兵如子，能与士兵同甘共苦，因此很得士兵们拥戴。在卫青被拜为大将军时，汉武帝还封了卫青的三个儿子为侯，卫青上书竭力推辞说："汉军获胜，都是众将士力战之功，我的儿子尚在襁褓之中，没有任何功劳，怎敢受封为侯呢？"汉武帝十分感动，遂将卫青部下许多有功的

西汉　螭纹琕（音bi）（西安市红旗机械厂工地出土）

将领加官封侯。

此后，卫青又率兵同匈奴进行过多次战斗，屡屡获胜，被封为大司马、大将军，位极人臣。他以前的主人平阳公主寡居后要嫁给他，武帝大笑说："好啊！我娶了她的姐姐，他又来娶我的姐姐！"痛快地答应了这门亲事。

元封五年（前106），卫青病逝于长安。汉武帝非常痛心，遂下令将卫青葬于茂陵旁，并将其墓修成庐山（匈奴境内的一座山）状，以纪念卫青的战功。

西汉　跃马（兴平市茂陵霍去病墓前）

知识链接

【边郡牧师苑】

西汉时，为供应与匈奴作战所需大量马匹，朝廷在西北部边郡地区设立了36所牧师苑。苑内畜养马匹达30万匹，同时还畜养牛、羊、驴、骆驼等牲畜。时汉军从边地战争中掳获了巨量畜产，就近置于牧师苑中畜养，补充了汉军马的亡损。

匈奴不灭 无以家为

骠骑将军霍去病

汉武帝时，在西汉与匈奴的一次大战中，有一位少年将军脱颖而出。这员小将第一次上阵时，身为骠姚校尉，只带着800名骑兵，竟杀敌2000多人，首战大捷，凯旋而归。这位少年英雄正是卫青的外甥霍去病。汉武帝称赞霍去病的勇敢和胆略是全军之冠，并封他为冠军侯。这时，他年仅18岁。

自古英雄出少年

霍去病的母亲是卫青的姐姐、平阳公主府的女奴卫少儿，父亲是府中杂役霍仲孺。霍去病刚满周岁，他的姨母卫子夫便被汉武帝纳入后宫，并且很快被封为夫人，仅次于皇后。霍去病的舅舅卫长君、卫青也随即晋为侍中。卫氏家族从此改变了命运。受舅舅卫青的影响，霍去病自幼便喜欢练武，精于骑射，虽然年少，却渴望加入军伍，上阵杀敌立功。

元狩二年（前121）春，汉与匈奴之间展开了第二次大战，是为河西大战。这一次，霍去病被任命为骠骑将军，独自率领精兵一万出征匈奴。19岁的霍去病不负众望，六天中他转战匈奴五部落，一路猛进，并在皋兰山与匈奴卢侯王、折兰王展开了一场激战。霍去病率军奋勇拼杀，匈奴大败。卢侯王和折兰王都被斩杀，浑邪王子及匈奴相国、都尉被俘虏，汉军还收获了匈奴休屠王的祭天法器——祭天金人。

汉　骑马捉俘纹透雕铜带饰（陕西历史博物馆藏）

同年夏天，汉武帝决定乘胜追击，展开收复河西之战。霍去病被任命为统帅，带兵越过今内蒙古的居延海，转战2000里，并在今甘肃张掖一带血战一场，一举歼敌三万多人，活捉匈奴高官100多人，包括匈奴的五个王爷、单于之妻和数十名匈奴王子。经此一战，匈奴不得不退到焉支山北，匈奴人哀歌

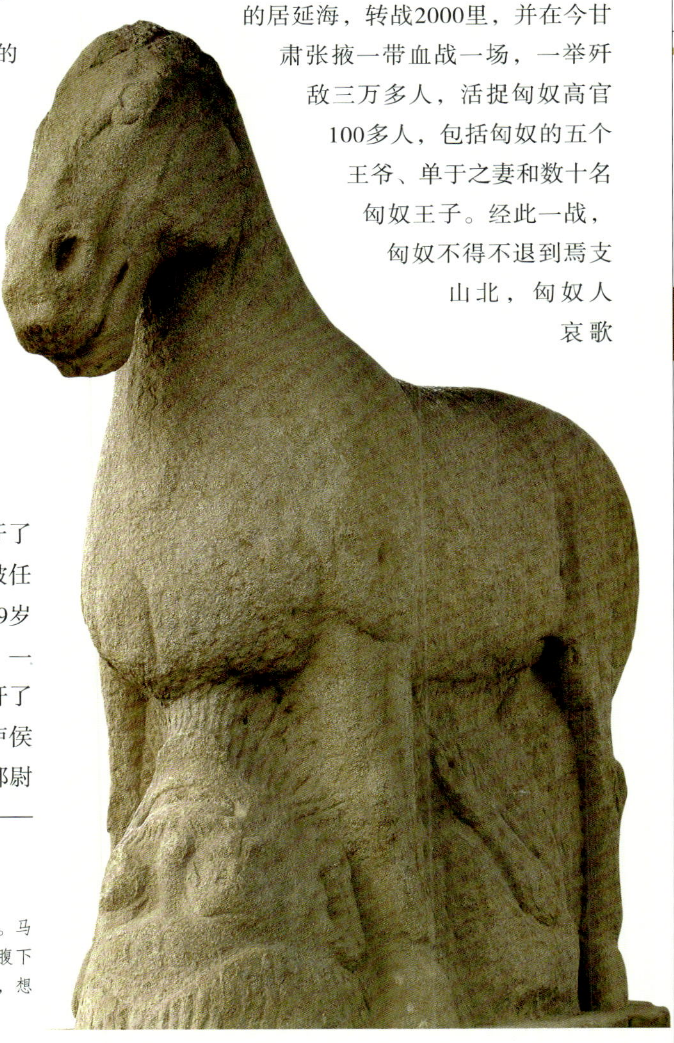

西汉　马踏匈奴石刻

位于兴平市茂陵的霍去病墓前。高168厘米，长190厘米。马踏匈奴石雕，是利用天然石块加工成一匹威武轩昂的战马，腹下仰卧一手持弓箭、作垂死挣扎的匈奴士兵。该雕刻构思巧妙，想象力丰富，简洁明快，堪称汉代雕刻艺术的杰作。

世界大事记

前68年，罗马占领克里特岛。

东宫指长乐宫，西宫为未央宫。

前67年，丞相韦贤因病致仕。丞相退休自此始。

霍去病画像

道："亡我祁连山，使我六畜不蕃息；失我焉支山，使我妇女无颜色。"从此，霍去病的大名威震塞外，匈奴闻风丧胆。

转战沙场传佳话

河西大战后，匈奴单于想严惩一再败阵的浑邪王，结果消息走漏，浑邪王和休屠王便欲投降汉朝。汉武帝为试探匈奴二王投降的真假，

霍去病墓（兴平市茂陵东侧）

派霍去病前往黄河边受降，相机行事。当霍去病率兵渡过黄河时，匈奴兵中发生哗变。面对这一情形，霍去病只带着数名亲兵就冲进了匈奴营中，威逼浑邪王下令诛杀哗变士卒。浑邪王及四万多名匈奴人被这位敢于孤身冒险、不惧生死的少年镇住了，最终使哗变没有继续扩大。

霍去病长年转战塞外，历经苦辛，汉武帝决定在长安为他建造一座漂亮的住宅。霍去病坚决辞谢，并慷慨地说："匈奴不灭，无以家为！"其坦荡宽广的胸怀深为武帝所敬重，自此霍去病愈受尊宠。

元狩四年（前119），为了彻底解除匈奴对北方边境的威胁，汉武帝发动了第三次、也是规模最大的一次战争。在这次战争中，卫青和霍去病各领五万骑兵，分东西两路，向漠北的匈奴主力合围。霍去病率领兵马几乎全歼匈奴左贤王部，并俘虏匈奴王爷三人及高级将领等80多人，再次威震内外。当他们来到今蒙古肯特山一带时，霍去病暂作停顿，率大军进行了祭天地的典礼——祭天封礼于狼居胥山，祭地禅礼于姑衍山。大汉的旗帜，在匈奴王庭上高高飘扬。封狼居胥后，霍去病率军继续追击匈奴，直至翰海（今俄罗斯贝加尔湖）方才收兵。此后，

知识链接

【汉代的骑兵】

西汉时期，骑兵迅速发展壮大，逐渐取代车兵成为军队的主力兵种。时骑兵已有轻骑兵和重骑兵之分，武器主要有矛、刀、戟、弓、弩等。汉武帝时，在对匈奴作战中，已能一次出动十余万骑兵，古代中国迎来了骑兵史上的黄金时代。

西汉 彩绘骑马武士俑

1965年咸阳市杨家湾汉墓出土。马与人均彩绘。武士执缰控马，端坐鞍上。红色骏马四蹄挺立，直颈张嘴，马尾翘起，胸肌饱满，具有乌孙马的特征。杨家湾汉墓是汉高祖刘邦长陵的陪葬墓，出土陶俑3000余件。其中骑兵比例大，且集中排列，自成方阵，表明骑兵已形成独立的有战斗力的一个兵种。

匈奴被迫徙至遥远的漠北地区。西汉反击匈奴侵扰的战争终于取得了决定性胜利。

元狩六年（前117），霍去病去世，年仅24岁。汉武帝下令将他安葬在茂陵旁，时跟随霍去病转战的铁甲军从长安一直排列到茂陵为他送葬。霍去病的陵墓，形状如祁连山，“马踏匈奴”的石雕立于墓前，标志着他一生的不朽功勋。

西汉 虎纹空心砖（咸阳市汉墓出土）

世界大事记

前67年，庞培出任海上独裁官，剿灭地中海海盗。

用马奶制成的酸酪。

前66年，霍氏谋反。诏减天下盐价。

十月繁霜下 征人远凿空

张骞出使西域

大约在西汉初年，西域分为36国。这些国家大小不等，强弱不一，各有君长，不相统一。后来，匈奴冒顿（音mò dú）单于征服了西域，并以此为根据地向西汉王朝发动进攻，严重影响到西汉王朝的统治和稳定。

张骞塑像

应募出使 共击匈奴

当时，西域有一个国家叫大月氏。大月氏经常受匈奴侵扰。有一年，大月氏王被匈奴老上单于射杀，其头骨还被做成了匈奴王的酒杯，因此月氏人对匈奴恨之入骨。后来，他们被迫西迁，但仍不忘故土，时刻准备对匈奴复仇。汉武帝得知后，便采用招募的办法寻求使者去西域联络大月氏，并与之结成联盟，两面夹击匈奴。汉中（今陕西城固）人张骞应募出使。建元三年（前138），张骞带着100多人，从陇西出发，踏上了西行的征途。

苦熬十年 不辱使命

张骞等人西行不久，途经匈奴人控制的河西走廊时，便被匈奴骑兵抓住了。他们于是被带往草原深处的匈奴单于王庭。当匈奴单于得知张骞一

汉代 陶骆驼

1982年西安市沙坡村出土。高73.5厘米，长90厘米。骆驼是汉唐时期丝绸之路上的主要运载工具，号称“沙漠之舟”。该陶骆驼为灰陶质，体形高大，造型逼真。

行要出使大月氏时，便说：“月氏在我国的北部，我怎能允许汉朝与他们相联系呢？我若派人出使越国，汉朝能让我的使者通过吗？”遂将张骞等人扣留在匈奴。转眼间十多年过去了，张骞已在匈奴娶妻生子，但他一刻也没有忘记自己的使命，仍精心地保存着代表汉朝使者身份的节杖。

终于有一天，张骞和部下趁匈奴人不注意，策马飞奔而逃。他们逃离匈奴，继续向西，去完成十年前中断了的使命。一路上，戈壁荒滩一望无际，只能靠死人死马的骨头来辨别方向。他们行走了数十日，到达大宛。大宛是一个盛产骏马、葡萄和苜蓿的国家。在这里他们受到了热情的接待，并在大宛向导的帮助下，穿过康居，终于到达了大月氏。

张骞来到大月氏后，发现这里的形势与十年前大不相同。当年大月氏被匈奴打败后，被迫西迁，在大夏故地重建家园。这里土地肥沃，户口殷盛，物产丰富，大月氏人安居乐业，不愿东归。张骞竭尽全力，也未能说服大月氏王出兵夹击匈奴，只好动身回国。不料途中经过羌人居住地时，他们又被匈奴俘获。滞留一年多后，张骞等人趁匈奴内部混乱之机，悄悄逃亡归汉。

汉武帝元朔三年（前126），张骞终于回到了阔别13年的长安，出使时100多人的队伍，回来时只剩了他和堂邑父二人。汉武帝为了奖励他们的忠勇，封张骞为“太中大夫”，封堂邑父为“奉使君”。

出使大月氏虽然没有达到预期的目的，但是善于观察的张骞却把西域的山川地理、风土民情都记录了下来，使中原人民第一次了解到西域的真实情况。

封侯博望 再次出使

元朔六年（前123），张骞随大将军卫青出征匈奴，凭借其沙漠行军经验和丰富的地理知识引导大军在茫茫荒野中找到了水草，使人马不至于被饥渴所困，保证了战争的胜利。张骞因此立功，被封为“博望侯”。

元狩四年（前119），西域的乌孙等国乘匈奴

张骞出使西域壁画

前66年，庞培征服亚美尼亚。

李延年的妹妹、武帝妃李夫人。

前61年，汉将军赵充国击羌人，诸羌分化，降者过万。

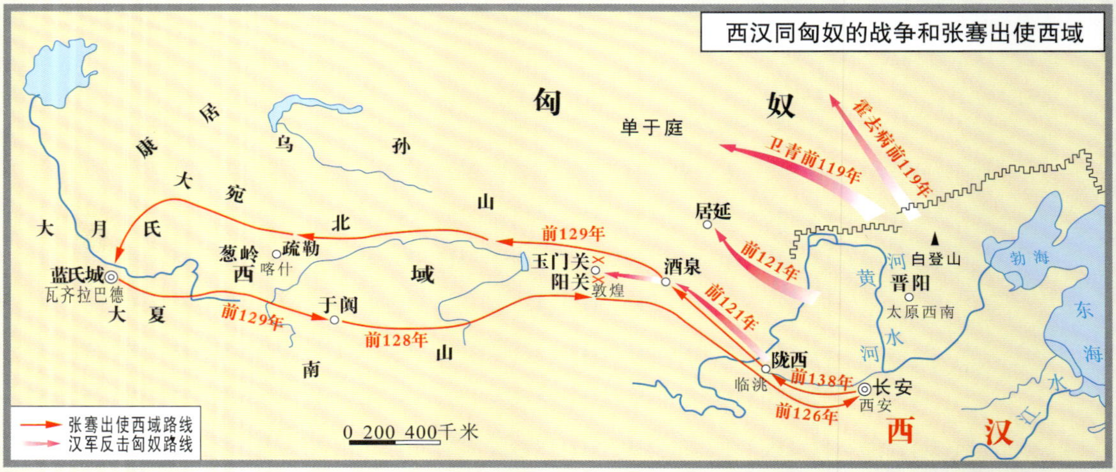

被汉朝打败时机，纷纷起来反抗匈奴。汉武帝于是拜张骞为中郎将，派遣他再次西行。张骞带领300多人，驱赶着上万头牛羊，带着价值“数千巨万”的金银、绸缎等礼品，又一次踏上了漫长的西行之路。张骞到达乌孙后，又派遣副使出使大宛、大月氏、大夏等国。元鼎二年（前115），张骞等人回国。乌孙国王还派遣几十名使者带着数十匹良马，随同张骞来到长安。

元鼎三年（前114），张骞去世。一年后，张骞曾在乌孙派往西域各国的副使陆续返回长安，同时带来了各国的使者和各种西域特产。

张骞两次出使西域，促进了中、西经济文化交流。此后，中西交通畅通，贸易大盛，前往西域去的使者相望于道，而东来的商胡贩客亦日款于塞下。著名的古代东西方交通线——“丝绸之路”遂建立起来，成为沟通中原与西域的商业之路和文化交流之路。因此班固在《汉书》中，将张骞开通丝绸之路称为“凿空”。

西汉　彩绘带盖鼎（府谷县出土）

西汉　张骞墓

位于城固县团结乡饶家营北200米处。墓坐北向南，墓冢南北长13米，东西宽8米，高5米。墓前石碑三通，正中一通刻有隶书“汉博望侯张公骞墓”。墓周有大小柏树15株，橡子树一株。墓前有石虎二尊，雄奇古朴，但剥蚀残损严重，原貌略失。

知识链接

【西汉时期对西域的管理】

古时将玉门关、阳关以西，葱岭以东的广大地区称为“西域”。西域诸国大多有城郭田畜，与匈奴习俗有异。汉武帝时，西域36国内属，武帝置使者、校尉领护西域。宣帝神爵二年（前60），始置西域都护府。元帝时，又置戊己校尉。宣、元以后，单于降汉，西域亦皆服从。

苏武牧羊的故事

牧羊边地苦 持节十九年

苏武，字子卿，长安杜陵人。父亲苏建因抗击匈奴有功而被封为平陵侯。因为父亲的缘故，苏武少时便在朝中担任郎官，以后又升迁为栘（音yí）中厩的监官。

出使匈奴 义不降虏

汉武帝天汉元年（前100），匈奴且鞮（音dī）侯单于新立。为防止汉朝于此时发兵进攻，且鞮侯单于乃尊称汉武帝为尊老，并且全部释放了以前扣留的汉朝使节。汉武帝为答谢匈奴单于的友好善意，任命苏武为中郎将，让其持使节护送被扣留的匈奴使者回国。苏武于是带着许多贵重礼物，同副手张胜、常惠及100多名士兵离开长安，踏上了北去的道路。

汉 车马出行画像方砖局部（陕西历史博物馆藏）

到达匈奴后，苏武献上礼物以示友好，且鞮侯单于亦热情款待苏武一行人。苏武完成使命即将返回长安时，一件意外的事情发生了。

原来，汉朝有个叫卫律的人之前曾经出使匈奴并被扣留。后来，卫律投降了匈奴，死心塌地地为匈奴效力。卫律的副手虞常却不愿意投降匈奴，如今见苏武出使而来，就暗地里串通苏武的副手张胜，密谋杀死卫律，一同返回汉朝。不料还未行动就走漏了风声，卫律先下手逮捕了虞常。

张胜见事情不妙，就将密谋报

汉代 绿釉羊圈

1956年西安市郊区汉墓出土。高9.5厘米，长16.5厘米，宽16厘米。羊圈内卧有四只大羊，五只小羊，两个喂养羊的人站立羊圈内，神态各异。生动地再现了汉代养羊的场景。

世界大事记

前64年，庞培灭塞琉古王国，罗马吞并叙利亚。

《老子河上公章句》。

前60年，匈奴日逐王降汉。郑吉为西域都护，治乌垒城。

告给苏武。苏武十分生气，对张胜说：“现在你们的计划已被泄露，匈奴一定会传讯我。堂堂的大国使者像犯人一样被带上公堂，岂不丢尽了国家的脸面，不如一死了之。”苏武两次自刎都未成功，且鞮侯单于闻报后便有心让苏武归降。他派卫律劝苏武说：“当初我归降匈奴后，被封为王，兵丁数万，马羊满山。你如果归降了，也会有享不尽的荣华富贵。何苦这么固执，白白送掉性命呢？”苏武听了卫律毫无廉耻的话，大骂道：“你身为汉朝的臣子，竟然不顾及君臣之间的仁恩厚义而叛汉降虏，对此我深以为耻。我若坚不投降，匈奴单于就会杀掉我，陛下得知后一定会出兵进击匈奴，那时匈奴将面临着巨大的灾难。”劝降不成，且鞮侯单于又下令将苏武关在一个地窖里，想以此迫使苏武屈服。苏武吞雪解渴，靠皮带和羊皮毡子等东西充饥，在恶劣的环境中活了下来。

后来，单于又派人把苏武送到荒凉的北海（今俄罗斯贝加尔湖一带）去放牧一群公羊，并对苏武说：“等你的羊产仔以后，就让你回国。”企图以艰难困苦瓦解苏武的意志。

北海牧羊 心存气节

苏武独自来到渺无人烟的北海，身边只有羊群和他做伴。没有粮食充饥，苏武就挖野菜、捉田鼠来填肚子。北海的冬夜里，四处透风的帐篷，浑身破烂的衣衫，实在不足以御寒，苏武只好蜷缩着身子，紧紧地抱着节杖，坐等天明。无数次，他抬头仰望南方的天空，思念着那遥远天际下的长安城。日复一日，年复一年，使节上的穗子都掉光了，只剩下光秃秃的节杖。苏武白天拄着节杖，在漫天的风雪中牧羊，晚上又与节杖同床而卧。他苦苦地盼望着重归故土，重

清代 苏武牧羊图（任伯年绘）

设色纸本，立轴，高149.5厘米，宽81厘米。宋元以来，苏武牧羊成为绘画的常见题材之一。画家多着意刻画苏武在塞外的艰苦生活，以表现其高尚不屈的节操，寄寓深沉强烈的爱国情怀。此图布局简明疏朗，图中苏武手握节旄，目光远视，神情刚毅。

见亲人的那一天。这个信念支撑着他，鼓励着他，使他坚持活了下来。

常惠献策 苏武归汉

漫长的十几年过去了，期间汉朝和匈奴之间的数次战争使双方耗费了大量资财。汉昭帝始元二年（前85），汉匈恢复和亲，汉王朝遂要求放回苏武等汉朝使者，但匈奴单于骗汉使说苏武已经死了，事情就又拖了下去。

过了几年，汉朝使者又出使至匈奴，听说苏武还活着，便采用常惠的计策，对单于说："我国陛下在上林苑射下一只大雁，发现雁腿上系有一封帛书，正是苏武的亲笔信，信上说他还在北海放羊。大雁给苏武捎信，这可是天意啊！大王难道要违背天意吗？"单于听后大为震惊，对左右的人说：

汉代　鹅首壶（延安市宝塔区李渠镇出土）

"难道苏武的忠义真的连飞鸟也感动了吗？"即刻下令将苏武从北海接回，并同常惠等人一同释放回国。这时，距苏武离开长安已过去了整整19年。

始元六年（前81），苏武一行人终于返回京师长安。苏武出使匈奴时才40岁，回来时已是须发如银的老人了。白发苍苍的苏武手里还握着光秃秃的节杖，长安百姓见了，感动地流下热泪，交口称赞苏武心存汉室、不辱使命，不愧是一个有气节的大丈夫。

西汉　"阳信家"提链铜炉（兴平市茂陵出土）

知识链接

【传】

秦汉时，行人出入关口，皆需用传。传即符信，也称过所，它是行人的身份证明和通行许可证。《古今注》曰："凡传皆以木为之，长五寸，书符信于上，又以板封之，皆封以御史印章，所以为信也，如今之过所也。"

世界大事记

约前57年，朝鲜古国新罗建立。

典属国。

前57年，匈奴五单于争立，国内大乱，分裂为东、西两部。

未央铸铜马 立门待帝诏

汉都长安的『金马门』与『金马门待诏』

“仆本儒家子，待诏金马门。尘忝亲近地，孤负圣明恩。一旦奉优诏，万里牧远人。”这是唐代著名诗人白居易所写的《郡中春宴》一诗的前几句，反映了封建社会士大夫千百年来梦寐以求的“朝为田舍郎，暮登天子堂”的人生愿望。诗中所提到的金马门是汉都长安未央宫的宫门之一，金马门待诏就是汉代名儒学者在金马门外等待天子传诏。

汉代 虎熊相斗形鎏金铜镇

1979年西安市文物商店征集。高3.8厘米，径7.4厘米。镇作虎熊相斗形，通体鎏金。猛虎竖耳睁目，前爪压住熊身，左后腿蹬地，右后腿踏住熊的耳朵，巨口咬住熊的腹部。熊被压倒在地，张口哀嚎，熊的一前爪抓住虎的右耳，另一爪撑地，右后足拼命蹬踏虎肩，极力挣扎，形象地塑造了熊虎搏斗时扣人心弦的激烈瞬间。

汉武爱天马 青铜铸雕像

金马门，原名鲁班门。据《史记·滑稽列传》记载，汉武帝时用青铜浇铸了一座骏马雕像，立于鲁班门外，鲁班门遂被改为“金马门”。据说汉武帝之所以在金马门外浇铸一座骏马雕像，乃源于汉武帝本人的“天马情结”。

张骞通西域后，汉武帝从乌孙国得到了品种优良、体质强健的一批马，并将其命名为“天马”。后来又从大宛得到汗血宝马，汗血马奔驰时快似闪电，矫若游龙，日行千里，比乌孙马更加雄健有力。汉武帝见到后如获至宝，当即下令改乌孙马为“西极”，大宛宝马为“天马”。大宛国位于今乌兹别克斯坦费尔干纳盆地，历来是中亚宝马良驹的重要产地。汉武帝以汗血宝马为天赐宝马，不仅视为神品，而且还亲自创作了一首《天马霑赤汗》的歌曲令宫廷乐队传唱。

汉代 双虎铜构件

1987年延川县永坪镇源流湾村出土。长26.2厘米。该器前端以蜥蜴躯体环绕成圆柱形，后端为长方体，脊上铸有两个行走的铜虎。虎腿部饰涡纹，前面老虎口含蜥蜴尾，蜥蜴身饰环带纹。长方体两侧中部各有四个小圆孔，圆孔间有柿蒂纹图案。

西汉 《骑马人物图》壁画

西安市南郊岳家寨村西北西汉墓出土。骑马人物眉目清秀，两匹马并驾驱驰，虽然奔马如飞，但马上两人却神态安然，似在轻松交谈。

汉武帝为了获得更多的大宛“天马”，先派使者携带千金和金马前往大宛国换取，不料遭到大宛国的拒绝，使者被杀，财物被抢。汉武帝震怒，下令攻打大宛。但由于路途遥远，粮草不继，贰师将军李广利师出两年毫无斩获，而且士卒伤亡十之七八，被迫退回敦煌。武帝大怒，下令不准他的军队退入玉门关，否则格杀勿论。到了第三年，汉武帝下令李广利再次进攻大宛，这次出征取得了重大胜利，不仅击败了大宛，而且夺得汗血宝马3000多匹。汉武帝志得意满，大宴群臣以示庆贺。就在这时，有个叫东门京的相马专家向汉武帝献上了制作铜马的方法。汉武帝自然高兴异常，下令在未央宫鲁班门外为汗血宝马专门铸造了一座巨大的青铜雕像，并改鲁班门为金马门。1981年，考古人员在茂陵东侧发掘出一匹西汉时期的鎏金铜马，据研究此马可能是立于金马门外的铜马的仿制品。

知识链接

【“椒房”的由来】

汉都长安在长乐宫和未央宫都建有椒房殿，专供皇后居住。因其用花椒和泥涂抹墙壁，一取花椒温暖而有香气，二取花椒多子以象征皇室的子孙繁衍昌盛，故称为椒房殿。后世遂以椒房作为皇后的代称。

待诏金马门 名士享殊荣

汉代的金马门既是朝中大臣等候皇帝召见之处，也是学者名儒等待皇帝接见的地方，它既是一种不寻常的礼遇，也是士人“学得万卷书，货与帝王家”理想的最高境界。根据汉代制度，通过征辟察举被选拔上来的文学之士，都被称为“公车待诏”，而其中才能优异的人则被引到金马门等待皇帝亲自接见，称为“金马门待诏”。汉代学者公孙弘、东方朔、主父偃、严安、刘向、柳褒等人都曾“待诏金马门”，并由此进入朝中，名扬天下。出使匈奴不辱使命的苏武，也在后来享受了“待诏金马门”的特殊礼遇。汉代学者扬雄曾说道：“历金门、上玉堂有日矣”，将其视为晋见皇帝、蒙受殊荣、效力国家的一条通道。

世界大事记

前53年，克拉苏劫掠圣殿，远征安息，被俘身亡。

汉成帝皇后赵飞燕。

西汉 鎏金铜马

1981年兴平市豆马村出土。高62厘米，长76厘米。马通体鎏金，昂首呈站立势。口微张，露出六颗牙齿。耳际间和颈上刻有鬃毛，马尾下垂。马的肌肉和筋骨造型匀称合度，符合解剖比例。

司马迁与《史记》

史家之绝唱 无韵之《离骚》

西汉时期，出现了一位名扬千古的史学家、文学家和思想家，他就是被誉为“史圣”的司马迁。

幼学诗书 青年游历

司马迁，字子长，生于公元前145年，左冯翊夏阳（今陕西韩城芝川镇）人。夏阳东临黄河，北接龙门，风光秀丽，景色壮观。相传大禹治水时，为疏通黄河，就将龙门山劈为两半，河水奔腾而下，岩鸣谷响。每年暮春时节，游集而来的鲤鱼竞相跳跃，传说鲤鱼如果能够越过龙门则可化龙升天。

司马迁15岁时，其父司马谈被汉武帝任命为管理历史资料和天文星历的太史令，司马迁便跟随父亲移居京师长安。当时的长安经济繁荣、文化发达、人才荟萃，是西汉王朝的政治、经济、文化中心。在长安居住期间，司马迁曾向经学大师董仲舒学习《春秋》，向孔安国学习古文《尚书》，这为以后《史记》的撰写奠定了基础。

司马迁画像

司马迁20岁时始游历全国，足迹遍及长江、黄河流域，不久又以郎中身份出使今四川、云南地区。司马迁还随汉武帝巡视各地，登临名山大川，察风俗，访古迹，“网罗天下放失旧闻”。司马迁青年时期的游历，对形成他豪放、激昂的性格和遒劲雄浑的文风起了很大作用。

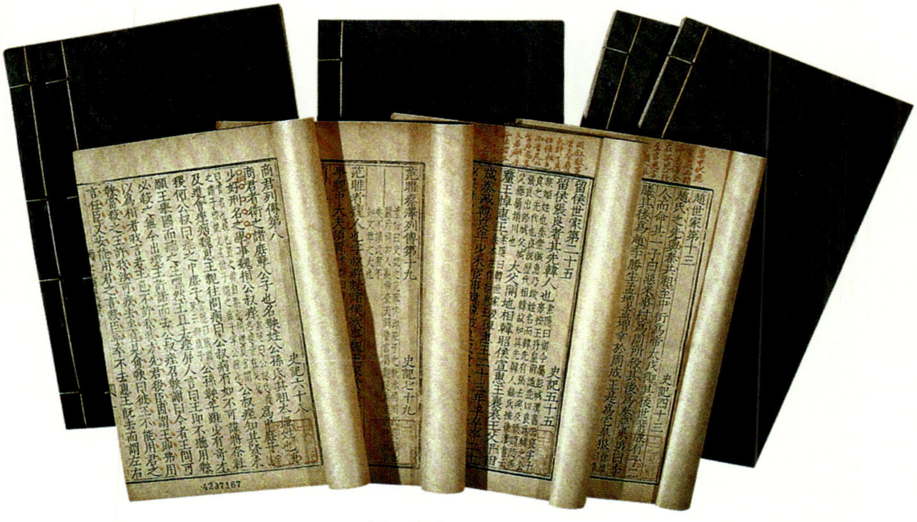

《史记》书影

世界大事记

前46年，凯撒颁布儒略历。

因言获罪 隐忍苟活

元封元年（前110），司马迁的父亲因病去世。三年之后，38岁的司马迁接替父亲的职务，正式做了太史令，使他有条件接触到皇家石室金匮中丰富的典籍档案，为撰写《史记》做了充分的准备。

正当司马迁潜心著述《史记》时，巨大的灾难降临在他的身上。天汉二年（前99），汉武帝宠姬李夫人的哥哥李广利与李陵奉旨各自率军出击匈奴。结果李广利三万大军损兵折将，惨败而归；李陵五千人马被匈奴单于八万重兵包围，兵败投降。汉武帝闻知后大为震怒，立即将李陵的母亲、妻子、儿女投入大牢，后来又将其全部杀死。司马迁认为李陵投降是出于一时无奈，必将寻找机会报答汉朝，于是上奏武帝为李陵辩解。武帝听后大怒，认为他在替李陵游说，遂下令将司马迁治罪。司马迁因家贫无财救赎，最后惨遭宫刑。

宫刑是割去生殖器的一种刑罚，对一个男人来说，这是比死还要羞辱和痛苦的事，是对人性的极大摧残。然而，司马迁想到如果就此轻生死去，父亲嘱托他撰写一部通史的遗志就无法实现，自己的理想就会成为泡影。他从周文王被囚而演《周易》，孔子穷困潦倒而作《春秋》，屈原被逐乃赋《离骚》，左丘明失明而有《国语》，孙子膑脚而《兵法》修列，吕不韦迁蜀而世传《吕览》，韩非囚秦而著《说难》《孤愤》等事例中汲取了力量，于是决心“隐忍苟活”，以完成自己著作《史记》的宏愿。后来，他在给好友任安述说自己思想的信中，写下了“人固有

司马迁墓祠

司马迁墓祠位于韩城市南10公里芝川镇的梁山东麓。墓为圆形，系元代重修。墓前有清乾隆年间陕西巡抚毕沅题写的“汉太史公墓”石碑一通。祠庙自晋朝永嘉年间扩建后，历代均有修缮增建。献殿内有历代文人名士瞻仰凭吊后留下的诗碑。其中郭沫若曾题诗曰：“龙门有灵秀，钟毓人中龙，学识空前富，文章百代雄，怜才膺斧钺，吐气作霓虹，功业追尼父，千秋太史公。”

中国大事记

前51年，匈奴呼韩邪单于抵长安，觐见汉宣帝。

历史百科问答：西汉时期流行的书法字体是什么？

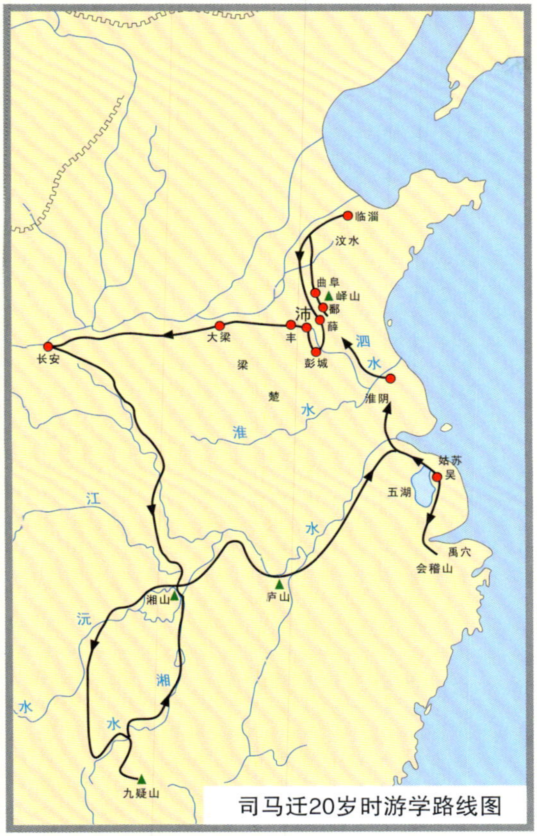

司马迁20岁时游学路线图

一死，或重于泰山，或轻于鸿毛”的千古名言。

矢志不渝　完成《史记》

经过了整整四年的写作，司马迁终于完成了《史记》的初稿。如果从司马迁担任太史令时算起，到写成初稿为止，前后共历16个年头。

《史记》是司马迁耗费毕生心血撰著的一部煌煌史学巨著。司马迁以“究天人之际，通古今之变，成一家之言”的雄伟气魄，以自己独创的体例，完成了中国历史上第一部纪传体通史。《史记》全书包括十二本纪、十表、八书、三十世家、七十列传，共130 篇，52万多字。记事上起传说中的黄帝，下至汉武帝时期，涵盖了社会生活的各个方面，记载了3000年间的大事和众多人物形象。在《史记》中，司马迁用“本纪”来记述朝代兴亡及政治演变大势，用“表”来阐释历史发展的阶段大势，用“书”来探讨天道观和典章制度的演变，用“世家”来表彰对促进历史发展、维护王朝统一发挥过重要作用的诸侯和个人，用“列传”记述不同时期各种代表人物的活动，反映了广阔丰富的社会生活。尤其是七十列传，生动活泼，丰富多彩，除记述政治家、军事家、思想家以及各类英雄豪杰外，对下层社会的侠客、医卜、商贾、俳优、博徒、猎户、妇女等，也有细腻传神的描写。《史记》既是史学名著，也是文学名著，被鲁迅先生誉为“史家之绝唱，无韵之《离骚》”。

《史记》开创了中国纪传体史书编纂的体例，并为后世官修“正史”所继承。司马迁以他崇高的人格形象和《史记》，在中国乃至世界文化史中树立了一座不朽的丰碑。

西汉　“成山宫”铜鼎

1979年6月西安市文物商店移交。高15.5厘米，口径13.2厘米。鼎体扁圆，附耳微曲，腹中部饰一道凸弦纹，三兽形足。腹上部錾刻铭文三处，共49字。铭文中有两处刻“成山”，所指应均为“成山宫”。据考古调查，在今眉县城西7.5公里的第五村乡发现了成山宫遗址，出土了十多件“成山”文字瓦当。成山宫属西汉离宫，为汉代帝王祭日之地。

知识链接

【《论六家之要指》】

司马谈撰。司马谈在《论六家之要指》中将先秦诸子之学概括为六家，即儒、墨、名、法、阴阳、道德，并阐述了六家的要旨和得失。其中司马谈最尊崇道德家，认为道德家“因阴阳之大顺，采儒墨之善，撮名法之要，与时迁徙，应物变化，立俗施事，无所不宜”，是先秦思想的集大成者。

世界大事记

约前37年，高句丽建国。

隶书。

三年不窥园 一语定儒尊

董仲舒崇儒

在今西安市和平门内，有一个叫“下马陵”的地方，西汉儒学大师董仲舒便被葬于此地。在汉代，上至达官贵人，下至一般的文人士子，只要经过董仲舒的墓前，都要下马步行，以表示对这位大儒的崇敬，“下马陵”的名称也由此而来。

幼习《春秋》 对策儒术

董仲舒是赵地广川（今河北枣强）人，年少时便开始研习《春秋》，汉景帝时被任为博士。董仲舒讲学时，总在讲堂里挂一幅帷帘，学生们只能在帘外听他讲解《春秋》。董仲舒门下弟子众多，只有资质优异、学问不错的弟子才能得其亲传，其余诸弟子皆按授业的先后和深浅转相传授，因此许多弟子连董仲舒的面都没有见过。据说董仲舒在家研究《春秋》时，三年之中没有向园子里看过一眼，他潜心治学的程度可见一斑。因醉心于圣贤之书，董仲舒平时的言行举止也都非常合乎圣人的标准，故而深为学人士子所敬慕。

汉武帝继位后，一改汉初70年来崇尚“黄老无为”之学的风气，而大加推崇儒术。元光元年（前134），汉武帝下诏各地举荐“贤良文学”之士，并延请这些德才兼具的“贤良”在未央宫内进行“对策”。当时参加对策的共有100多人，董仲舒亦在其中，且对策名列第一。

董仲舒在“对策”中，从《春秋》篇首“春王正月”四字的排序而推绎说：“天子只有秉承天道，才能端正人事。而天道最主要的是阴阳。阳为德，阴为刑，刑主杀而德主生。阳气最盛时在夏天，而此时正是育养万物的时节；阴气最盛时在冬天，这时万物都处于蛰居休眠的状态。由此可见天道是以德为主而以刑为辅，所以天子也应以德治为主，而以刑法作为辅助。”以此为基础，董仲舒建立了他的“天人感应”学说。

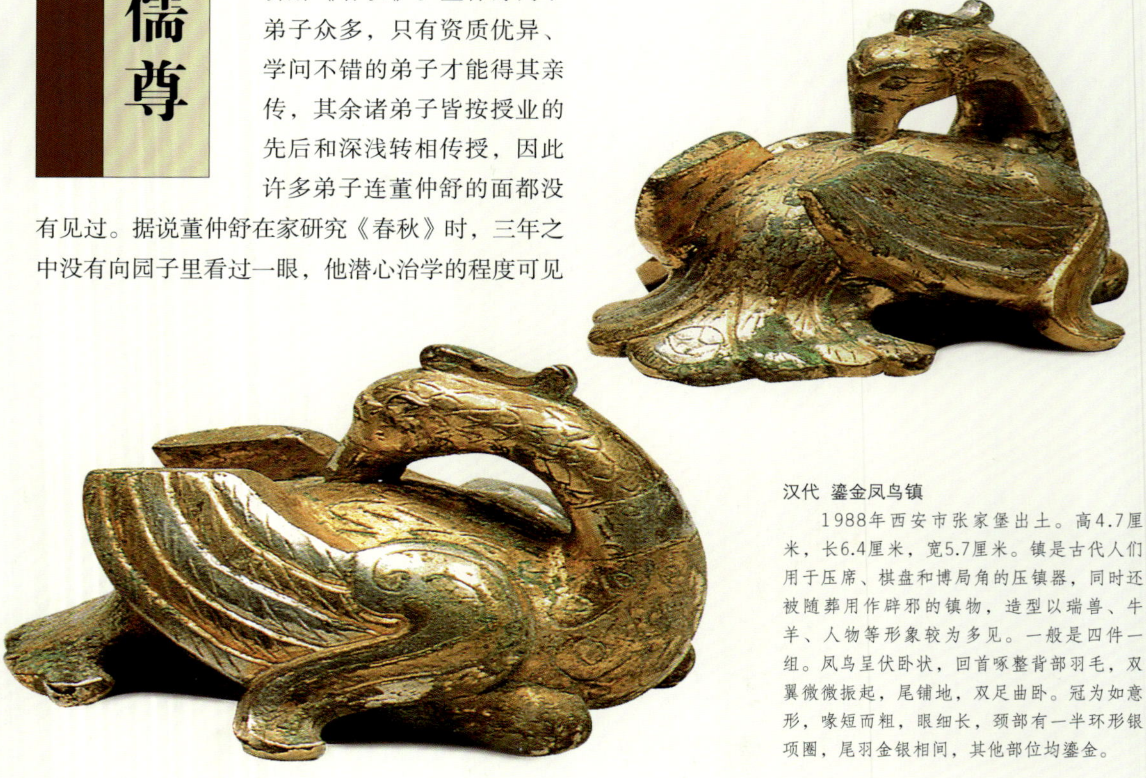

汉代 鎏金凤鸟镇

1988年西安市张家堡出土。高4.7厘米，长6.4厘米，宽5.7厘米。镇是古代人们用于压席、棋盘和博局角的压镇器，同时还被随葬用作辟邪的镇物，造型以瑞兽、牛羊、人物等形象较为多见。一般是四件一组。凤鸟呈伏卧状，回首啄整背部羽毛，双翼微微振起，尾铺地，双足曲卧。冠为如意形，喙短而粗，眼细长，颈部有一半环形银项圈，尾羽金银相间，其他部位均鎏金。

前44年，汉元帝下诏废弃盐铁官、常平仓。

董仲舒画像

董仲舒认为，天子要施行德教，必须以“教化”为大务，用仁义礼智信五常之道化导万民。为此他建议在长安设立太学、在地方郡县设立庠（音xiáng）序（古时指地方学校），以养天下之士。若以贤士为万民之率师，则教化可以行之天下，而“风俗渐美”。

董仲舒还根据《春秋公羊传》里讲求“大一统”而发明经义说：“‘大一统’是天地之间从古至今所秉持的常道，而现在老师们各以不同的学说教导弟子，并皆以自己所学为正宗。朝廷的法令还不时更改，致使臣民无所适从。因此，凡不是‘六艺’和孔子的学说，皆应斥退不用。这样邪僻之说就会灭息，而后思想归于统一，法度渐趋明晰，天下臣民就有规律可循了。”

善言灾异 两任国相

董仲舒的对策广援儒理，纵论古今，文采焕然而不虚浮，深得倾心儒学的汉武帝赏识。对策完毕后，汉武帝就擢升他任江都易王的丞相。江都易王是汉武帝的哥哥，素来骁勇骄悍。董仲舒到任后，

西汉　太阳图（西安交通大学汉墓出土）

世界大事记

前36年，帕提亚挫败安东尼的入侵，遏制罗马东扩。

中国大事记

前33年，匈奴呼韩邪单于来朝，赐宫女王嫱。

汉代 镂空螭纹玉剑首

1976年西安市未央区红旗机械厂出土。高6厘米，长8厘米，厚2.6厘米。剑柄端饰称“首”。该玉剑首为白玉质，正面及两侧面雕刻立体云中螭龙，或回首攀腾，或曲体爬行，或云间飞跃，或静立云端，或驾云飞舞，活灵活现。以立体雕、浮雕及镂空雕手法，突出了云中螭龙闹天空的形象。螭群通体结构为“S”形，具有曲线结构美，以对比夸张的形式表现了螭龙搏斗的场面。

身正为范，时时以礼仪匡正易王，深得易王敬重。

董仲舒还非常擅长推演灾异之说。一次，辽东的高庙和长陵的高园大殿都发生了火灾，董仲舒便在家中起草了一篇关于阴阳灾异的文章，结果书稿还未上奏就被大臣主父偃偷去献给了汉武帝。汉武帝即将这篇还未署名的文章拿给儒生们传阅。董仲舒的弟子吕步舒不知道这是自己的老师写的，便指斥说写这篇文章的人真是愚蠢至极。于是董仲舒被关入大牢，后被赦免出狱。此后董仲舒再也不敢讲灾异学说了。

董仲舒为人清廉正直，对丞相公孙弘多有冒犯。公孙弘心怀嫉恨，便上奏汉武帝，让董仲舒去做胶西王的丞相。胶西王也是汉武帝的哥哥，行为放纵专恣，还残杀了几个朝廷派去的二千石官。公孙弘欲谋害董仲舒，所以派他去辅佐胶西王。不料胶西王因素闻董仲舒乃一代大儒，对他优礼备至，且治国大略也多听从董仲舒的意见。董仲舒担心时间久了不免得罪胶西王，便借口有病而辞官回家了。

董仲舒辞官后，每日仍以读书著作为乐。朝廷每遇有决疑不定的大事，汉武帝就派使者或廷尉张汤去征询董仲舒的意见，可见汉武帝对董仲舒是极为推崇的。董仲舒前所提出的设太学、岁举茂才孝廉及抑黜百家、独尊孔氏的建议都被汉武帝所采纳，特别是独尊儒术的思想对后世影响尤为深远。

太初元年（前104），董仲舒去世，汉武帝下令将其家人迁至茂陵居住。董仲舒的子孙后代皆治儒术，位至高官。

知识链接

【征辟】

征辟是汉代擢用人才的一种制度。分“征”和“辟”两种。皇帝下诏特聘士人，为“征召”；公卿或州郡自行征调士人为掾属，称“辟除”。被征辟者往往是在社会上颇负声望的博学儒士。征辟制始于汉武帝，东汉时尤为盛行。

西汉 梁山宫铜熏炉

1980年西安市大白杨废品回收库征集。高23.9厘米。熏炉是古代焚香用具。该炉带盖，单柱如豆形。拱盖中央有一圆环钮，周围纵向均布十个长孔。器腹有两个环钮。盖与器腹刻有“梁山宫元凤五年造”等铭文，说明此器是汉昭帝元凤五年（前76）为梁山宫所造。

历史百科问答：董仲舒的“对策”共进行了几次？

巫蛊之祸
武帝父子相残的悲剧

西汉时，“巫蛊”术十分盛行。这种巫术，是指在所刻的木头人上写上某人的名字，然后将其埋在地下，并作法诅咒，据说这样能使被诅咒的人得病甚至死亡。汉武帝晚年时，就非常迷信巫蛊，总觉有人在用这种巫术暗害他，于是命令亲信大规模搜查巫蛊。

西汉　铜熏炉（长安区韦曲镇出土）

江充搜查巫蛊

在汉武帝所任用的几个亲信中，地位最为尊贵、手段最为毒辣的要数一个叫江充的人了。江充曾在长安城内逮捕了许多无辜百姓，并用烧红的铁钳等刑具逼供，强迫他们承认用巫蛊诅咒过皇上。这时，民间一些有仇怨的人也乘机互相诬告，一时间，长安城内冤狱横生，前后被冤枉杀死的人达到数万。

“巫蛊”愈演愈烈，最后连太子刘据也被卷入了这场灾祸之中。刘据乃卫皇后所生。当时，卫皇后已经失宠，汉武帝正宠幸钩弋夫人，且欲更立钩弋夫人的儿子刘弗陵为太子，江充深知武帝心思。另外，还有一件事情一直让江充忧惧不安。那是在他任绣衣使者的时候，有一次，他扣留了太子刘据的车驾，还为此上奏弹劾过太子。若将来太子荣登皇位，自己的下场也就可想而知了。于是江充怀着私心，利用搜查巫蛊的机会，向汉武帝报告：“宫中有蛊气。”他先诬告了一大批已经失宠的嫔妃，然后一步步把矛头转向皇后和太子。江充在皇宫里掘地三尺，从皇帝的宝座一直挖到皇后、太子住的宫殿，不留一丝情面。最后江充栽赃太子，声称在其宫中挖出了木头人。

汉代　彩绘陶翼兽

1990年西安市东郊十里铺出土。高23厘米，长44厘米。该翼兽四足伏卧，头部高仰，张口吐舌。其造型应是想象中的辟邪神兽。

世界大事记

前31年，亚克兴战役，安东尼和克娄奥巴特拉七世败北。

三次。

前31年，朝廷大赦长陵及中都官耐罪徒。

汉武帝茂陵全景（兴平市）

太子被逼造反

太子听说在自己的宫殿中搜出了桐木人，心中异常恐惧，慌乱之中听信了太子少傅石德的谏言，急忙派家臣装扮成使者模样，假传君命把江充等人抓了起来。同时太子又通过自己的母亲卫皇后，请出兵符，调兵遣将，以图占领长安。

发兵之时，太子刘据愤愤地对江充说："你这无耻小人，以前你密告赵王，现在又来诬陷我，离间我们父子的关系，不杀了你，难解我心头之恨！"说完，便斩杀了江充，并下令将江充的爪牙绑赴上林苑处以火刑。

当时汉武帝正在甘泉宫，得知太子造反的消息后，马上派人召太子进宫。哪知派去的人胆小怕事，还没到长安就偷偷返回，并谎称太子执意要造反，不仅如此，还想杀掉派去的使者。汉武帝听后大怒，立即下令调集兵马，并亲自坐镇建章宫指挥作战。激战五天后，太子看到大势已去，只好带着两个儿子狼狈逃走。

西汉　镂雕螺形佩（西安市范南村出土）

太子平反昭雪

武帝余怒未消，急忙派人追捕太子，并下令收回卫皇后的玉玺，卫皇后被逼自杀。太子逃亡来到民间，匿于一个穷人家里。主人家靠卖鞋为生，只能以微薄的收入供养太子。太子听说有位故友在当地非常富足，便派人去召唤他。不料此事被追捕太子的人发觉，官兵很快包围了太子的住处，太子自料不能生还，只好自杀，他的两个儿子也被乱兵杀死。一大批人也因被怀疑帮助太子而无辜丧命，甚至连太子尚在襁褓中的孙子也被投入了监狱。次年，汉武帝又派人重查巫蛊的案件，结果发现因巫蛊而立的案子大多查无实据。汉武帝此时方知当时太子并非有意造反，心中无限懊悔。他下令族灭江充一家，并将当时迫害太子的人处以重刑。后来，汉武帝还派人建造了一座"思子宫"，并在太子自杀的地方造"归来望思之台"，以寄托对太子的深切哀思。

然而，"巫蛊之祸"对汉武帝的刺激毕竟太大，过了三年，这位叱咤风云的人物就在忧郁之中死去了。

知识链接

【《长门赋》】

汉武帝皇后陈阿娇被幽禁在长门宫后，其母馆陶长公主欲感化武帝，遂请当世辞赋家司马相如为之作赋，并奉上黄金百斤作为润笔。司马相如便写了《长门赋》，其赋序曰："孝武皇帝陈皇后时得幸，颇妒。别在长门宫，愁闷悲思。闻蜀郡成都司马相如天下工为文，奉黄金百斤为相如、文君取酒，因于解悲愁之辞。而相如为文以悟上，陈皇后复得亲幸。"

加强中央集权的理财专家

桑弘羊与武帝时期的经济政策

桑弘羊出身于西汉洛阳的一个商人家庭，13岁进入宫廷做侍中，一生经历武帝、昭帝两朝，参与和掌管西汉财政事务近40年。他提出并推行的一系列经济政策与措施，缓和了当时业已存在的经济危机，解决了西汉政府的财政困难，西汉社会出现了“民不益赋而天下用饶”的可喜局面。

盐铁专卖 国家垄断

汉初，私人经营盐铁，国家设官收税。文帝时放任铸币、采矿冶铁、煮海制盐，于是乎富商大贾、豪强地主专山泽之利，或煮海制盐，或采矿冶铁，垄断了煮盐冶铁业，严重影响中央财政收入，助长了地方分裂割据势力。为了扭转这一局面，汉武帝采纳臣下谏言，将煮盐、冶铁、酿酒等私人工商业收归政府，由国家进行垄断性经营。最初由于任命了两个盐铁富豪来分掌盐铁专卖事务，收效不大，后来桑弘羊接管其事，很快收到了实效。盐铁专卖的具体措施是：盐的生产由产盐区人民小规模地自由经营，但生产工具即煮盐用的大铁锅由政府负责提供，煮成的盐必须按规定价格全部售卖给国家专卖机构。当时共设盐官37处，铁官49处。另外在不产铁的地方设小铁官，以熔化废铁并用来制作农具或用具。敢于私自煮盐铸铁器者，除没收其器物外，要处以左脚戴六斤重的铁钛（音dài）之罪。经过桑弘羊的治理整顿，盐铁的产量和销售都有了大幅度的提高，中央政府增加了财政收入。

汉代 金饼

1999年11月，西安市北效谭家乡新华砖厂出土金饼219枚。每枚直径5.67厘米-6.6厘米，厚0.82厘米-1.64厘米。金饼正面凹陷，有裂纹状褶皱，绝大多数打有“V”形或“U”“T”“S”形戳记以及“租”“黄”等戳印；部分兼刻有文字、符号等刻铭。金饼平均重247.11克，接近汉代一斤重250克的重量。这批金饼是西汉时期的黄金铸币，出土数量之多在考古史上实属罕见，对研究西汉时期商品经济发展和黄金印制等，有着非常重要的价值。

世界大事记

前30年，屋大维担任终身保民官，逐步确立元首政治。

咸阳原（又称“五陵原”）。

前29年，汉成帝诏罢中书官，开始设置尚书员五人。

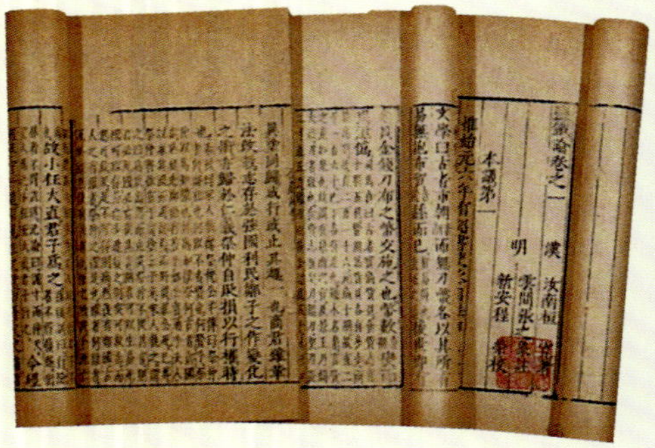

《盐铁论》书影

减轻徭役 平抑物价

汉武帝元封元年（前110），桑弘羊主持在全国推行均输平准政策。所谓均输，就是调剂贡物运输。以往各郡国须将境内特产作为贡物义务运送京师，力役由当地人民负担，时间一长弊端出现，长途运输常使贡品质量受损，贡品运输费用高于在京售卖价格，劳民伤财。新法则是在各郡国设“输官”，由“输官”将贡品中确有价值又为京师所需者直运京师，把其余的贡品调运到价格高的地区售卖，“互相灌输”，调剂余缺，起到了减省徭役的作用。

平准即平衡物价，是桑弘羊在大力推行均输制时在京师颁行的政策，以稳定京师物价为主要目的。办法是在京师设立平准机构，收储全国各地运来的商品，并根据行情变化吞吐货物。当某种商品价格上涨时，平准机构即以较低的市场价格抛售同类商品；反之，当某种商品价格过低时，则进行收购。均输平准政策的推行，使国家从中平抑物价，获得商业利润，富商大贾则“无所牟大利”。

盐铁会议 舌战群儒

后元二年（前87），汉武帝临终遗命八岁的小儿子刘弗陵即帝位，这就是汉昭帝。桑弘羊与霍光、金日磾（音mì dī）、上官桀、车千秋等人受命辅政。时隔不久，桑弘羊、上官桀与霍光之间矛盾开始激化。始元元年（前81），霍光奏明昭帝，下诏让各郡国推举贤良文学之士60多人，集中到京师长安举行会议，由于这次会议讨论的是盐铁官营等问题，因此被称为“盐铁会议”。

作为这次会议的实际召集人，霍光并没有出席盐铁会议，而让丞相车千秋主持。桑弘羊在会议中发言共114次，一方面反映了他的雄辩，但另一方面也说明了他处于风口浪尖，成为众矢之的。双方辩论的焦点问题，主要集中在三个方面：第一，关于盐铁官营政策的得失问题。贤良文学们利用桑弘羊所推行的经济政策在实行过程中暴露出来的缺点，攻击盐铁酒类官营、均输平准政策是政府与民争利，导致物价上涨，民不聊生，要求加以废止，听任私人经营；而桑弘羊认为这些措施的实行，收到了“财用饶，器用备”“足民财，齐劳逸”“平万物”“便百姓”的效果，增加了国家财政收入，加强了中央集权的经济实力，打击了地方割据势力。第二，关于对匈奴和战政策问题。贤良文学们主张对匈奴和亲，抨击过去与匈奴的战争付出了“海内虚耗，人口减半”的惨重代价，造成了社会危机四伏的严重局面；桑弘羊批驳了这些言论，肯定了武帝时期抗击匈奴战争的历史功绩。第三，关于德治与法治问题。贤良文学们都主张废除严刑峻法，以仁义道德治天下；桑弘羊则坚持法治，并对武帝时期酷吏的严厉执法行为进行了辩护。

盐铁会议上，代表大商人和大地主保守势力的贤良文学之士未能驳倒桑弘羊，记录这次会议并流传至今的《盐铁论》一书也承认桑弘羊在辩论中占了上风。

盐铁会议的结果是取消了酒类专卖和关内铁官，但盐铁、平准、均输等政策仍然得到执行。汉昭帝死，汉宣帝立，霍光大权独揽，操纵朝政，仍然沿袭了汉武帝时期的经济政策。

知识链接

【汉代盐铁富贾】

西汉时期，虽然一度实行盐铁官营，但私营盐铁业还是取得了一定发展，出现了一些以冶铁、煮盐致富的大商贾，如冶铁富商宛人孔氏、鲁人丙氏、临邛人程郑，以煮盐“起数千万”的齐人刁间，以冶铁煮盐致富的卓文君之父卓王孙等。

三朝元老 权倾一时

昭宣中兴之名臣霍光

汉武帝晚年，非常宠幸钩弋夫人，欲立钩弋夫人的儿子刘弗陵为太子。时刘弗陵年幼，需要一位沉稳可靠的大臣来主政。汉武帝遍察群臣，深觉唯有霍光可堪重任，于是将身后之事托孤于霍光。

身负重任 粉碎政变

霍光，字子孟，河东平阳人，是骠骑将军霍去病的同父异母弟弟。霍光十多岁时跟随哥哥霍去病来到长安，并被任命为郎官，不久便升任诸曹侍中。霍去病死后，霍光又被擢为奉车都尉、光禄大夫，随侍汉武帝左右。史载他为人“资性端正”，举止皆合礼法，出入宫禁20余年，从来没有出现什么过错，因此深得汉武帝的信任。汉武帝病重时曾交付给霍光一幅周公负成王的画图，意思是要求他在自己驾崩之后能像西周时周公辅成王一样，辅佐幼主刘弗陵登基治理天下。后元二年（前87），汉武帝崩于五柞宫，临终前以霍光为大司马大将军，与金日磾、上官桀、桑弘羊等同受遗诏为辅政大臣。年方八岁的刘弗陵遂即位为帝，是为汉昭帝，朝中一切大事皆决于霍光。

霍光画像

霍光的长女嫁给了上官桀的儿子上官安为妻，并生有一女，与昭帝年龄相当。于是上官桀托鄂邑长公主（汉武帝姊）将其孙女纳入后宫，数月后便被立为皇后，上官桀父子日渐亲幸。为感谢长公主，上官桀、上官安便趁机上书为长公主的幸臣丁

西汉 “王精”金印

西安市沙坡村汉墓出土。高1.3厘米，边长1.1厘米。金质龟钮。玺印是历代官爵等级制度的标识、职权的象征和凭信。据《汉官仪》“列侯、丞相、将军，黄金印，龟钮”的文献记载，“王精”生前的职位应是列侯、丞相或将军。该印铸造精良，印文文字笔画精细均匀，布局疏密有致，是汉印中的珍品。

世界大事记

前18年，罗马元老院授予屋大维创制宪法的权力。

上著长襦，下著裙，裙为襦所掩，形成上长下短的样式。

前19年，徙郡国豪杰赀500万以上5000户于昌陵。

汉代 彩绘动物纹骨饰

2000年榆林市走马梁汉墓出土。高8.5厘米，直径4厘米。该骨饰为管状，外壁阴线刻有奔虎、奔鹿、奔跑的野猪和行虎等动物，并以流云纹相隔离。动物神态生动，流云纹饰线条流畅，刚劲有力。

外人谋求封侯，不料被霍光拒绝。他们又请求让丁外人出任光禄大夫，霍光又不许。从此上官桀父子和长公主对霍光心怀怨愤，还阴谋与之争权。御史大夫桑弘羊自以为推行盐铁官营有功，欲为其子弟谋求官职，也被霍光拒绝，从此便对霍光怀恨在心。于是桑弘羊便与上官桀父子、鄂邑长公主结为同党，他们还联合燕王刘旦（昭帝兄，因不得被立为帝，亦常怀忿），趁霍光不在朝中时，派人以燕王的名义上书诬告霍光图谋篡位，欲置霍光于死地。不料年仅14岁的昭帝接到奏章后，并未相信奏章上的话，不但没有下诏问罪霍光，还下令追查冒充燕王刘旦上书之人。昭帝的聪明睿智令群臣皆惊。以后上官桀的同党又在昭帝面前说霍光的坏话，昭帝大怒道："大将军是忠臣，先帝嘱托让他来辅佐朕，以后有诋毁大将军者一律治罪。"昭帝对霍光的坦诚相委使上官桀等人深为不安。他们遂暗中联合起来发动政变，欲废除昭帝而迎立燕王刘旦为天子。不料阴谋败漏，上官桀父子、桑弘羊、丁外人皆被族灭，燕王刘旦、鄂邑长公主亦皆自杀，朝中局势遂安，霍光的名声由此威震海内。

辅佐二帝 礼葬茂陵

昭帝在位13年，霍光在辅政期间，曾多次派遣使者巡行郡国，举荐贤良，问民疾苦，并采取了招抚流亡、减免赋税、降低盐价、移民屯田、废苛禁暴等一系列措施，稳定了社会局势，发展了农业生产。史称时"百姓充实，四夷宾服"。元平元年（前74），昭帝驾崩，霍光遂与群臣迎立昌邑王刘贺为天子，但刘贺昏庸淫乱，每日在宫中歌舞游戏，不理朝政。霍光不得已，便与丞相、御史大夫等重臣在未央宫谋议废帝一事，然后奏明太后，废掉了即位仅27天的刘贺，并将他与其手下近臣驱逐出金马门外。霍光遂与众臣议立新君，于是曾流落民间、深知百姓疾苦的武帝曾孙刘询被拥立为皇帝，是为汉宣帝。

在三朝元老霍光的辅佐下，宣帝广开言路，选贤任能，并实行了轻徭薄赋、与民休息的政策。史载这一时期"用吏多选贤良，百姓安土，岁数丰穰"。时境外又有匈奴单于来降，边疆形势稳定，出现了自武帝末年以来少有的兴盛局面。历史上把这一时期称为"昭宣中兴"，并公认霍光为昭宣中兴的第一名臣。

地节二年（前68），霍光病逝长安。汉宣帝痛惜不已，下令将他陪葬于汉武帝茂陵东侧。宣帝还与太后亲临送葬，并赐以梓宫、便房、黄肠题凑等只有天子才能使用的葬具，可见其尊宠显贵当世无人能及。

知识链接

【张敞画眉】

宣帝时，京兆尹张敞甚爱其妻，每天散朝回家后，都要为妻子画眉，长安城里一时盛传："张京兆眉怃。"后来，"张敞画眉"便成了夫妻恩爱的一个典故。

汉宣帝与『昭宣中兴』

襁褓囚徒 中兴之主

汉宣帝统治时期是汉朝在武帝后国力最强盛、经济最繁荣的又一重要时期，史书赞曰："孝宣之治，信赏必罚，文治武功，可谓中兴。"

幼年多难 浪迹乡间

西汉皇帝中，命运最为坎坷的要算是汉宣帝刘询了。刘询是汉武帝的嫡亲曾孙，他出生才几个月，宫中就发生了"巫蛊之祸"，祖父母、父母等亲人全都死于这场灾难，时尚在襁褓之中的刘询被囚禁到郡邸狱中。当时主管郡邸狱的廷尉监邴吉看到刘询年幼无辜，便起了恻隐之心，暗中派了两名女犯人交替乳养，时常供其衣食，才保住了刘询的性命。

汉代 夔龙纹玉璧

1983年西安市雁塔区沙坡村汉墓出土。直径18.8厘米，孔径3.3厘米，厚0.5厘米。圆形璧面称为"肉"，中心孔洞称"好"，璧的"肉"大于"好"。璧的造型按古代天圆地方宇宙观念用以象征太阳和天宇，是天子礼天的用器。该璧为青玉质，"肉"和"好"的边缘各起弦纹一周，形成较厚的内外廓。璧面中部的一周阴刻绹纹将纹饰分为内外两区。内区饰以排列整齐、分布均匀的蒲纹。外区采用勾彻法与阴刻细线相结合的方法琢刻出大小形体相同的四组双身夔龙纹。夔龙的面部狰狞，睁目粗眉，直鼻宽嘴，面部两侧有"S"状波曲形体。

刘询五岁时，武帝听信会"望气"的方士说长安狱中有"天子气"，便当即下诏杀掉所有被关押在狱的人。当使者来到监狱时，邴吉立即紧闭狱门，拒绝接受诏命，他说："他人无辜死者犹不可，何况亲曾孙！"就这样抗拒了一整夜。天亮后，派去执法的官员只好回宫奏报。这时，汉武帝也醒悟过来，叹道："这可能是上天的旨意吧！"不但没有再追究，而且下诏大赦天下罪犯。刘询这才从此免去了囹圄之苦，被送往祖母家寄养。后来，刘询被列入皇族之中，诏令由掖庭养育。曾服侍过刘询祖父的掖庭令张贺念及旧恩，奉养刘询颇为谨慎，且常以私钱供其读书。刘询长大后，张贺还为他择娶了暴室啬夫许广汉的女儿

西汉 陶翼兽（西安市东郊十里铺出土）

世界大事记

前4年，大希律死后，巴勒斯坦成为罗马帝国犹大省。

西域。

前1年，匈奴单于、乌孙大昆弥来朝。

西汉 三眼铜行灶

1997年8月西安市征集。高13.5厘米，长21.5厘米。灶是庖厨中做饭的主要用具。该灶身略呈船首形，面设三穴，作“品”字形分布，上置釜，前两个小，后一个大，后端为竖立的兽首形烟囱。灶底平，下设四个蹄形足。这套铜灶可以拆解组装，便于移动，因此称为“行灶”。

为妻。刘询聪颖好学，尤其心慕豪放旷达的游侠，因此他时常浪迹乡里，斗鸡走马。这种放达不羁的生活，使他具悉民间复杂多样的情况，增长了不少见识。

一步“登天” 励精图治

汉昭帝死后，大将军霍光等人主持朝政，邴吉向霍光介绍刘询知书达理，会成为明主，这样刘询就被请出来继承帝位，是为汉宣帝。刘询一下子由平民变成了西汉王朝的最高统治者。

宣帝从小在民间生活，史称他年轻时即知“吏治得失、民间奸邪”，就是能了解国情，接近百姓。即位后，宣帝励精图治，果断除掉了长期把持朝政的霍光家族，并每五天一临朝听事，亲自处理朝政，牢固地掌握了西汉政权的核心权力，极力施展自己的政治才能。

宣帝时期政治开明，他时常利用廷议的形式，集思广益，广泛地听取众大臣有关政治、军事、经济、文化、民族政策等各方意见，以决定他的施政方针。宣帝在用人方面不拘一格，量才用人，同时，又执法严明，在一定程度上抑制了朝中的腐败现象，史载宣帝时“无宠臣”。

因曾有过生长在民间的经历，宣帝深知“民事之艰难”。因此，宣帝采取减轻徭役赋税、借贷粮种等一系列措施，以防止小农破产，恢复农村经济。本始四年（前70），长安地区发生了粮荒，宣帝就下令从各地运粮借贷给饥民，帮助他们渡过难关。对在恢复农业生产方面政绩突出的官吏，予以褒奖鼓励。宣帝还一改以武力镇压流民起义的做法，采取选用良吏以“安之”的政策。

在汉宣帝的倡导下，西汉的文学进一步兴盛起来。自武帝时兴盛的汉赋，到宣帝时期更为繁荣。最为可贵的是，在宣帝时期，司马迁撰写的《史记》，由司马迁的外孙平通侯杨恽公诸于世，广为流传。

在维护国家统一和民族团结方面，宣帝不断宣示对各族的友好，同时打击犯边作乱的匈奴、羌族等部落。神爵元年（前61）派赵充国平定了西羌叛乱，稳定了西北局势。同年，管理西域事务的匈奴日逐王降汉，宣帝任命郑吉为第一任西域都护，完全确立了西汉政权在西域的统治。甘露三年（前51），匈奴呼韩邪单于晋见宣帝，归附汉朝，宣帝在建章宫设宴，举行了有数万少数民族人员参加的盛会，以示庆贺。从此结束了自高祖刘邦白登被围以来汉匈之间150余年的战争局面，进入和平友好时期。

汉宣帝所采取的这一系列措施，使汉朝国势大增，经济发展，社会矛盾和民族矛盾也有所缓和，因此他被后世称为“中兴之主”。

知识链接

【“故剑情深”的由来】

汉宣帝少年时屡经磨难，依靠外家史氏和暴室啬夫许广汉等人的抚育才得以长大成人，并于17岁时娶许广汉之女许平君为妻。宣帝入主未央宫后，霍光与其妻欲立自己的女儿为宣帝皇后，群臣纷纷表示拥护。但宣帝不为所动，并下诏寻求贫贱时所佩带的故剑，借以暗喻不忘许家旧恩。霍光与群臣明了宣帝用意，许平君遂被立为皇后。后世据此演绎为“故剑情深”一词，以示不喜新厌旧，其意与“糟糠之妻不下堂”俗语相近。

天学奥秘深 历法关数运

天文学家落下闳与『太初历』

灵台是我国古代观测天象的地方。西汉时，在长安城南就有一座灵台，西汉的天文学家曾经在这里观察天体的运行，计算日月的变化，编制新的历法，制造天文仪器，在我国天文学发展史上留下了不朽的功绩。

创制浑天仪

在西汉天文学家中，最有成就的应是落下闳了。他姓落下，名闳，字长公，早年曾隐居在巴郡阆（音làng）中（今四川阆中）。由于他精通天文历算，被汉武帝任命为太史待诏，专门从事天文方面的研究。落下闳经过苦心钻研，创制了在天文学上有着很大实用价值的浑天仪。

落下闳塑像

浑天仪模型

浑天仪是古代用来测量太阳、月亮和其他星球实际位置的一种仪器。这种仪器在我国出现相当早。战国时期，天文学家石申和甘德就已经使用过比较简单的浑天仪，但是从战国到秦末，战争绵延不断，到西汉时，浑天仪已经失传了。

汉武帝时，落下闳根据自己的经验和推算，重造了浑天仪。浑天仪主要由表示天体位置的圆圈构件组成，构件上面装有可以移动的窥管，用以跟踪和瞄准星球。在没有望远镜的情况下，用窥管观察星球，可以排除侧面光线对视力的干扰，提高观测的精度，这是一种很科学的方法。曾有人做过实验，证明使用窥管能够看到亮

世界大事记

前2年，罗马颁布限制释放奴隶的法令。

皇宫中濯船的船夫，皆著黄帽，故称“黄头郎”。

度在八等的星，而不用窥管最多只能看到亮度为六等的星。人们常说的“窥测”以及“以管窥天”这句成语，就是由此而来的。

西汉 陶翼兽（西安市出土）

编制新历

汉初沿用秦代的颛顼（音zhuān xū）历，以每年的十月作为一年的开始，但到了汉武帝时已出现“朔日每月见，弦满望亏”的错乱现象。于是汉武帝令落下闳、邓平、唐都、司马迁等改造颛顼历，他们很快便完成了新历。太初元年（前104），汉武帝下诏正式使用新历。因为这是汉代第一次使用新的历法，汉武帝遂将年号改为太初，由此这部新历被定名为“太初历”。

太初历以正月为岁首，采用有利于农时的二十四节气，在中气（二十四节气中排序偶数者）缺失的月份插入闰月，调整了太阳周天与阴历经月不相合的矛盾，使朔望晦弦较为正确，是我国历法上一个划时代的进步。

西汉 月亮图壁画

1987年4月，西安交通大学附属小学汉墓出土。月亮中画玉兔和蟾蜍，四周绘云气。设色明快，线条流畅。

创制其他天文仪器

在太初历制成以后，落下闳等人又创造了漏刻。漏刻就是用水的机械装置来计算时间的仪器，相当于现代的钟表。落下闳还创造了根据太阳影子移动方向来测定时间的日晷（音guǐ），将漏刻和日晷结合起来测量二十八星宿的位置。太初四

西汉 天象图壁画

1987年4月，西安交通大学附属小学汉墓出土。天象图壁画绘于墓室顶部，以青龙、白虎、朱雀、玄武四神与星辰相配，用白、黑、青三种颜色勾绘在两个同心圆之间，绘有星辰80余颗，每三颗、四颗或五颗为一组，星与星之间以黑色直线相连接，共28组。天象图壁画表现的是我国古代的二十八宿和四神图，这是目前所发现最早的二十八宿和四神相配的星象图。

年（前101），汉武帝又让人在灵台建立了以测定太阳影子长短计时的铜表，成为后世华表的前身。

落下闳是汉代科学家的杰出代表，他的成就反映了西汉时期我国高度发达的科学技术水平。

知识链接

【“改正朔，易服色”】

西汉初期，仍袭用秦的水德制度。汉武帝太初元年（前104），“改正朔，易服色”，开始采用土德制度，即：以正月为岁首，服色上黄，度数以五为纪，音律尚黄钟。

世界大事记

公元9年，日耳曼人击败罗马军队。

今印度。

西汉 彩绘鹅鱼铜灯

1985年8月，神木县店塔村出土。高54厘米。鹅鱼灯由红、白漆彩绘而成，造型精巧别致。两块铜瓦形灯罩可自由转合，随意调节灯光和防风。鹅的腹内可盛清水，灯烟由鱼腹经鹅颈溶入水中，巧妙地减少了烟对环境的污染。

汉代数学成就的代表作

《周髀算经》与《九章算术》

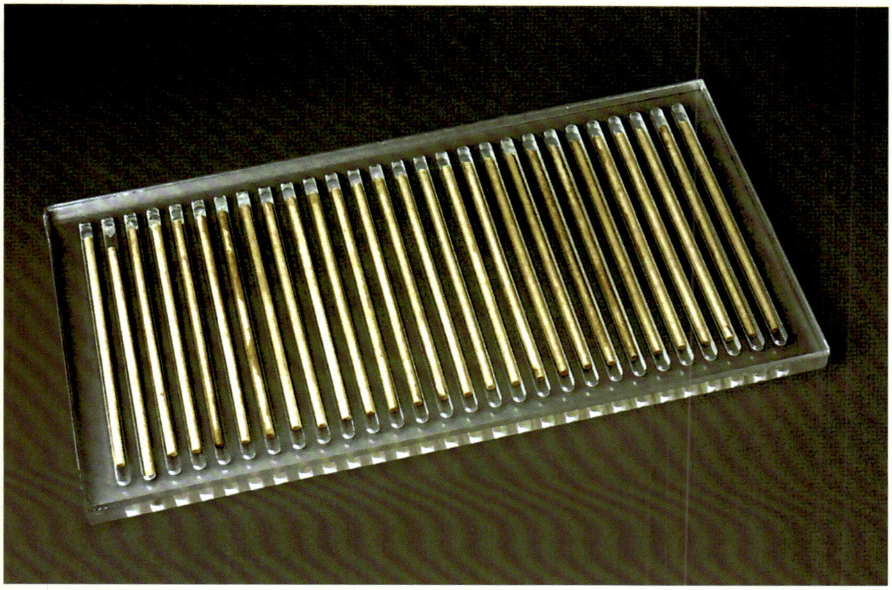

汉代 象牙算筹

1983年旬阳县佑圣宫一号汉墓出土。长13.5厘米，径0.4厘米。共28枚，细棒状，象牙质，乳白色。两端齐整，通体磨光。算筹是汉代的一种计算工具。计算方式是以筹来表示一个单位数目，算式有纵式和横式两种。

早在奴隶制时代，数学就被列为国家教育中学生必须学习的内容之一。“数”与“礼、乐、射、御、书”并称为“六艺”。到了两汉时期，全国最高学府——太学的学生除主要研习《五经》外，算术也被列为他们学习的课程之一。汉代两部著名的数学专著——《周髀算经》和《九章算术》，就是当时的算术教科书，直至唐代，仍然将这两部著作列入国子监算学馆学生必读的十大专业教科书书目中。

《周髀算经》

《周髀算经》原名《周髀》，“周”是指日月星辰运行的圆形轨道，“髀”是指测量日影用的直尺状的铜表。《周髀》本是一部阐明盖天说和四分历法的天文学著作，由于天文、历法要应用复杂的数学计算，因此书中有大量的数学内容，并由此改名为《周髀算经》。这部著作最后成书的年代大约在西汉中晚期，汇集了西汉及西汉以前的数学研究成果，是我国现存的最古老的数学著作。书中深入浅出地阐述了天体的结构模式、运行规则与计算方法。在计算方法上涉及到分数的乘除法、公分母的

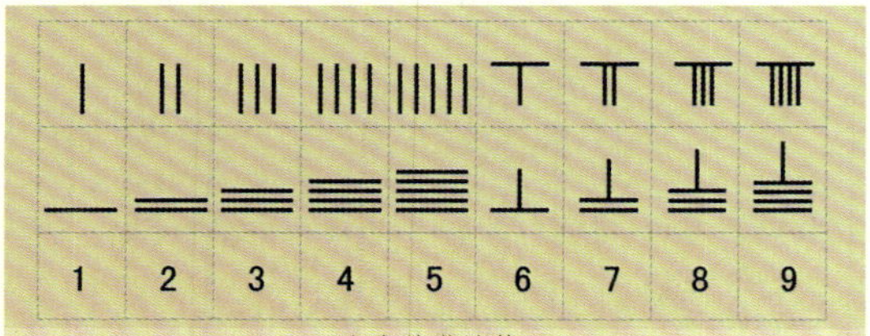

古代数学计算

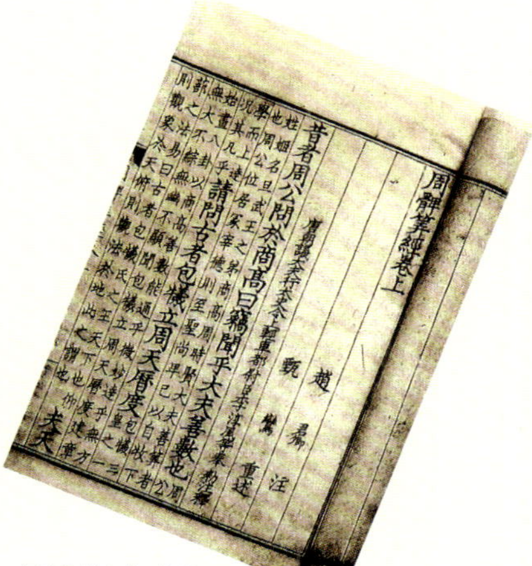

《周髀算经》书影

世界大事记

公元26年，高句丽吞并盖马。

公元25年，刘秀称皇帝于鄗，改元建武，东汉建立。

西汉　绿釉雌鸡（陕西历史博物馆征集）

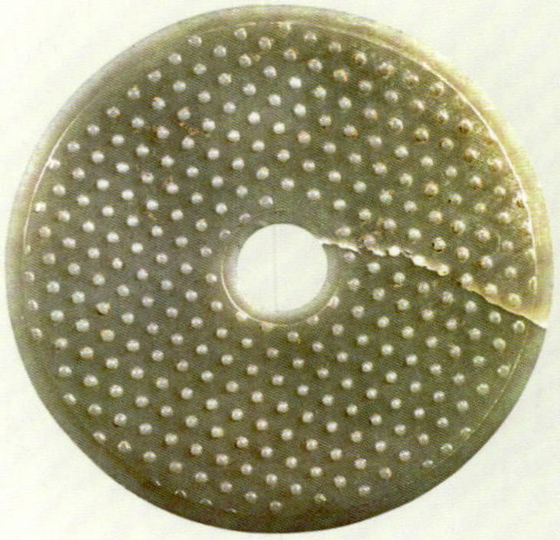

西汉　玉璧（陕西历史博物馆藏）

求法、分数的应用、等差级数演进次序以及勾股定理等方面，并且首次使用了开方，因而被一位欧洲汉学家称为人类科学技术发展史上“一部完美的数学记录”。《周髀算经》卷首就谈到了三角形的性质，展示了勾股定理中勾平方加股平方等于弦平方的公式。

《九章算术》

《九章算术》的最后成书年代大约在公元一世纪下半叶，西汉时期的著名数学家张苍、耿寿昌等人曾对全书进行过增删。全书共分九章，共收集了246个数学问题的解法，其中记载了当时世界上最先进的分数四则和比例算法，还有各种面积、体积的算法和利用勾股定理进行测量的问题以及开平方、开立方的方法，对中国古代数的发展影响甚大。在世界数学史上，《九章算术》第一次论述了负数的概念，提出了正负数加减法则。而在古印度大约到公元七世纪才认识负数，欧洲则直到公元17世纪才认识负数的重要性。

《九章算术》不仅内容丰富，应用性强，而且许多计算方法在当时都居于世界领先地位，充分体现了中华民族的聪明才智和辉煌成就，所以先后被译成多种文字。日本、朝鲜等国还曾将其作为数学教科书。

汉代　陶井（西安市征集）

知识链接

【古代的书写材料】

纸发明以前，我们的先人曾将文字刻于陶器、龟甲、兽骨、石头、青铜器上。春秋时期，开始出现可以用笔直接书写的简牍和缣帛。因缣帛价格较昂贵，所以只流行于上层贵族社会。直至魏晋时纸张普及，简牍一直是古人书写的主要材料。

西汉时期关中的农业科学家

赵过与氾胜之

渭河流域自古以来就是我国农业比较发达的地区，也是古代农业的重要发源地之一。经过长期的辛勤开发，到了秦汉时期，广袤的八百里秦川已成为当时全国的政治、经济和文化中心。一些农业科学家在劳动人民长期生产实践的基础上，创造出新的农具，推广先进的耕作技术，为推动我国古代农业的发展作出了重大贡献。农业科学家赵过和氾胜之就是其中突出的代表。

赵过发明代田法与三脚耧

赵过是汉武帝时人，曾经当过掌管农业生产的搜粟都尉。在管理农业生产的过程中，赵过有不少发明创造，其中最有名的首先要算“代田法”了。《汉书·食货志》对代田法作了解释，即“一亩三甽（音quǎn），岁代处”。“甽”是田间的小沟，“一亩三甽”就是在一亩地上开三条沟，形成三条沟和三条垄。“岁代处”是说沟和垄每年交替，做到土地部分利用和部分休耕轮番交替进行。在肥料不足的地区，利用这种方法可以使地力得到自然恢复，从而提高农作物的产量。

西汉　金“五铢”
（咸阳市毕塬出土）

西汉　玉“五铢”
（宝鸡市北郊出土）

赵过为了使人们相信“代田法”的增产效果，就让士兵在空闲的土地上用代田法耕作土地，结果其产量比原来的耕作法提高了三成至五成。先进的代田法不仅深受老百姓的欢迎，而且也受到朝廷的重视。汉武帝特意下令在居延（今内蒙古额济纳

汉代 彩绘陶樽

1992年陕西历史博物馆征集。高16.5厘米，口径21厘米。该樽纹饰以两道白色弦纹分三区，分别填以菱格纹、云纹和变形云纹，云纹以白色勾线，紫色填色，极有装饰效果。

世界大事记

公元38年，罗马人在埃及亚历山大城屠杀犹太人。

淮南王刘安，豆腐初名“黎祈”。

公元48年，匈奴分为南北两部。

旗）、河东（今山西南部）和弘农郡（今河南西部至关中东部）推广代田法。据史书记载，这些地方的农民都称赞代田法“用力少而得谷多”。

赵过除了发明代田法外，还创造了三脚耧等新式农业机具。三脚耧，就是可以同时播种三行的播种机。这种播种机的设计相当合理，它的下面是三

汉代 釉陶仓

甘泉县中学基建工地出土。高26.8厘米，口径7.1厘米。陶仓通体施黄褐色釉，由仓身和仓盖两部分组成。仓盖为仿四角攒尖顶，屋顶上塑有人、鸡造型。仓口有三立柱以承仓盖。仓身长颈斜肩，肩上有凸棱，圆筒状仓腹饰有剔地淡黄色的朱雀一只，作飞奔状。该釉陶仓构思巧妙、制作精美。

三脚耧

个开沟用的小铁铧，叫耧脚；后部中间是空的，耧腿与盛着种子的耧斗相连，两耧之间的距离恰好是一垄。耧斗后部有一开口，上面装有闸板，可以控制种子流出的速度。播种的时候，可以通过控制耧柄的高低来调节种子入土的深度。在耧后边的木框上，用两股绳子悬挂一根方形木棒，横放在播种的垄上，随着耧前进，自动将土耙平，同时将种子覆盖在土底下，类似于今天的耙。用三脚耧播种，一次就能把开沟、下种、覆盖的任务全部完成。另外再用砘子压实，使种子和土壤紧密地附在一起，从而促进发芽生长。三脚耧的发明是我国古代在农业机械方面的重大发明之一。

氾胜之与《氾胜之书》

氾胜之是汉成帝时人。他曾在朝中任议郎，管理过农业生产。据史书记载，氾胜之在三辅地区督导百姓种田时，粮田大获丰收，因而深受当地百姓欢迎。氾胜之还时常向老农请教，虚心学习农业知识。后来，他把平时记录的有关农业生产方面的技术和经验整理成一本书，后人称之为《氾胜之书》。

《氾胜之书》内容十分丰富，共分18个篇目，分别讲述了耕田、收获、溲种法、区（同沤）田法以及禾、黍、麦、稻、瓠（音hù）、桑等农作物栽培技术。其中有些栽培技术至今还在沿用，如关中老农所创造的桑苗截干法。经过长期的观察和实践，他们发现，自然生长的桑树，苗木长得缓慢且

叶片很少，树长大后材质也较差；但若将第一年生长的桑树苗用锋利的镰刀沿着地面割下，来年桑树苗的枝条就会长得又快又旺盛，成材后材质也较好。这种将第一年的树苗截断以促进次年苗木生长的技术就叫桑苗截干法。而今，关中的农村仍使用这种方法促使桑树、桐树等树苗的生长。

《氾胜之书》中记载的溲种法是我国最早的种子处理法。所谓“溲种法”，就是在播种前20天把备好的猪、马、牛等牲口的骨头砸碎，用雪水煮沸三遍，滤去骨头渣后，再放入中药附子浸泡五天，滤去附子，再加入马、牛、羊等动物的粪便，调成糊状，最后把种子放进去。经过这样处理的种子，外面裹了一层带有药物和肥料的外壳，播种后出苗齐，发芽早，庄稼耐病虫害，产量特别高。经今人验证，“溲种法”的增产效果十分明显。

另外，书中还记述了十多种栽培作物的选种、播种、收获和储藏技术。

汉代 陶井

1991年9月陕西历史博物馆征集。高11.5厘米，长24.5厘米，宽18厘米。陶井为灰陶质，正面装饰图案为一男子肩扛“戒火”旗，左手拿瓶，大步前行，身后紧随一只公鸡，左右两侧有“东井”“戒火”隶书陶文；背面为牛饮水；左面为牛吃草图案；边沿饰有云纹、几何纹和鱼纹等。这些图案均为模压成形的浮雕，线条流畅，造型生动，有着浓厚的生活气息。

令人遗憾的是，《氾胜之书》早已佚失。幸而北魏贾思勰在《齐民要术》中多有征引，才得以保存零星文字，经研究者辑录约计3000多字。

汉 红陶陂（音bēi）池

南郑县石拱乡出土。高7厘米，长40.5厘米，宽31.5厘米。汉中地区属于亚热带气侯，多种植水稻，所以重视陂池蓄水以确保农业丰收。这件陶陂池池内有青蛙、蟾蜍、田螺、龟、鱼等喜水动物，用以表示这一模型是作蓄水之用。

西汉 铁铧（陕西历史博物馆征集）

知识链接

【汉代关中的五谷】

2001年在西安南郊汉宣帝杜陵附近的一座汉墓里出土了一枚木牍，上面写着“始田良日”“粟良日”“豆良日”“麻良日”“麦良日”“稻良日”等相关内容，共177字。其中简中所载“粟、豆、麻、麦、稻”是西汉时期关中地区的五种主要农作物，它们的排名顺序，反映了当时按种植收获的比重大小和政府的重视程度。

世界大事记

公元48年，罗马帝国首次授予高卢贵族罗马公民权。

班婕妤。

中国大事记

公元56年，光武帝刘秀宣布图谶于天下，谶纬之学成为官方的统治思想。

衣食京师 亿万之口

西汉时期的关中水利

龙首渠渠尾

汉代的长安，不仅是当时中国的政治、经济、文化中心，也是世界上首屈一指的国际大都会。支撑着这座大都会的是这里发达的农业经济，而经济的发展，则很大程度上得益于关中辉煌的水利事业。

六辅渠与白渠

在西汉以前，关中的水利建设就有比较好的基础，特别是战国时期修建的郑国渠，灌溉田亩达四万余顷。为了更好地发挥郑国渠的作用，汉武帝元鼎六年（前111），左内史倪宽奏请汉武帝批准，在郑国渠的北岸开凿了六条支渠，灌溉郑国渠所未流经的高坡地。人们把这六条支渠称为“六辅渠”。

太始二年（前95），赵中大夫白公又奉命征集民工，重新开挖引泾灌溉渠。渠水从今礼泉县和泾阳县交界处的谷口起，流经栎阳，最后注入渭河。这条渠是白公主持修建的，人们就称它为“白渠”。白渠规模宏大，全长200多华里，经今泾阳、高陵、三原、临潼四个县，灌溉45万多亩，是关中地区仅次于郑国渠的水利工程。

六辅渠和白渠，再加上原来的郑国渠，使渭河以北出现了一个新的灌溉系统。后来，人们把这些渠道合称为“郑白渠”。郑白渠对关中地区的农业生产起到了极大的促进作用，当时老百姓歌唱道：“田于何所，池阳谷口。郑国在前，白渠起后。举

山河堰

据《汉中府志》载：“山河堰，汉相国萧何所筑，曹参落成之。”故山河堰灌区，多有祠祀萧何、曹参的庙宇，其较著者，有汉中市河东店的“萧曹祠”和汉中市新民寺的“酂邺祠”。山河堰共有三堰，原灌溉南郑、褒城两县部分地区，今褒惠渠基本上是沿山河堰旧线修筑的。山河堰是汉中地区最早有史可查的水利工程，在发展汉中农业生产方面具有重要的作用。

历史百科问答：汉代有一种肉鱼同烧的著名杂烩大菜，菜名叫什么？

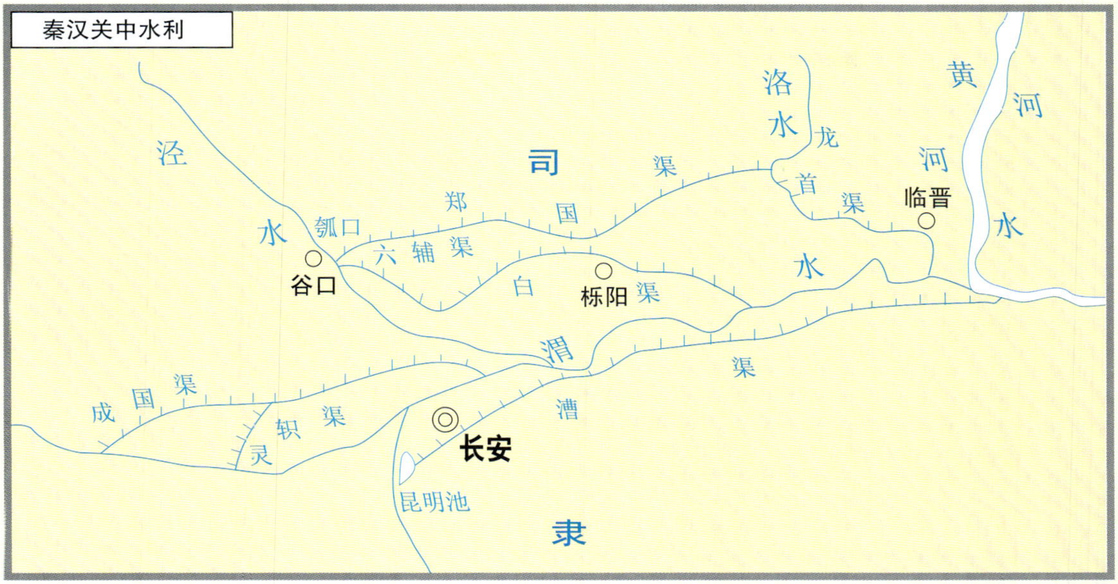

锸为云，决渠为雨。泾水一石，其泥数斗。且溉且粪，长我禾黍。衣食京师，亿万之口。”

龙首渠等诸渠

约在汉武帝元朔到元狩年间，有一个叫庄熊罴的人向汉武帝上奏，建议由北向南修建一条引洛河水的灌溉渠道。汉武帝采纳了这个建议，并征发上万民工开始修建，历经十年才修成。因在施工过程中发现了大量龙骨（古时人们称化石为龙骨），此渠便被命名为“龙首渠”。龙首渠从今澄城县狀头村始，流经商颜山，到达蒲城以南，可灌溉蒲城、大荔一带田地60多万亩。

此外，西汉时期关中有名的渠道还有成国渠、灵轵渠、沛渠。成国渠从今眉县杜家村开始，引渭河水经扶风、武功、兴平、咸阳，全长110多公里。经过历代王朝的维修保护，成国渠遂演变成了今天的渭惠渠。灵轵渠在今周至县境内。沛渠在今岐山、扶风交界处，引渭河支流沛水浇灌农田。

元光六年（前129），汉武帝又让水利专家徐伯率领几万名民工开挖了一条同渭河平行的运河，因为它的作用主要是漕运粮食，故称为“漕渠”。漕渠工程量非常浩大，历时三年才建成，流经今临潼、渭南、华县、华阴，在潼关附近进入黄河，长达150多公里。

水利工程的修建和管理

西汉时期，水利工程的修建技术和管理措施十分完善。引水渠道充分利用自然地形的有利条件，路线选择也十分科学，拦河堰坝和渠口渠身都修建得十分坚固。以成国渠的渠口为例，它共有六个石门，称为“六门堰”。多设水门的方法在现代灌溉工程中也经常采用。这种方法的好处，一是可以分开冲击渠口的水力；二是便于分洪，可以防止洪水把渠口冲垮；三是能够减少水渠的进沙量。

据史书记载，当时朝廷设有水令专门负责渠道的管理。各条水渠都有专人分段看守，用水也有一定的制度和程序，同时还要定期进行维修。如此科学的管理，使得关中几条水渠至今仍保存完好，创造了世界水利史上的奇迹。

知识链接

【“井渠法”的发明】

汉武帝时，在龙首渠经过的商颜山一带，开凿了我国历史上第一条地下水渠。凿法为：在地面上每隔一定的距离打一眼直井，在井下修建暗渠相通，时称“井渠法”。张骞通西域后，“井渠法”遂传至西域诸国。而今，新疆地区的“坎儿井”仍是采用“井渠法”修建而成的。

世界大事记

公元63年，帕提亚与罗马媾和。

五侯鲭。

公元57年，倭奴国来贡，汉赐以「汉倭奴国王」之印。

纳关东之粟 供京城之需

西汉时期的京师仓

20世纪80年代，考古人员在今华阴县硙峪乡东面的凤凰岭上发现了一座古代大型粮仓建筑遗址。据考证，这里曾是西汉时期京师仓的所在地。京师仓建于汉武帝时期，毁于西汉末年，距今已有两千多年的历史。

规模宏大 保存完好

京师仓位于巍峨雄奇的华山脚下，建在地势高亢的渭河南岸第二阶地上。粮仓依地势而筑，外有厚达10米的夯筑城墙围护，形成一座坚固的仓城。仓城有一条东西向的大道将城内分为南北两区，南区是粮仓管理人员和驻军居住的生活区，北区是仓房区和晾晒场。其中，仓房区所发掘的一号粮仓遗址是一座由北、中、南三个仓室和东回廊组成的土木混合结构式大型粮食仓库建筑，东西长62.3米，南北宽25米，建筑面积为1557.5平方米。其地基夯筑极深，地面平坦如砥，坚硬如石。经考古专家复原后，这座规模宏伟的仓房原为双重大檐屋顶，屋面覆盖有板瓦和筒瓦，仓内设有木质架空地板，中间立有一排高大的木柱，采用了一柱一石础的独立基础。整个建筑特点与性能基本达到了通风防潮、隔热防腐的粮食仓储要求，其中有些技术性能一直沿用到今天。

汉 “华仓”瓦当

1980年华阴市华仓遗址出土。瓦当面径15.5厘米。“华仓”遗址即“京师仓”遗址。京师仓为汉武帝时建造。1980-1983年间考古发掘，发现仓库六座，还有水井、窖穴、陶窑、水池等以及大量的建筑材料，发现的文字瓦当有“吴尹舍当”“与华无极”“华仓”“京师仓当”“京师庾当”等。“华仓”二字为阳文篆书，笔画刚劲方直。

西汉京师仓遗址规模宏大，保存较好，是目前发现的规模最大的西汉粮仓建筑遗址。在汉代，京师仓又被称为“京师庾”“河口仓”“华

汉 彩绘陶囷（音qūn）（横山县黑石克村出土）

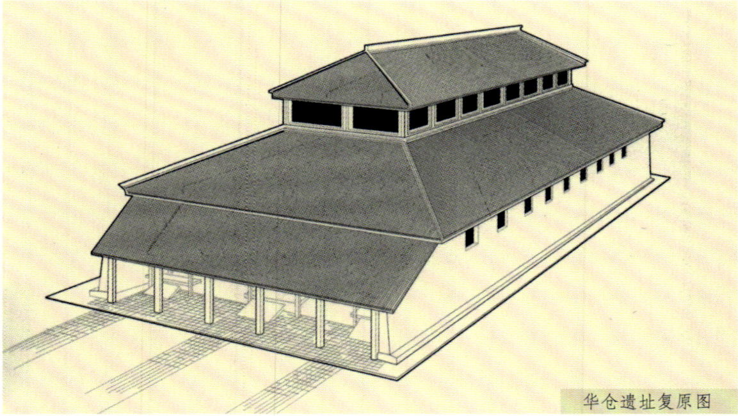

华仓遗址复原图

东发生诸侯叛乱或者其他事变，储存于京师仓的粮食又可为出关作战的军队提供军需。因此，具有储存库和中转站双重功能的京师仓，在西汉王朝的历史上有着重要的政治、经济和军事意义。

新莽时期，关东爆发了声势浩大的赤眉、绿林军大起义，他们很快攻陷长安，京师仓也被毁于这场战火之中，以后逐渐沦为废墟。

仓”，从这些别称可以看出，京师仓除了一般的储藏粮食功能外，还与西汉由黄河通向渭水和漕渠的漕运事业有着密切的关系，它实际是一座规模宏大的粮食储藏库和中转站。

漕运粮食 以供长安

随着京城人口的迅速增长，对粮食的需求量越来越大，粮食便成为统治者必须考虑和应对的社会现实问题。虽然古代陕西是我国农业经济开发较早的地区之一，但陕北土地贫瘠，所产有限；陕南秦岭阻隔，交通不便；号称“沃野千里”“陆海天府”的关中平原亦难以承载京师数十万人口对粮食消费的需求。因此，汉武帝时便在华山脚下渭水入黄河的河口处兴建了这座规模巨大的京师仓，以集中储存通过黄河水路转运而来的关东粮食，然后再通过渭水和漕渠将其转运到都城长安。同时如果关

汉　鱼首皮囊形铜壶（榆林市走马梁汉墓出土）

汉　“徵邑漕仓”瓦当拓片（蒲城县东北西头乡西头村东南出土）

知识链接

【西汉时期的粮价】

据史载，西汉初年，米贵至一石万钱；文景时期，粟每石十余钱至数十钱；宣帝时，“谷石至五钱”，这是中国历史上最低的粮价记载；王莽时，米价至一石二千。根据文献与出土简牍所载粮价推测，有汉一代，粮食的平价在百钱至百余钱间。

世界大事记

公元66年，巴勒斯坦犹太人起义，犹太战争爆发。

秦汉时期。

中国大事记

公元73年，汉遣假司马班超使西域，西域与汉绝65年，至是复通。

九市开场 货别隧分

西汉时期长安的商业

经过汉初七八十年的休养生息，到汉武帝时，经济出现了一派欣欣向荣的景象。史书上记载说，汉兴70多年来，若不是遇上水旱之灾，百姓则人给家足，京师长安和各地粮仓中的粮食堆积如山，以至于许多存放多年的粮食腐败而不能食用，长安金库中积攒的铜钱达万万，以至于穿铜钱的绳子因年月长久而腐朽了。物质的极大丰富也促进了商业的繁荣，尤其是“丝绸之路”开通后，各国的商人纷纷来到长安，长安遂成为全国最富庶和最繁华的地区。

长安九市

西汉时，在长安城最早设立的商业市场是西市，它建于汉惠帝时，后来又设立了东市。为了适应商业贸易的需要，此后官府共设立了九市，长安的商业就集中在这九个市场。

西汉 鎏金铜蚕

1984年12月石泉县前池河出土。长5.6厘米。蚕作仰首吐丝状，首至尾共有九个腹节，胸脚、腹脚、尾脚完整。制作精致，体态逼真，通体鎏金，金光烁烁。以青铜铸造并施以鎏金的蚕，在国内尚属首次发现。

为了便于管理，市场周围还设有墙垣，“凡四里为一市”。市场内有管理市场事务的官署治所——市楼，管理市场的官吏可以登上市楼俯察市场。当时，主管市场事务的官员称市令长，下属有市令丞、市掾、市门卒、市啬夫等。他们负责维护市场秩序、征收市税、管理商品的价格和商人市籍，以及按时启闭市门等事务。市内还有商人们贮藏货物的仓库，时人称之为“廛”（音chán）。开市时，商人们便将货物从仓库中取出，按照出售商品的种类集中排列，因此商肆又称“市列”“市肆”，列肆之间的人行道称为“隧”。班固在《两都赋》中描写长安市场的盛况时说：“九市开场，货别隧分”“人不得顾，车不得旋”，反映了市隧之中人拥车挤的热闹场面。一时间，长安成了商贾所趋的商业圣地，各地商人带着本地各种特产，从四面八方来到长安，外国商人也带来了异域奇珍，可谓应

汉代 镂空出廓玉璧

20世纪60年代初，乾县唐代永泰公主墓出土。璧的好径2.2厘米，外径7.5厘米，厚0.3厘米。璧的玉质细腻，玉色洁白。璧肉部位镂雕出两条对称蜿蜒回首的螭龙，其中下端螭龙已残，两面雕刻纹饰相同。

历史百科问答：苜蓿自西域传入中国后，最初主要作什么用途?

有尽有。身居汉代的长安闹市，不仅会看到市场上陈列的玳瑁、珠玑、旄羽之类的地方特产，还会看到高级丝织品、毛皮制品、精美的漆器和金属制品等奢侈品，还有各种生产原料和生产工具。城市居民衣、食、住、行方面的日常生活用品，更是琳琅满目，令人眼花缭乱。

汉　“东市图”画像石拓片

东西九市，不仅仅是商业区，而且也是手工业区。手工业同商业结合，正是这一时期商业发展的特点。

西汉　马蹄金（西安市鱼化寨出土）

西汉　麟趾金（西安市阎家巷出土）

长安市场的扩大

长安及其近郊，财富集中，高官巨贾众多。据历史记载，卖丹药的王君房、卖豆豉的樊少翁等都成为资产巨万的豪富，卖油的、卖酱的、卖熟肉的富户也不在少数。可见长安消费市场之广大，商业贸易之繁华。

随着商业贸易的日益发展，除了长安九市之外，逐渐又在长安周围形成了一些小市，特别是五陵原上的长陵、平陵、茂陵、阳陵等皇室陵墓附近，都已聚成小市。西汉时期的五陵原，是著名的富人聚居区和商业区。后来，“五陵少年”便成为纨绔子弟的代称。

西汉时期长安商业的繁荣，为大汉雄风增添了一笔浓重的色彩。

知识链接

【“子钱家”无盐氏】

“吴楚七国之乱”时，长安的列侯和封君为筹集军费而借贷于子钱家（指放债取息的商人），诸子钱家以关东成败未决，皆不肯借。唯无盐氏出千金借贷，利息十倍。不久，吴楚乱平，无盐氏得息十倍，成为关中巨富。

世界大事记

公元70年，提图斯捣毁耶路撒冷第二圣殿。

喂马。

公元79年，白虎观会议。诸儒会于白虎观，讲论五经异同。

胡汉和亲识见高

昭君出塞

汉元帝时，匈奴呼韩邪单于来长安向汉元帝求亲，为表示汉匈的世代友好，希望娶一位汉室的女子为妻。汉元帝遂下令选一位宫女出嫁。结果，有一位姑娘上书自愿嫁给匈奴单于，这位姑娘便是王嫱。

要越出高墙的宫女

王嫱，字昭君，南郡秭归（今湖北秭归）人，以良家子身份被选入宫。按照规矩，进宫的宫女要由宫廷画师画一张像，以供皇帝挑选。其他宫女都纷纷送给画师礼物，希望把自己画得漂亮一些，以得皇帝召幸。唯有王昭君自信天姿国色，不需仰面求人。画师没有收到王昭君的礼物，便怀恨在心，故意把王昭君画得容貌平常，使她不得宠幸。三年过去了，王昭君从未见过皇帝一面，一直在皇宫里默默地苦度岁月。

西汉　玉鹰（咸阳市周陵乡新庄出土）

在皇宫的高墙里面，宫女没有自由，没有追求

《明妃出塞图》（宫素然绘）纸本长卷，长160.2厘米，宽30.2厘米。图中描绘了西汉元帝时宫女王嫱（字昭君）远嫁匈奴呼韩邪单于，与随行出塞外的情形。寒风迎面，景色荒凉，人物形象刻画极为真实生动，线条勾画细致流畅，笔墨技巧纯熟，以淡墨稍染衣褶、马体，几笔便刻画出塞外苍茫萧瑟的环境特点，是一件难得的传世佳作。日本大阪市立美术馆收藏。

幸福和爱情的权利。王昭君心情苦闷，自己年纪轻轻来到皇宫，活着，仅仅是苦熬岁月，虚度年华，一旦人老珠黄，纵然能获遣出宫，也是孤老无依。那些侥幸得到皇帝宠爱的极少数宫女，虽然富贵一时，一旦失宠，下场极为悲惨。只有跳出高墙，才有争取幸福的可能。可是，怎么才能越过这堵高墙呢？

就在此时，皇上点选宫女赐嫁的消息传遍了后宫。宫女们都为此而惶惶不安，唯恐自己被选中。王昭君却认为这是越过汉宫高墙的唯一出路，而且，如果能够以一己之身，结成汉匈两族的百年和好，必将会名垂青史。于是，王昭君毅然报名，请求远嫁匈奴。

汉元帝听说有人自愿请行，便找来画册，见昭君的画像姿色平常，便欣然允准。但当王昭君来朝堂辞行时，汉元帝才发现昭君竟是位绝代佳人，心中顿生不舍之情。散朝后，汉元帝立即下令追查画工姓名，结果查出是杜陵人毛延寿所为，元帝遂以欺君之罪将毛延寿斩首。

王昭君容貌秀美，仪态大方，通情达理，深得呼韩邪单于的倾心与爱慕。呼韩邪单于封王昭君为“宁胡阏氏”，“阏氏”是匈奴语中皇后的意思，表示通过这次和亲，将与汉朝建立永远和好安宁的关系。汉元帝也为了表示汉匈之间的友好关系，下诏改元为“竟宁”。竟宁元年（前33）正月，王昭君和呼韩邪单于在汉匈官员的护送下，双双返回匈奴王庭。

民族友好的使者

王昭君在匈奴生活了几十年。作为民族友好的使者，她一直在努力播种着汉匈友好的种子。后来，呼韩邪单于病故，王昭君又遵从匈奴习俗，嫁给了呼韩邪单于前妻所生的长子复株累单于。根据历史记载，自昭君出塞，汉匈和好，边境上长城的城门很晚才关闭，田野里牛马成群，悠然自得，汉匈人民安居乐业。一直到西汉晚期，汉匈之间也没有发生过武装冲突。

王昭君死后，葬在了她长期生活的匈奴土地上，其墓在今内蒙古呼和浩特市南郊的黑河之畔。昭君墓远望黛色溟濛，据说墓地周围的草在春季最早长出翠绿的嫩芽，到秋季又最晚才变得枯黄，因此历代相传称其为“青冢”。

西汉　塑衣式跽坐奏乐俑（咸阳市汉阳陵陪葬墓园出土）

知识链接

【女外交使者冯嫽】

张骞凿空西域后，汉与乌孙始和亲。武帝晚年，曾遣宗室女解忧公主远嫁乌孙。冯嫽是解忧公主的陪嫁侍从。她博学多才，娴于词令。史载冯嫽“能史书，习事，尝持汉节为公主使，行赏赐于城郭诸国，敬信之，号曰‘冯夫人’”。冯嫽为加强汉与西域诸国的友好关系奉献了毕业精力，是我国历史上第一位杰出的女外交家。

世界大事记

约公元77年，帕提亚王沃洛加西斯死，国家分裂。

休沐，亦称“洗沐”。

中国最早的官办高校

西汉时期的太学

在中国古代文化教育史上，西汉时期长安的文化教育事业有着极为重要的地位。早在商周时统治者即办有官学，但只有贵族子弟才能接受教育。自从春秋时期孔子开创了“私学”，教育才开始进入平民百姓家。此后，私相授受的“私学”逐渐兴盛起来。但是，私学的兴盛并不能满足统治集团对于人才的需求。汉武帝时，国家百废俱兴，太学顺时应势而生。

太学的设立

关于设立太学的建议，早在汉文帝时就有一个叫贾山的官员提出过，但当时黄老之学盛行，儒家学说还得不到最高统治者的认可与推崇。汉武帝时，董仲舒向武帝建议道：“太学者，贤士之所关也，教化之本原也……臣愿陛下兴太学，置明师以养天下之士，数考问以尽其材，则英俊亦可得矣。”此建议成了设立太学的主要依据。

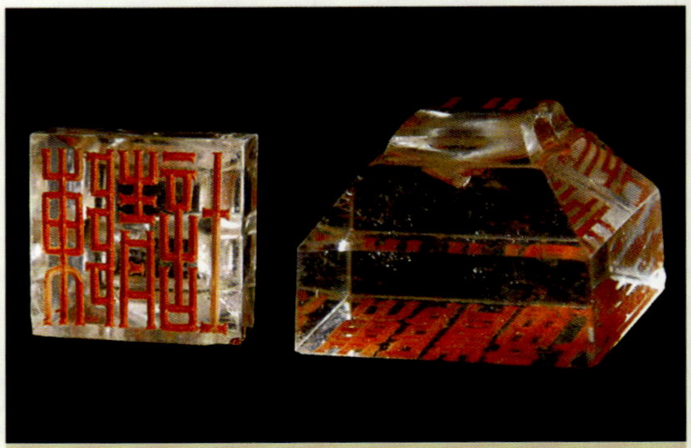

西汉 “陈请士”水晶印（西安市未央区范南村出土）

汉武帝时，读书人为了取得功名富贵，发奋读书，走“学而优则仕”的道路。元朔五年（前124），“年四十余，乃学《春秋》杂说”的儒生公孙弘被任命为丞相，封平津侯。公孙弘是西汉第一个以“学而优”而被拜相封侯的人。他还不失时机地奏请汉武帝：“为博士官置弟子五十人。”博士弟子要求年龄在18岁以上，且容貌端正、喜好文学、尊敬官长、恭顺不悖、举止有仪等。地方郡国推荐上来的人，还要经过太常当面审查，才可以同博士弟子一样入学就读。这个建议立即得到了汉武帝的批准，由此中国历史上最早的高等学府——太学在长安建立起来。

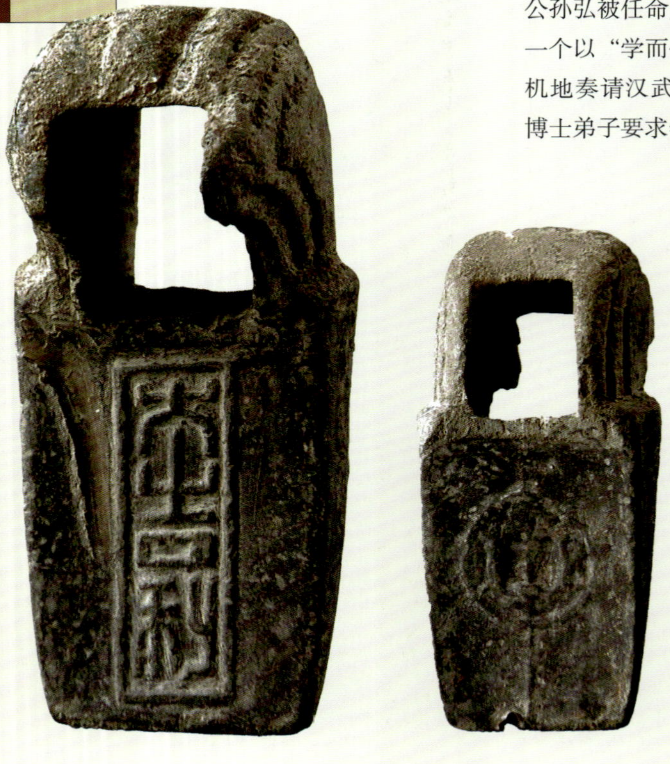

汉代 “大吉利”铜锄

1997年西安市大白杨废品回收库征集。高9.4厘米，宽4.6厘米。锄是耕作除草的主要农具，通常装有长直柄，以便站着除草。该锄锄体上宽下窄，上端似盔形，长方形銎口。侧视锄体，上部呈月缺形，下部剖面为锥状。锄体正面长方形框内铸有“大吉利”三字阳文隶书，背面中部铸一汉代五铢钱纹。

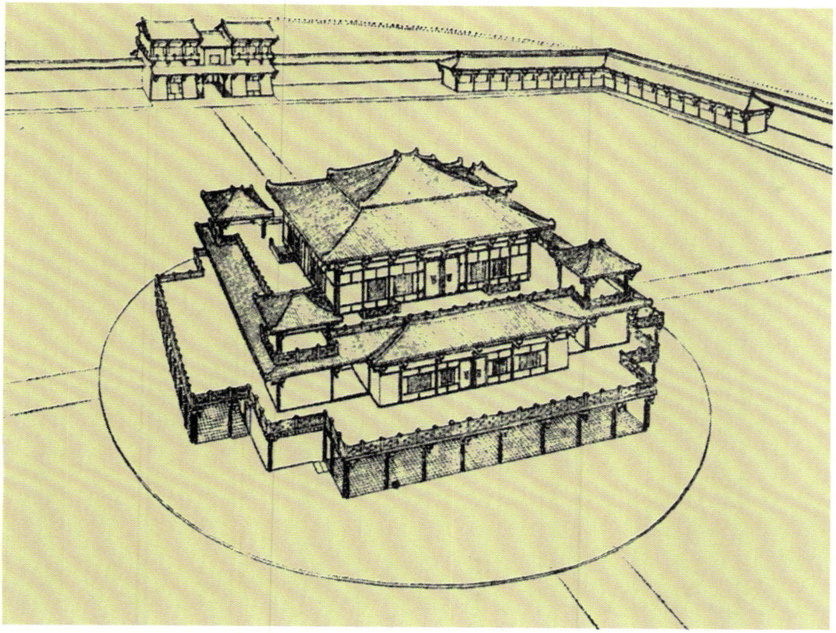

汉代 辟雍遗址复原图

20世纪50年代在长安南郊发现了汉代辟雍遗址。辟雍是礼制建筑，是皇帝祭礼祖先、朝会诸侯、彰显教化的地方。

官学大盛 恩泽远播

太学设于汉长安城南安门外，是西汉时期的最高学府。太学的学习内容是五经，即《易》《书》《诗》《礼》《春秋》这五部儒家经典。其师传承受各有“家法”。太学每年进行一次考试，能够熟悉掌握一部以上经典的博士弟子，即可被授予官职。学习非常出色的则由皇帝命题考试，合格者给予较优厚的待遇。如果博士弟子不事学业，则要被除名，推荐的官员也要随之受处分。博士弟子要做到“服方领，曳长裾，习矩步”，以培养文质彬彬的儒家风范。

太学的设立不仅使统治集团需要的人才有了可靠的保证，地方私学还以太学为楷模，把儒学作为最基本、最主要的学习内容，成为官学的补充力量。因此，封建统治集团对太学重视有加，太学也逐渐繁盛起来。

太学刚建立之时，儒家的五经博士各有博士弟子10人；汉昭帝时，太学生人数增加到100多人；至宣帝时，太学生又增至200人；继位的汉元帝“好儒”，太学生迅速升至1000人；成帝末，有人建议说孔夫子一介平民尚且有三千弟子，皇帝岂可少于孔子？于是增弟子员三千人。平帝时，王莽辅政，规定凡“元士之子得受业如弟子，勿以为员”，太学连名额限制也取消了。

长安太学的设立，对边远地区也产生了巨大的影响。如蜀郡（今四川一带）有个太守叫文翁，为了改变当地文化落后、人才缺乏的状况，文翁选送了十多名聪明能干的下级官员到长安跟随博士学习。同时，文翁又在成都兴办学校，仿照长安太学的方式培养学生，蜀郡的文化教育从此发展起来。数年后，蜀郡到长安求学的人数，比著名的文化圣地齐鲁到长安的求学者还多。汉武帝很欣赏文翁的做法，下令让各郡国都仿照蜀郡办学，全国各地派到长安求学的人数也越来越多，就连西域各国也有不少人来长安就学。

西汉教育特别是太学的迅速发展，使长安成为全国的文化教育中心，由长安向四方辐射出的西汉教育之光，为中国封建教育制度奠定了稳固的基础。

知识链接

【西汉时期太学的“学潮”】

汉哀帝时，司隶校尉鲍宣以秉公执法而闻名。有一次，鲍宣得罪了丞相孔光并拒见皇帝使者，被判死刑。时博士弟子王咸在太学举起一面大旗号召道：“欲救鲍司隶者在此幡下会合。”一时与会者竟达千余人。次日清晨，这些太学生围堵孔光上朝的车马，并集于皇宫门外上书请愿，终于迫使哀帝赦免了鲍宣的死罪。这是有史记载的中国历史上第一次“学潮”。

世界大事记

公元78—102年，迦腻色迦王在位，贵霜帝国盛极一时。

桓宽。

西汉 四神瓦当

1956年西安市西郊出土。朱雀瓦当直径14.3厘米，青龙瓦当直径19厘米，白虎瓦当直径18.7厘米，玄武瓦当直径13厘米。汉代人们尊奉青龙、白虎、朱雀、玄武为驱邪除恶的神物，称之为“四神”或“四灵”，分别代表东、西、南、北四个方位。这组瓦当纹饰布局基本一致，当心为一大乳钉，青龙腾空飞舞，白虎张牙舞爪，朱雀含丹振翅，玄武龟蛇缠斗。纹饰构图生动、夸张、传神。

中国最早的国家图书馆

汉代天禄阁与石渠阁

汉代开国元勋萧何是一位重视文化的名臣。在刘邦带兵进入关中时，萧何对珍宝财物不感兴趣，最先指示部下将秦宫中收藏的图书典籍抢救性接收了过来。后来萧何主持设计和修建未央宫时，专门修造了两个收藏图书典籍和文献档案的地方，这就是有名的天禄阁与石渠阁。

珍藏典籍 天禄校书

汉惠帝和吕后当政时期，废除了私人不许藏书的禁令，制定了鼓励抄书和藏书的法规，同时用重金求遗书于天下，建立起皇家藏书制度。到了西汉末年的哀帝、平帝时期，天禄阁和石渠阁藏书总数已达13200多卷，成为当时世界上规模最大、藏书数量最多、图书种类最为丰富的国家图书馆。

西汉 四乳草叶纹镜

1952年吴云樵先生捐赠。直径18厘米。该铜镜为圆钮，柿蒂纹钮座，座外框内右旋读吉语铭文："日有喜，宜酒食，常贵富，乐无事。"外框填饰草叶纹及四乳钉。铭文与纹饰铸造精细，吉语铭文寄托了汉代人们对日常生活的期盼。

天禄阁位于未央宫北部，南距前殿730米，西距石渠阁520米，主要存放国家文史档案和重要图书典籍。司马迁撰写《史记》所用的文献资料，大部分都是这里和石渠阁的藏书。汉代的许多名儒学者如刘向、扬雄等，都曾在这里整理古籍，研究学问，论经讲学。《隋书·经籍志》记载汉成帝时期，曾召集来自全国各地的一些名流硕儒和朝中大臣到未央宫天禄阁，进行大规模的图书整理和校勘工作。天禄阁是一座高台殿阁建筑，原阁规模宏大，后经两千年的风雨剥蚀，现只留下台基（在今未央区天禄阁小学内），残高七米。基址上有后人为纪念刘向而修建的刘向祠。

位于天禄阁遗址上的刘向祠

藏书宏富 石渠论经

石渠阁同样是一高台殿阁建筑，位于未央宫西北部，东距天禄阁520米，因其阁下有石砌渠道以导水而得名，其规模比天禄阁稍大，是西汉时期最大的国家图书馆。今址尚有南北长65米、东西宽67米、高约8米的夯土台基。当年萧何从秦都咸阳接收过来的秦朝律公元91年，汉政府置西域都护。

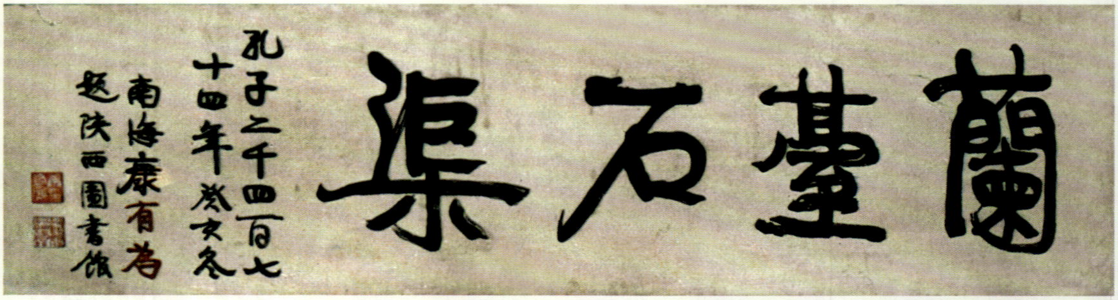

清 “兰台石渠”木匾（康有为题）

陕西省图书馆藏。匾长145厘米，宽39厘米。“兰台”和“石渠”皆为汉代国家收藏图书和档案的地方。“兰台石渠”四个大字，有纵横奇宕之势，超凡脱俗，随意转折笔锋，极为古拙。

令和图书典籍，就收藏在此阁。西汉时期许多著名的学者都曾在石渠阁查阅过图书资料或者讲论过群经六艺。西汉中晚期，石渠阁不仅是收藏天下各种图书典籍的殿阁，也是都城长安的文化研究和学术交流中心。

汉宣帝甘露三年（前26），朝廷下诏全国的儒学大师到石渠阁，共同研究讨论儒学典籍六经的异同，一时石渠阁内群贤毕至，少长咸集，成为当时文化界规模最大、规格最高的一次学术盛会。石渠阁会议的初衷是让儒家内部不同学术流派各抒己见，以求统一思想，但其结果却在全国引起了研习儒家经典、辩论各派是非的学术热潮，这就是史书上所说的“孝宣论六经于石渠，学者滋盛，弟子万数”。石渠阁遗址曾出土“石渠千秋”瓦当，足见其在汉代文化发展中曾起的重要作用。

西汉 玉组佩（西安市未央区三桥镇出土）

西汉 铜水鸟（汉中博物馆藏）

知识链接

【思想家扬雄】

扬雄是蜀郡成都人，官历成、哀、平、新莽四朝。他一生淡泊名利，潜心于著述。他模仿司马相如的《上林赋》作《甘泉赋》《河东赋》《羽猎赋》《长杨赋》；仿《论语》作《法言》，仿《周易》作《太玄》。他撰写的《方言》是我国第一部语言学巨著。桓谭曾称赞扬雄：“能入圣道，卓绝于众，汉兴以来，未有此人。”

刘向、刘歆父子的学术贡献

《别录》与《七略》

西汉王朝在长安城未央宫建立起天禄阁、石渠阁后，就开始在全国范围内进行图书征集工作。经过100多年的努力，未央宫中图书汗牛充栋，无所不有。但这些书籍没有实行分类，给收藏和查阅带来了许多困难。汉成帝时期，朝廷开始对所藏图书典籍进行大规模的整理和校订工作。先后主持这项图书整理和校勘工程的，就是西汉宗室贵族刘向、刘歆父子。

刘向校书《别录》传世

刘向，本名更生，汉宣帝时曾任郎中、给事黄门，辅佐皇帝处理天下奏章。汉元帝时他成为辅政四大臣之一，但后来因弹劾外戚擅权、宦官误国而两次下狱。汉成帝即位后，他改名刘向，曾任领护三辅都水，官光禄大夫、中垒校尉。刘向为人谦和，不交接世俗，专心于学术研究，昼读书传，夜观星宿，最终成为一代经学大师。

河平三年（前26），刘向受汉成帝之命，率领一批学者进驻天禄阁和石渠阁，开始了规模浩大的图书整理和校勘工作。这一工程由刘向全面负责，并亲自承担了儒家经典、诸子百家等书籍的整理校勘工作。传说正当刘向深夜独坐天禄阁面对着浩如烟海的图书典籍发愁时，梦见一手扶青藜杖的黄衣老人为其带来光明，传授给他点校天文地图的秘籍。刘向得到神助后果然学识大进，一切困难都迎刃而解。从此刘向的后裔便自称“天禄刘氏”或

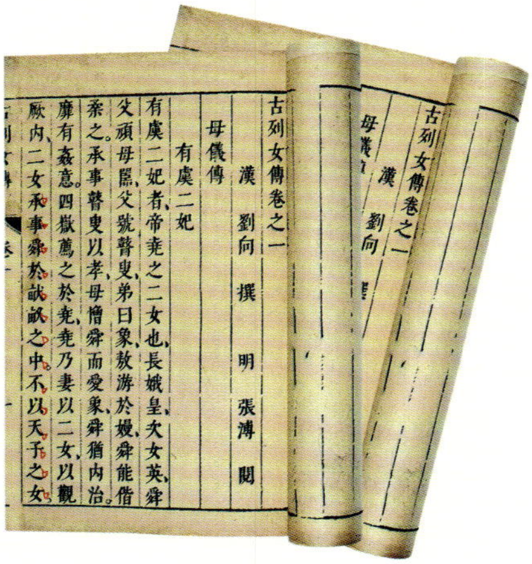
古列女傳卷之一
漢 劉向 撰 明 張溥 閱
母儀傳
有虞二妃
有虞二妃者、帝堯之二女也、長娥皇、次女英、舜父頑母嚚、父號瞽叟、弟曰象、敖游於嫚、舜能偕柔之。承事瞽叟以孝、母憎舜而愛象、舜猶內治。靡有姦意。四嶽薦之於堯、堯乃妻以二女、以觀厥內、二女承事舜於畎畝之中。不以天子之女

《古列女传》书影（明末张溥校刻本）

汉代 鸟形镂空陶器

1997年华县城关镇出土。高45.4厘米。该陶器为四层圆筒状灰陶，第二层用长方形镂孔；第三层为菱形镂孔；第四层则是三角形镂孔，上卧一展翅欲飞的鸟。该陶器造型奇特罕见。

世界大事记

公元85年，罗马皇帝图密善任终身监察官，控制元老院。

长者食肉，晚辈食素，是尊老的主要表现。

"藜照刘氏"。

在整理校勘的过程中，各任其职的学者们将自己整理校勘的结果汇报给刘向，由刘向统一审订并负责撰写所有书目的叙录。后来刘向以此编写了《别录》一书。《别录》共20卷，是中国历史上第一部有书名、有题解的综合性分类目录书。它实际上是当时西汉朝廷所藏全部图书的目录和内容提要汇编，总计著录图书603家，计13219卷，分为六大部类、38种，每类之前有类序，每部之后有部序，叙述各类各部的学术源流和主要思想。刘向的著作除《别录》外，还有《洪范五行传论》《新序》《说苑》及辞赋等数十篇。

位于天禄阁的刘向塑像

刘歆承业 撰成《七略》

刘向去世后，其子刘歆继承父亲未竟的遗志，成为图书整理校勘工程新的领军人物。刘歆，字子骏，后改名秀，字颖叔，是刘向第三子。他自幼受父亲熏陶，勤奋好学，以精通《诗》《书》、能文善赋为成帝召见，被任命为黄门郎。河平三年（前26），刘歆受诏与父亲到天禄阁协助整理校勘群书。刘歆在天禄阁工作了20个年头，饱览藏书使他成为当时仅次于其父的大学问家，六艺传记、诸子百家、诗赋音律、数术方技，无所不究，无所不通。刘向死后，刘歆接替父亲为中垒校尉。哀帝即位后，刘歆受大司马王莽的推荐，任侍中太中大夫、奉车光禄大夫，继续负责整理图书典籍。

西汉 夏阳挟荔宫十二字方砖

1961年韩城市芝川镇东南挟荔宫遗址出土。砖为32厘米见方，厚4厘米，正面为四行阳文篆书"夏阳扶荔宫令璧与天无极"12个字。字体浑厚遒劲，布局疏密有致。"挟荔宫"在古文献里记载为"扶荔宫"，此文字砖的发现，纠正了文献中的错误，提供了西汉挟荔宫的确切位置。

工程结束后，刘歆概括总结了各类书籍的整理校勘结果，撰写成《七略》。《七略》是我国最早的图书分类学和目录学专著，全书共由辑略、六艺略、诸子略、诗赋略、兵书略、术数略和方技略七个部分组成。其中，辑略是综述概要，六艺略是儒家经典，相当于经、史、子、集四库分类法的经部，其他各部各如其名，相当于四库分类法的子部和集部。这种分类法，不但保存了大量汉代的图书文献书目，而且作为图书整理与校勘的典范，对后世图书整理和分类产生了重大的影响。原书虽已散佚，但其主要内容仍存于《汉书·艺文志》中。

知识链接

【《列女传》】

《列女传》为刘向撰。它记载了上古至西汉100多位具有通才卓识、奇节异行的女子事迹。全书共七卷，依次为：母仪传、贤明传、仁智传、贞顺传、节义传、辩通传、孽嬖传。《列女传》是我国第一部妇女史专著，后来历朝史书多辟有专篇记述妇女事迹。

中国大事记

105年，蔡伦改进造纸术，称「蔡侯纸」。

历史百科问答：古时候，平民百姓为什么被称为"布衣"？

汉乐府与汉赋

汉代文学的宝库

秦汉时代是一个蓬勃向上的时代，喜歌好舞是这一时代各个阶层所共有的独特精神风貌，“天下歌之”“百姓歌之”的记载不绝于史书。这些歌曲被称为“乐府民歌”。汉代的乐府民歌“感于哀乐，缘事而发”，其语言朴素自然，充满激情，格式长短随意，自由多样，为诗歌艺术的发展注入了新的血液。

汉代 熏灯两用朱雀炉

咸阳博物馆藏品。高13.4厘米，长14.6厘米。朱雀站立昂首，张口含丹，高冠竖立，双目平视，尾屏展开，呈扁平三角形。雀体中空，炉盖镂孔，刻有V形图案。朱雀炉造型独特，构思新颖，纹饰精美，集实用、观赏于一体，是一件十分难得的汉代艺术珍品。

民歌俚语 宫廷乐章

乐府，是秦汉时代掌管音乐的官署名称，秦朝时开始设置，汉武帝时加以扩充，汉哀帝时罢置。从汉武帝时期开始，乐府增加了一个重要任务，即负责收集民间歌谣，“观风俗，知薄厚”。据史书记载，汉代的乐府乐工人数最多时达到千人，收集的全国各地的民歌民谣不计其数。这些民歌民谣经过整理改编，用于宫廷演奏。由于这些歌曲来自民间，又由官方的音乐机构乐府加以收集、整理和改编，所以后世称之为“汉乐府”或者“乐府民歌”。按《汉书·艺文志》所载篇目，西汉乐府民歌共计138首，但保存到现在的仅有30多首。汉代乐府民歌中有不少是表达爱情的，有对理想爱情渴望与对现实爱情忠贞的唱颂，也有对束缚爱情自由的封建礼教的抗议。其感情真挚自然、语言朴素清新，如《上邪》《平陵东》《妇病行》等都是脍炙人口的代表作。汉乐府民歌继承和弘扬了《诗经》的优秀传统，对后世的文学创作产生了深远的影响。

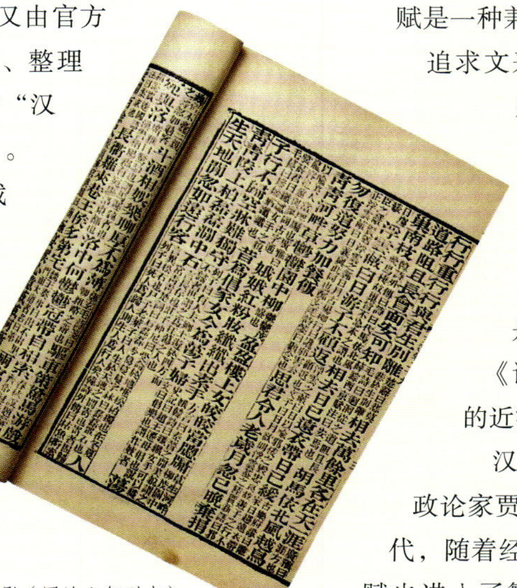

《古诗十九首》书影（同治八年刊本）

赋坛大家 名倾天下

赋是一种兼有诗歌与散文性质的文学体裁，追求文采，讲究韵节，具有文辞华丽堂皇、铺叙恢宏博大的特点，曾一度风靡汉代文坛。关于赋的源流，刘勰在《文心雕龙》中指出：“然赋也者，受命于诗人，拓宇于楚辞也。”可见赋是由《诗》与《楚辞》演变而来，《诗经》是赋的远源，《楚辞》是赋的近源。

汉文帝时期，“才调无伦”的青年政论家贾谊首开汉赋先风。到了汉武帝时代，随着经济的发展和国力的空前强盛，汉赋也进入了繁荣时期，涌现出如枚乘、司马

世界大事记

公元前101年，帕提亚王满屈派使节到汉朝献狮子及条支大鸟。

古时平民不能衣锦绣，只能穿麻布衣服，故用“布衣”借指平民百姓。

108年，先零羌滇零称天子，侵犯三辅。

相如、东方朔等赋坛大家，名倾天下。枚乘一生作赋九篇，由他开创了一种散体化、以铺张为能事的新赋体，代表作《七发》最受后世推崇，毛泽东曾称赞《七发》为“骚体流裔，而又有所创发”，特别是“广陵观潮一段，达到了高峰”。司马相如被后世推举为“赋圣”，代表作有《子虚赋》《上林赋》《大人赋》《哀二世赋》《长门赋》《美人赋》等。他所作的赋寓情于景、辞藻瑰丽、气势排宕，当时上流社会传有“千金难买相如赋”之语，汉、魏、六朝文人竞相仿效其文风，与后世的扬雄、班固、张衡被誉为“汉赋四大家”。

赋作为一种文学艺术表现形式，在汉武盛世和昭宣中兴时期繁荣一时，记录了西汉王朝强大的气势胸襟与经济、社会、文化繁荣发达的精神风貌。但由于其内容空虚贫乏、形式僵化呆板、修辞片面追求浮丽华美、极尽堆砌排比之能事，后世文人学士多刻意模仿，少有探索创新，因而赋的文体生命力大为减弱，艺术感染力逐渐降低。这种状况使得汉赋在流传过程中多有散佚，现存作品包括某些残篇在内，共约200多篇，集中收录在《史记》《汉书》《后汉书》《文选》等文献典籍中。

《文君听琴图》

该画表现的是汉代司马相如与卓文君以琴为媒的一段爱情故事。画面上司马相如席地而坐，双手抚琴，卓文君的父亲卓王孙一旁倾听，后站立一捧盘侍女。卓文君则侧身静立在帐外，被琴声吸引。该画绘制精细，人物神态生动、传神。

汉代 乐舞六博百戏纹褐釉陶樽

1990年9月黄陵县田庄镇北巨头村出土。高21.3厘米，口径21.2厘米。陶樽外壁一周饰浮雕乐舞六博百戏人物35个。这件乐舞六博百戏纹陶樽，通体施红褐釉，浮雕图案为模印成型，人物神态生动活泼，场面宏大。陶樽上装饰建鼓舞、六博对弈、百戏跳丸等图案。它真实形象地反映了汉代士族们的日常生活。

知识链接

【“子虚乌有”的由来】

“子虚”和“乌有”是司马相如在其《子虚赋》中虚构的两个人物。子虚是楚国人，乌有是齐国人，子虚在乌有面前夸耀楚国云梦的广大无边和楚王出猎时的盛大场景。乌有很不服气，也夸说齐国的山水风景与物产丰盈远胜楚国。“子虚”意即虚假不实，“乌有”即幻想、不存在之意。后世遂以这两个虚构的人物为借喻，将虚假的、不真实的或不存在的事情，叫做“子虚乌有”。

宫廷民间同好

汉长安的文体活动

西汉时期，国都长安的各种体育活动相当活跃。当时盛行的体育项目主要有蹴鞠、击剑、射箭、摔跤、赛马、围棋等。不仅体育活动盛行，而且从皇帝到贵族、官吏以至普通百姓都喜好乐舞百戏。一些体育活动还与乐舞百戏融为一体，形成如“踏鞠舞”“剑舞”“角抵戏”一类的新节目。

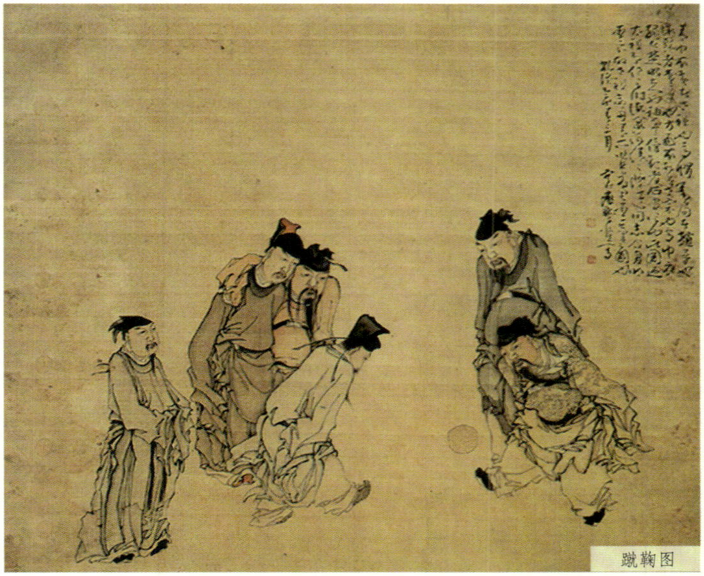

蹴鞠图

足球故乡在长安

足球运动在古代被称为“蹴鞠”，“鞠”即皮球，“蹴”就是用脚踢、踩的意思。在汉代，蹴鞠被视为“治国习武之场”，首先在军队中广泛开展，军士一旦无事，便以蹴鞠为乐。叱咤风云的青年将领霍去病在边塞领兵时便常在宿营地修筑鞠域（时称足球场为“鞠域”），开展蹴鞠运动，以鼓舞士气。当时在三辅的离宫别苑中也建有鞠域，以供兵士举行蹴鞠比赛、定期校阅之用。

此外，蹴鞠在宫廷中也十分流行。汉武帝就非常喜欢蹴鞠，宠臣董偃曾将各郡国的足球名将会集长安，开展比赛。武帝常去观赏，看到精彩之处，就令文学侍从枚皋吟诗作赋，讴歌蹴鞠运动。政治上没有多少建树的汉成帝刘骜，在足球场上却

西汉 说唱俑铜压镇

1972年西安市未央区第二砖瓦厂出土。高8.5厘米—9厘米。四件说唱俑形态各异，身着交领宽袖长袍，腰系带。一件头戴风帽，后发髻外露，胡须清晰可见，屈膝坐于地，左手着地支撑，右肘支于腿部，前臂曲起，手张开，探身伸首，谈笑兴致正浓；一件姿态与之相仿，似在侃侃而谈，神情略显庄重；一件伸颈躬背，鼓腹圆挺，踞坐于地，双手扶膝，张口作说唱状；一件屈膝偏坐，右手撑地，左臂搭于腿，垂头眯眼似睡。这四件人物形铜镇均为合范铸成，题材取自现实生活，人物造型逼真写实，表情姿态生动自然。

世界大事记

113年，罗马对帕提亚宣战，罗马东方战争爆发。

草庐。

123年，以班勇为西域长史，率兵出屯柳中。

西汉　陶博戏方盘（潼关县出土）

是龙腾虎跃，常常弄得群臣惊慌失措。当时贵人之家无不爱好蹴鞠。不仅如此，民间的蹴鞠运动也很活跃，汉高祖刘邦的父亲在沛县为平民时，便酷爱蹴鞠，做了太上皇之后，因不习惯宫中拘束的生活而移居新丰（今陕西临潼东北），与原沛乡老翁蹴鞠，欢娱晚年。

体育活动丰富多彩

击剑之风在汉代也十分流行。上至皇帝，下至平民百姓，无不佩剑。人们常以击剑为娱乐，进行表演或比赛活动。

射箭在汉代也成为体育运动。武帝时的"飞将军"李广就经常在军中举行射箭比赛。李广的孙子李陵也善骑射，曾做过射箭教练"射师"。时骑射流行于贵族中间和西北边地，长安则流行步射。

摔跤在汉代称为"卞"或"弁（音biàn）"，有时也称"角抵"。摔跤力士表演时，头扎绛红色的抹额，并用胶液将头发梳为长竿状直立于头顶，而后赤裸上身进行较量。

马术中的赛马运动，在古代被称为"驰逐"或"走马"。西汉时，长安的走马活动十分频繁，武帝、宣帝皆嗜好走马。宣帝还常与宠臣微行出游，在长安城中"斗鸡走马"达数年之久。京师贵族、郡国官吏也都好走马运动。

围棋在古代称作"弈"。西汉时杜陵人就特别爱好对弈，《西京杂记》载："杜陵杜夫子善弈棋。"

此外，长安流行的体育运动还有导引（类似于气功）、六博、弹棋、投壶、举重、投石、超距（跳高、跳远）等项目。举凡后世的各项体育运动，在西汉时期的长安皆有了雏形。

长安的百戏

秦汉时，杂技被称为"百戏"。因它常与歌舞一起表演，又有乐器伴奏，后人便多以"乐舞百戏"并称。当时表演乐舞百戏的艺人称作"俳优"或"倡优"。

西汉时期，"百戏"名目繁多，各种奇术层出不穷。如"乌获扛鼎"（类似今天的耍坛、耍缸）、"倒挈面戏"（一种柔术）、"都卢寻橦"（顶竿表演）、"胸突铦锋"（气功）、"高跷"等。此外，还有马戏节目，如"人兽斗""驯虎""驯象"等。

汉武帝时，还从西域传入了"自支解""易牛马头""自缚自解""吐火"等奇技幻术。元封三年（前108）春，汉武帝在长安召集了许多外国宾客，举行盛况空前的宴会和赏赐典礼。在宴会上，

西汉　陶六博盘

咸阳市汉阳陵陪葬坑出土。长32.5厘米，宽32厘米，厚3.6厘米。六博盘是一种赌博娱乐的器具。在中国古代赌博娱乐史上，花样繁多的赌具不一而足。

东汉　百戏图壁画（靖边县杨桥畔汉墓出土）

汉朝的俳优表演了精彩的扛鼎、戏车、摔跤、巴渝舞等乐舞百戏，来自西域的魔术师则演出了壮观的“鱼龙曼衍”“海中砀极”“吞刀吐火”“自缚自解”等幻术，吸引了众多长安百姓前来观看。

八方乐舞汇长安

汉初统治集团的主要成员多来自楚地，因而楚地乐舞在京师长安曾一度十分流行。张骞通西域后，西域和边疆地区的乐舞又不断传入中原，尤其是西域的箜篌、羌笛、胡笳、琵琶、胡琴、筚篥（音bì lì）等乐器的传入，为关中地区的音乐注入了新的曲调。汉武帝时，协律都尉李延年根据西域的乐曲做了新声二十八解，“每为新声变曲，闻者莫不感动”。当时来自民间的歌谣“相和歌”（由一人唱辞，其他人帮腔或接腔）也曾一度风靡长安。武帝以后，“黄门鼓吹”“骑吹”“横吹”“箫铙歌”等鼓吹音乐也在长安逐渐兴起。

在舞蹈方面，当时长安最流行的要数“七盘舞”了。表演时先在地上覆置数个盘和鼓，舞者衣着长袖，在盘、鼓之上或盘、鼓之间跳跃起舞。剑舞是汉代的武舞之一，汉代尚武风气很浓，拔剑起舞在民间十分流行。踏歌是集体舞蹈，舞者连臂而歌，同时用脚踏地。踏鞠舞是蹴鞠而舞，将楚舞的轻柔美与体育的动态美融于一体。此外还有持巾而舞的巾舞、西南地区传入关中的巴渝舞、模拟猴子与狗等相斗的“沐猴舞”等。

西汉时期，体育活动与乐舞的繁荣发展，从侧面反映了当时民生的安康、社会的稳定。

知识链接

【秦汉雅乐】

古时用于祭祀、朝会、宴享等重大活动的礼仪性音乐称为雅乐。秦亡汉兴，儒生叔孙通因秦之制，制成雅乐，有太乐官负责教习，在各种典礼上演奏，其曲目有《嘉至》《永至》《登歌》《水安》《休成》等。由于其词曲深奥，音律呆板，公卿但闻铿锵之声，不晓教化之意，因此至汉武帝时雅乐已渐趋衰微，仅存于太乐宫以备用。

世界大事记

126年，日本虾夷人起事，遭镇压。

逆旅。

中国大事记

125年，顺帝诏置子午道，通褒斜道。

书记古都长安旧闻 文开笔记小说先河

《西京杂记》及其文史价值

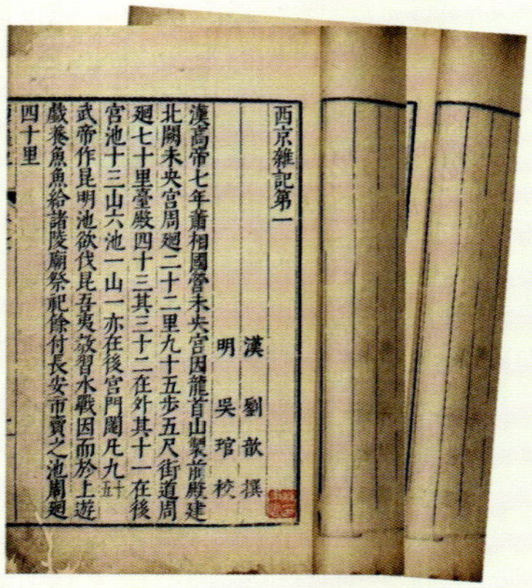

西京雜記第一

漢 劉歆 撰

明 吳琯 校

漢高帝七年蕭相國營未央宮因龍首山製前殿建北闕未央宮周廻二十二里九十五步五尺街道周廻七十里臺殿四十三其三十二在外其十一在後宮池十三山六池一山一亦在後宮門闥凡九十五

武帝作昆明池欲伐昆吾夷敎習水戰因而於上遊戲養魚魚給諸陵廟祭祀餘付長安市賣之池周廻四十里

《西京杂记》书影

在中国古典文献中，有一部最早记述都市社会文明的专门性著作，这部书就是《西京杂记》。据说《西京杂记》为两晋时人葛洪撰著。葛洪一生好神仙炼丹之术，精通导引养生之法，且著述颇丰。《西京杂记》大约是其晚年隐居深山时所作，该书文笔清新秀丽，语言通俗易懂，颇受古今学者赞誉。

长安野史 宫廷逸闻

今本《西京杂记》为六卷，虽属稗官野史，但其史料价值颇高。它集中记述了西汉一代发生在都城长安的人和事，篇幅虽短，但内容极为丰富，举凡帝王贵族的生活习尚与奢靡之风、宫室苑囿的绮丽风光与珍玩异物以及舆服典章、高文奇技、瑰行伟才、风俗民情等多有涉及，“灿然如汉之极观，实盛称长安之旧制矣”。

关于长安城中帝王贵族的宫廷生活习尚，《西京杂记》中既有汉高祖刘邦与宠姬戚夫人击筑歌舞、对坐弈棋的情意缠绵的身影，又有汉武帝、汉成帝纵横驰骋于蹴鞠场上的矫健英姿；既有赵飞燕姊妹擅宠后宫、穷奢极欲的生活场景，又有长安显贵与五陵少年夸豪斗富、飞鹰走狗的日常风尚；既有西汉诸帝生前御驾出行时千乘万骑、连绵不绝的盛大场面，又有身后随葬丰厚、务极豪华的奢靡之风。

关于西汉长安城中各类宫室苑囿的建筑规模及奇景异观，首卷首条即详细叙述了汉初萧何营建的未央宫的方圆范围、街道周回及台、殿、山、池、

汉 绿釉卧鹿

1956年西安市郊汉墓出土。高19.5厘米，长26厘米。该卧鹿双眼圆睁，鹿背与树枝状鹿角之间有一短筒状器口，应为器物底坐。鹿的造型夸张。“鹿”与“禄”音同，是古代吉祥瑞兽。

西汉 “与天无极”瓦当（西安市汉长安城遗址出土）

宫门等的具体数目，同卷也记载了汉武帝建造上林苑时从全国各地移植来的名贵草木，总数竟达2000余种。此外，《西京杂记》还记载了汉武帝的四宝宫、汉成帝的三云殿、平津侯的待宾三馆等鲜为人知的富丽堂皇的建筑，反映了西汉帝王公侯奢侈豪华的生活风尚。

名流风貌 民间习俗

《西京杂记》用大量篇幅记载了当时长安文坛画苑之奇事佚闻、名士风流，反映了西汉一代文人雅士的精神风貌。这里既有文君当垆、相如沽酒的千古佳话，又有匡衡读书、穿壁借光的一时美谈；既有昭君出塞、长安画工弃市的惨剧，又有京师雨雹、董仲舒大谈阴阳灾异的宏论；既有“史圣”司马迁发愤作《史记》的感人事迹，又有“奇才”枚乘饮酒为《柳赋》的昂扬风采。特别是《西京杂记》对司马迁尤为推崇，称其为“近代之伟才”。

对于长安的风俗民情，《西京杂记》中也多有反映。如汉武帝喜用玉搔头，宫内外遂大加仿效，以至“玉价倍增”；卷二中载有长安杜陵杜夫子“善弈棋，为天下第一人”；卷三还载有汉高祖与戚夫人在每年三月三日上巳节，都要张乐饮酒于城东灞水、浐水之滨，与长安万民同乐的盛况等。

《西京杂记》也是一部文辞优美的短篇小说，它开创了古代笔记小说的先河。书中所载长安的传闻逸事，有不少被后人引为典故，对诗词、戏曲、小说创作产生了一定影响。鲁迅先生曾评价说：“若论文学，则此在古小说中亦意绪秀异，文笔可观。”

知识链接

【《三辅黄图》】

《三辅黄图》一书最早著录于《隋书·经籍志》，一卷。后经中唐以后人补编增目成六卷。该书记述了汉都长安的历史沿革、总体布局、殿阁台榭、苑囿池沼等，并旁引汉魏典籍，穿插以大量的佚闻旧事，还附设插图，生动再现了都城长安全貌。惜原图早已散佚，今本六卷仅存其文。今人陈直先生对该书详加校订，撰成《三辅黄图校证》，遂成为研究汉都长安与关中历史地理的必读之书。

西汉 裹头巾束腰女立俑（西安市北郊出土）

世界大事记

132年，巴尔·科赫巴领导起义，第二次犹太战争爆发。

上下相通、不别衣裳的薄长袍。

中国大事记

132年，张衡研制地动仪成功，这是世界上第一台地震仪器。

俭朴谦恭终有时 托古改制难久长

王莽改制与『新』朝的灭亡

王莽画像

西汉后期，土地兼并现象严重，农民纷纷破产，阶级矛盾越来越尖锐。王朝的统治出现严重危机，社会上出现了要求改朝换代的呼声。这时，早有觊觎皇位野心的王莽代汉自立，做起皇帝来了。

恭谦有礼 暗藏野心

王莽，字巨君，是孝元皇后王政君的侄子。由于父亲去世的早，王莽未得到封侯，日子一直过的孤苦清贫。他曾跟随沛郡学者陈参学《礼》，勤奋博学，并且“谨恭俭朴”，博得姑母孝元皇后的欢心和喜爱。成帝永始元年（前16），王莽被封为新都侯。王莽在封侯之后，不但没有得意忘形，反而态度更加恭谨，越发得到孝元皇后的赏识和信任。哀帝死后，他便与姑母王政君合谋，立年仅九岁的刘衎（音kàn）为平帝，并由他担任大司马辅佐朝政，以“定国安汉家之大功”，被封为“安汉公”。

王莽因少年生活孤贫，对西汉的社会危机有较多了解，看到刘汉政权正土崩瓦解，自己大有取代汉家天下并加以改革的野心。在辅佐平帝的五年中，王莽想尽办法扩充权势，拉拢支持者，大肆封赏汉宗室和功臣的后代，扩充太学，网罗大批儒士，取得了统治集团多数人的支持。元始二年（2），王莽出钱100万、献田30顷，用来救济受灾的贫民，借

新莽 “辟兵莫当”铜母范

2005年韩城市出土。“辟兵莫当”铜母范是铸造“辟兵莫当”钱的模具。“辟兵莫当”钱是我国年代最早的厌胜吉语钱之一，它反映了古代兵荒马乱、经济萧条年代，人们对于平安富足生活的追求。此“辟兵莫当”铜钱范，制作工艺水平极高，是我国古代精湛铸造工艺的见证。

此取得下层民众对他的支持和拥戴。另外，在他的指使下，一些朝中大臣也假托符命，为王莽代汉制造舆论。

王莽费尽心机，终于在公元8年正式登上皇帝的宝座，改国号为“新”，建立了新朝政权。

托古改制 一事无成

王莽掌权后，为了缓和尖锐的阶级矛盾，便推行了一系列改制措施。表面上王莽是以《周礼》为依据，进行托古改制，实际上改制的主要内容是经济制度的改革。

王莽首先针对土地兼并问题，宣布实行王田制，把全国的土地改称“王田”，不许买卖。他仿照西周的井田制，规定一家男子不满八口而所占土地超过一井（900亩）的，要把多余的土地分给本族或者乡邻。原来无地的，按男口每人授给土地100亩。与此同时，还下令将奴婢改称“私属”，也不准买卖。由于“王田”制、“私属”制都损害了地主阶级的利益，不过三四年的时间，王莽在地主阶级的坚决反对下，只好宣布取消改革。

始建国二年（10），王莽下令实行五均、赊贷和六筦（音guǎn）制度。规定在都城长安的东市和西市设立“市令”，在洛阳、邯郸、临淄、宛、成都五个大城市设立“五均司市师”，各郡县设立“司市”。这些机构负责管理市场、调节物价、向贫民贷款和征收税款，这就是“五均赊贷”。“六筦”指的是官卖盐、酒、铁，官府统一铸造钱币，收取山泽产物的生产税及“五均赊贷”，一共六项由政府控制的经济事业。

王莽也多次变动币制，先是在居摄二年（7）铸造错刀、契刀、大钱三种新币，与西汉的五铢钱并用。后又下令废除错刀和契刀，收禁五铢钱，另铸一种小钱，与保留的大钱一起使用。以后又发行多种货币，种类杂乱，比值仍不合理。每次变换都是以劣代优，引起币值狂跌，物价飞涨，农民和小工商业者纷纷破产。始建国元年（9），王莽实行统一度量衡制度，令“万国永遵”，作为全国统一的度量标准，这项制度为后世所承袭。

新莽 “国宝金匮直万”钱币

西安市汉长安城遗址出土。“国宝金匮直万”钱的上半部为方孔圆形，铸有小篆体“国宝金匮”四字，下半部为正方形，铸“直万”二字，“国宝金匮直万”钱为镇库钱，未在社会上正式流通。该钱币文字劲秀，铸造精良，是古代钱币中难得的珍品。

王莽改制不仅使地主商人的利益受到冲击，普通百姓也在其政策的摇摆中备受祸害。加之干旱、蝗虫等天灾以及匈奴扰边的影响，改制失败，社会矛盾进一步激化，从而加速了新朝政权的灭亡。

知识链接

【王太后怒摔传国玉玺】

古时皇帝即位，都要接受传国玉玺。王莽要建立新朝，急欲得到传国玉玺，但玉玺藏于王太后处。王莽派人到太后那里索要。太后在王莽的逼迫下，大骂不止。最后太后怒气冲冲地取出传国玉玺，并狠狠地摔在地上。据说，王太后这一摔，将传国玉玺摔坏了一个角。新朝亡后，历东汉、魏、晋、南北朝各代，皇帝即位一直都是传的这个缺了角的传国玉玺。

世界大事记

135年，哈德良摧毁耶路撒冷，犹太人被逐出巴勒斯坦。

连百万之众 成弩末之兵

绿林、赤眉起义军征战关中

新莽时期，社会危机空前严重，各地流民遍野，从北部边郡兴起的农民暴动如同星火燎原，迅速燃遍关东，其中声势最大的就是绿林军和赤眉军。

西汉 “上林九江共”铜壶

1961年西安市三桥镇高窑村出土。高45.5厘米，口径18.3厘米。壶口微敞，颈略收，圆鼓腹，肩两侧有对称的铺首衔环耳，壶体饰三道宽带纹，壶腹部刻隶书“上林”二字，并铸有“九江共”三字。由铭文可知，此器是由九江郡贡给皇宫供上林苑使用的盛酒器。“九江”即汉代的九江郡，位于今江西省九江市。

攻克长安 新莽灭亡

新莽天凤四年（17），新市（今湖北京山东北）人王匡、王凤率领当地民众起义，以绿林山为根据地，号称“绿林军”。次年，琅邪人樊崇带领贫苦农民在莒县（今山东莒县）起事，因这支义军都将眉毛涂成赤红色，故号“赤眉军”。绿林、赤眉两支义军转战各地，队伍迅速壮大起来。

新莽地皇四年（23），绿林军共同拥立西汉宗室刘玄为帝，改元更始。绿林军建立政权后，力量壮大，士气高涨，在昆阳（今河

赤眉军起义

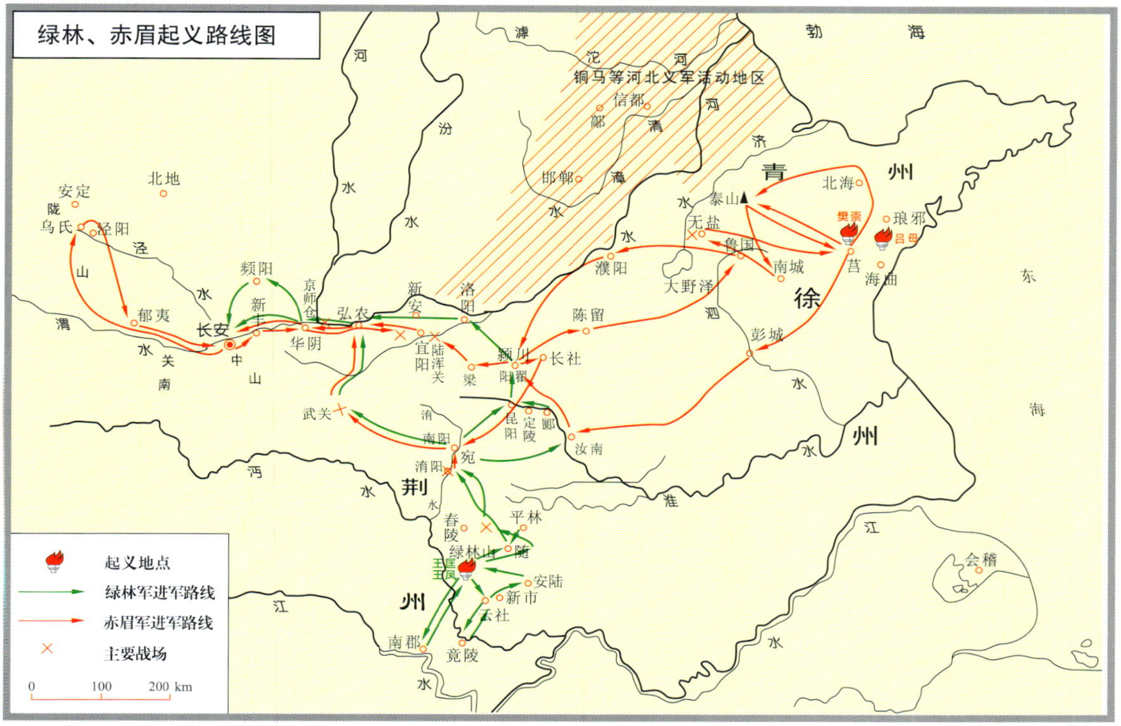

南叶县）一举歼灭新莽主力。昆阳大捷后，更始帝派遣大将申屠建率领精锐西叩武关，直取关中。王莽急令朱萌、宋纲率军防守武关，同时拜将九人，号称“九虎”。王莽令“九虎”率领长安数万人马前往黄河到华山一带布防。“九虎”在绿林军猛烈的攻势下不堪一击，“二虎”自杀，“四虎”逃亡，只剩下“三虎”率领残兵退保京师仓。义军趁胜追击，关中的百姓也纷纷起兵，配合义军从四面八方围攻长安。王莽急忙组织长安城中被关押的犯人出城迎战义军。但是这支临时组成的部队刚穿过渭桥，就一起哗变，还掘毁了王莽的祖坟，烧其棺椁，又焚烧了九庙、明堂、辟雍等礼制建筑。

十月戊申日这一天，绿林军从长安城东北面的宣平门攻入城里，进逼皇宫。第二天，城中少年配合义军，放火焚烧宫门。在熊熊烈焰中，宫中侍卫、嫔妃宫女四散逃命。王莽却强作镇静，站立在天文郎手执的铜铸“威斗”之下，喃喃自语道：“天生德于予，汉兵能奈我何？”次日清早，王莽在亲随的扶持下，逃到未央宫南沧池的渐台上，义军和民众将王莽及其

新莽 “五威司命领军”银印

1983年凤翔县柳林镇屯头村出土。银质、龟钮。高2.3厘米，边长2.4厘米。《汉书·王莽传》载：“始建国元年（9），置五威司命。”“五威司命”的权力涉及司法、军事、财政等方面。该印铸造精良，印文布局错落有致。

世界大事记

138—161年，安敦尼在位，罗马帝国进入黄金时代。

汉代通行的隶书。

西汉　铜翼人（西安市未央区红庙坡沙河滩农场出土）

亲随团团围定，展开短兵相接的肉搏战，混战中商人杜吴杀了王莽。义军于是迅速占领了长安城。

"更始"无治 百姓失望

绿林军在征战中以军纪严明而著称，申屠建率军进入长安时，曾对趁乱抢劫、败坏军纪的下属王宪处以斩首之刑，稳定了城中局势。所以在绿林军占领长安后，除未央宫在战火中遭到严重损坏外，其他众多宫室殿阁、官衙民居大都保存完好。

更始帝刘玄迁都长安后，居于长乐宫中，日夜与妇人宴饮笙歌，群臣请求上奏言事，刘玄往往醉而不能见，有时竟派侍中代替自己高坐帐中接受朝贺，批阅奏章。刘玄又大封诸王，滥授官爵，时人为之歌曰："灶下养，中郎将；烂羊胃，骑都尉；烂羊头，关内侯。"有人建议应当变革制度、纳贤授爵，结果激怒刘玄，被投入狱中。于是诸将离心，关中百姓也大失所望。诸将出征，往往各自为政，更始政权面临着严重的危机。

赤眉入城 战败归降

正当绿林军四分五裂的时候，已在东方发展为30万人的赤眉起义军在樊崇的指挥下，从颍川（今河南禹县）西进关中。更始三年（25）正月，赤眉军在华阴拥立年仅15岁的西汉宗室刘盆子为帝。同年夏，刘秀在鄗（音hào）（今河北高邑）称帝，并派遣邓禹领兵西进，伺机进攻长安。

更始政权形势危急，在东走南阳还是守卫关中的问题上，刘玄与绿林军将领发生了严重分歧，导致内部自相残杀。大将申屠建被刘玄处死，诸将领心中不服，联合起来攻打刘玄居住的长乐宫，刘玄败逃新丰。绿林将领遂与赤眉军联合，于九月占领了长安城。这时的赤眉军已有百万之众，声势浩大，远近震恐。

赤眉军攻克长安后，刘盆子住进了长乐宫。其

西汉　鎏金铜钟（长安区出土）

部下将士整日争功行赏吵闹不休，甚至在朝堂上相互大打出手，吓得小皇帝刘盆子日夜啼哭不已。赤眉军还经常掳掠民众财物，失去百姓信任。三辅地区的豪强地主慑于义军的声势，陆续派遣使者贡献财物珍宝，不料被赤眉诸将争相劫夺一空。这些豪强地主听说刘秀已建都洛阳，便与刘秀军联合，准备围攻长安；同时实行坚壁清野政策，藏匿粮食，封锁道路，企图将赤眉军困死在长安城中。

百万赤眉大军陷入了缺粮断食的恐慌中，被迫于建武二年（26）九月撤出长安，向西北进发，到达眉县后又转战今甘肃庆阳、固原和陕北地区。但这些地区的粮食草料早已被邓禹兵马洗劫一空，义军只好又东回长安。转战途中适逢天降大雪，义军饥寒交加，“坑谷皆满，士多冻死”。

赤眉军返回长安时，一场蓄势已久的大饥荒袭击了关中原野，昔日号称“天府陆海”的三辅城乡饿殍遍地，白骨蔽野，以至于出现了人自相食的人间惨剧。赤眉军无奈之际将咸阳原上的西汉皇帝陵墓掘开，将其中珍宝财物掳掠一空，后又撤出长安，准备退回东方。这时，光武帝刘秀已暗中紧锣密鼓地调动各路兵马，在义军东归的道路上设下了重重埋伏。建武三年（27），赤眉军在宜阳（今河南宜阳西）一战中兵败投降。轰轰烈烈的赤眉、绿林大起义就这样失败了。

汉　龙首铜灶（榆林市出土）

汉代　带链铜壶

黄龙县出土。高27.5厘米，口径7厘米。铜壶侈口，长颈，鼓腹，圈足，通体素面，肩部两侧小圆环与提梁铜链相连。提梁两端各有一兽首衔环与链相结。

知识链接

【长安豆豉富豪】

豆豉是我国传统发酵豆制品，其生产历史最早可上溯至西周时期。两汉时，豆豉制品生产得到长足发展。汉代刘熙在《释名》中，誉豆豉为“五味调和，需之而成”。西汉时，长安生产的豆豉以色香味美闻名天下。西汉末年，长安出现了两个因制作经营豆豉而家财巨万的大富翁：王孙卿和樊少翁。

148年，帕提亚王子安清（字世高）来中国传布佛教。

西汉经学家匡衡。

东汉

东汉

公元25年—公元220年

东汉时期全图

选自谭其骧主编《简明中国历史地图集》

京畿虽不再 繁华仍依旧

东汉时期的长安

西汉末年，自称是汉高祖刘邦九世孙的汉宗室刘秀也打出“复高祖之业，定万世之秋”的旗帜，在南阳起兵反莽。数年之后，刘秀在烽火连天的战争环境里登基称帝，旋即定都洛阳，统一天下，重建了汉家王朝，历史上称为东汉，并把刘秀再造汉室的功业称为“光武中兴”。

汉光武帝刘秀画像

改称西都 沿设三辅

光武帝刘秀既然以“复高祖之业”为号召，后又以“重造汉室”相自矜，为何最终舍弃旧都长安而定都洛阳呢？刘秀登基称帝的时候，关中还为赤眉农民起义军所占据，后来虽然征西大将军冯异收复了长安，但西南的公孙述、西北的隗（音wěi）嚣、朔方的卢芳等地方割据势力，仍然各自盘踞一方，对长安构成严重的威胁。加之中原是东汉初年官僚统治集

汉 玉辟邪

1972年咸阳市周陵乡新庄村出土。高5.4厘米，长7厘米。玉辟邪为新疆和阗玉质，晶莹透亮。主体圆雕，细如发丝的线刻，线条流畅，刚劲有力。辟邪张口露齿，双目直视，面目凶猛。辟邪的四足、鼻尖、角与尾巴都有深浅不同的橙红色沁斑，鬼斧神工，妙趣天成。

团的根据地，也是刘秀经略天下的战略后方，建都洛阳符合当代史学家所说的历代王朝在选择都城时要考虑“接近王朝或政权建立的根据地”的条件。在刘秀削平群雄、统一天下之后，也有人提出了迁都长安的建议。一直到东汉章帝建初年间，关中一些故老耆旧“犹望朝廷西顾”。为此班固还作《两都赋》，批评那些主张迁都长安的人“习见阿房之造天，而不知京洛之有制；识函谷之可关，而不知王者之无外也”。迁都之议至此遂告平息，关中地区失去了昔日作为京畿地位的辉煌与繁华，但其在全国工商业中的地位仍无可取代，长安作为故都和祖庙陵寝所在地，仍然备受重视，因此改称“西都”，与东都洛阳合称“两都”。

从光武帝刘秀开始，东汉王朝的历代皇帝即位之后，首先必须亲到长安祭祀宗庙陵寝。长安还设有太常，负责长安的宗庙陵园的保护，主持祭祀。太常之下，设有庙令和西汉每个皇帝陵园的管理官员。同时，各个陵园还有常驻军队，负责日常保卫。关中继续设立京兆尹、左冯翊、右扶风三大特别行政区，沿称“三辅”，其地位与京师洛阳平起平坐，均归司隶校尉管辖。

东汉　雁足灯(西安市未央区高庙乡高北村出土)

汉代　筒形樽（西安市未央区郭家滩出土）

经济发展 文化昌盛

东汉时期长安仍称西都和关中沿设“三辅”，有助于长安和关中地区迅速医治战争带来的满目疮痍，社会经济得到了一定程度的恢复和发展。东汉一朝，长安仍然保留全国工商业中心城市的地位，重新成为东西方经济文化交流的枢纽，大批商队沿着重新开通的丝绸之路，往来东西方，繁荣一时。东汉时期，关中文化仍然保持着持续发展的势头，学术文化一派繁荣景象，私学教育兴盛发达，古文经学异军突起，产生了一大批文学家、史学家和经学大师，如一门三杰的班彪、班固、班昭，绛帐授徒的马融，“关西孔子”杨震等人，长安成为士人荟萃之地、冠盖云集之都，与河洛文化相互激励，共同完成了文化重心的西移。

知识链接

【“得陇望蜀”的由来】

东汉初年，割据陇西的隗嚣和巴蜀的公孙述是威胁朝廷的两大势力。建武八年（32），光武帝御驾西征。部将岑彭等围隗嚣于西城。公孙述发兵救之，光武遂派兵围公孙述于上邽。之后光武移驾东归，临行前以书信敕告岑彭：“两城若下，便可将兵南击蜀虏。人苦不知足，既平陇，复望蜀。每一发兵，头须为白。”后人将“既平陇，复望蜀”演为“得陇望蜀”，比喻人心不足。

世界大事记

164年，最古老的玛雅纪念碑约于此时建成。

“大戴”指戴德，“小戴”指戴圣，二人为叔侄关系。

184年，张角率众起义，因义军皆戴黄巾，故称黄巾起义。

穷且益坚 老当益壮

伏波将军马援

马援，字文渊，右扶风茂陵人，东汉初年杰出的军事家。因功封伏波将军，故后世称他为“马伏波”。他的豪言壮语如“马革裹尸”“老当益壮”等千百年来一直为人们所传颂。

出身官宦 亡命北地

马援出身于官宦世家，他的兄长马况、马余、马员在王莽时皆为二千石官。马援12岁丧父，由诸兄长供其衣食费用。马援少有大志，家人都认为他有大才。马援曾师从颍川大儒满昌学习《齐诗》，但他志不在研读经书，而欲去边郡垦田放牧。不料此时兄长马况去世，马援于是在墓地为兄长服丧一年。他十分尊敬寡嫂，不戴冠帽不进入兄长家，其敬孝恭谨如此。

后来马援任郡督邮。一次，马援在押送被判有重罪的囚犯时，因心生哀怜而放走了犯人，他于是逃亡至北地（今甘肃庆阳一带）放牧牛羊。不久，朝廷大赦天下，马援便留居北地种田放牧。由于他牧养有方，后来发展到有马牛羊数千头，粮谷数万斛。马援曾说：“凡是殖货财产，贵在振济贫困，若一毛不拔，只能是个守钱虏而已！”于是他将全部财产散送给故友和穷人，自己则身穿羊裘皮裤。

马援为人宽厚豁达、豪爽仁义，因此深得当地百姓的爱戴，前来归附的宾客络绎不绝。

投奔刘秀 消灭隗嚣

王莽末年，四方兵起，为了笼络人心，王莽任命马援为新城大尹（即汉中太守）。新莽政权灭亡后，马援避难凉州，受到隗嚣重用，并被封为绥德将军，参与决策。当时隗嚣占据今甘肃大部，刘秀称帝洛阳，公孙述称帝成都，隗嚣想在刘秀与公

东汉 石辟邪

咸阳市沈家村出土。高110厘米，长210厘米。辟邪是专司守卫坟墓的一种神兽。它综合狮、虎等兽的特点，环眼小耳，昂首，张口吐舌，长尾落地翘起，四肢挺拔有力，呈快步疾走状。辟邪造型威武夸张，雕刻简洁精细，是汉代雕刻艺术中的杰作。

马援画像

孙述中间依附其一，便派马援去两处试探虚实。马援先赴成都，谁知同乡故友公孙述接待他时不叙故旧之谊，而待以君臣之礼，态度十分傲慢。马援非常反感，谢绝了公孙述高官厚爵的引诱。接着他前往洛阳，受到刘秀的热情接待。刘秀还延请马援至宣德殿，待为上客，并与马援推心置腹，前后交谈达十余次。后来，刘秀还派人持节护送马援回到陇西。马援两相比较，对隗嚣说公孙述不过是井底之蛙，见识浅薄，难成大事；而刘秀为人弘阔大度，且博通经学，有帝王之风，于是劝说隗嚣投奔刘秀。隗嚣表面上接受了马援的建议，并将长子隗恂送到洛阳为质。马援也携带家眷随往洛阳，后来又获准回到故乡关中，屯田于地旷人稀的上林苑。而一心想称王图霸的隗嚣不久便拥兵自立，与刘秀分庭抗礼。马援上书刘秀，主动要求带兵游说于关陇各地，利用自己的威信分化瓦解隗嚣部下将领和羌族首领。

建武八年（32），刘秀亲自统率大军西征隗嚣，当进军至漆地（今陕西彬县）时，部下将领纷纷进言说前途险阻，天子不宜深入，刘秀也犹豫不决起来。正在此时，马援赶到，向刘秀及其他将领晓以形势利害，认为汉军必胜，隗嚣必败，还用米谷堆成山川地势模型，指明大军进退攻守的路径和战略目标。刘秀深受鼓舞，兴奋地说：“虏在吾目中矣！”次日即挥军西进，果然大获全胜。隗嚣势力败亡后，马援因功被封为陇西太守。

稳定陇西 远征交趾

当时陇西的局势十分混乱，塞外羌人在王莽政权败亡之际趁机东下，占领了陇西、金城（今甘肃兰州）许多属县。马援到任之后亲自率兵征战各地，采取军事打击与招降怀柔相结合的办法，初步稳定了当地的局势。但朝中许多大臣却认为金城属地地处偏远，且多有羌患，建议朝廷予以放弃。马援得知后，上书说：“金城属县大多城池完好坚固，且土壤肥沃，灌溉流通，若被羌人占据，则会祸乱不断，百姓就会常年饱受战乱之苦，请陛下不要放弃。”刘秀深以为然，便拜马援为武威太守。马援于是在武威修筑城郭，设置官吏，开导水田，劝民农耕，使郡中百姓人人安居乐业。马援又派人

东汉　伏波将军章（咸阳博物馆藏）

世界大事记

195年，罗马皇帝塞维鲁首次进攻帕提亚。

《木兰诗》和《孔雀东南飞》。

200年，曹操破袁绍于官渡，史称『官渡之战』。

说服塞外羌人，羌人皆来和亲，表示友好。由于马援治郡宽信仁恩，塞外氐人也皆来归降。马援任武威太守六年，因政绩卓著，遂被光武帝召入朝中，担任虎贲中郎将。

建武十六年（40），交趾郡（今越南北部一带）贵族征侧、征贰姊妹起兵反汉，很快占领了60多座城镇，不久征侧自立为王，引起天下震动。光武帝遂任命马援为伏波将军，率兵南下平叛。马援统领两万大军水陆并进，转战千里，历尽艰险，终于斩杀二征，平息了叛乱。他所经之处，皆为当地居民修筑城郭，整治官署，完善律令，有力地促进了当地的社会稳定和经济发展。当地人民十分敬佩马援，并为他建立马公祠，世代祭祀。

东汉　执锸农夫陶俑（勉县老道寺出土）

战死疆场　马革裹尸

建武二十四年（48），南方武陵（今湖南常德）地区的少数民族五溪蛮起兵暴动，东汉政府多次派兵镇压都没有取胜。这时，年过花甲的马援便主动请缨前往征讨。光武帝念其年老，没有应许。马援遂在光武帝面前披甲上马，纵横驰骋。光武帝感叹道：“好一个威武勇猛的老头子啊！”便给他四万精兵南征。但在后来艰苦的征战中，由于天气酷热，汉军多中暑病倒，马援也未能幸免，在今湖南临乡境内染病身亡，实现了他生前“战死疆场，马革裹尸”的誓言。

东汉　绿釉陶灶

1980年西安市灞桥区新合村出土。高19.8厘米，长28厘米，宽17.2厘米。绿釉长方形，后端为圆形，灶面有双连锅圈及烟囱，前端刻有灶门，带底出沿，下有四个熊形足。

知识链接

【马援为何未被列入“云台二十八将”】

马援死后，其女后来成为明帝皇后。永平初年，明帝命人在南宫云台图画建武年间的名臣、列将，史称“云台二十八将”。因马援为皇后之父，为避椒房之亲，故明帝未将伏波将军马援列入“云台二十八将”。

一门三杰书汉史

班固与《汉书》

班固是继司马迁之后我国古代又一位杰出的史学家和文学家，他继承父亲遗志编撰的《汉书》为我国历史上第一部纪传体断代史，后世常常把他及其著作与司马迁及其《史记》相提并论，有“班马”“史汉”之说。

继承父志 撰写汉史

班固，字孟坚，东汉扶风安陵（今陕西咸阳东北）人。他的父亲班彪曾官徐县县令、望都县县长等职，后因病免官，专力从事史学研究。班彪鉴于《史记》所记历史止于汉武帝太初年间，便广泛搜集史料，杂采众书，撰写了《史记后传》65篇，全书未完成即因病逝世。班固从小聪明好学，在父亲的影响下，九岁就能作文章，颂诗赋，13岁时就被出自父亲门下、后来成为著名思想家和文学理论家的王充另眼看待，王充曾拍着他的脊背对班彪说：“此儿必记汉事。”后来班固进入太学学习，刻苦勤奋，博览群书，儒墨道法诸子百家之说无所不通，加上为人恭谨谦逊，“性宽和容

班固画像

东汉 鸟兽纹剑柄

1972年8月西安市第二机砖厂出土。高27厘米，宽8.7厘米。该剑柄上为鹰首形，下为兽身蹲坐状，全身共六爪。鹰首的眼和冠镶嵌琉璃和绿松石，通体表面鎏金。

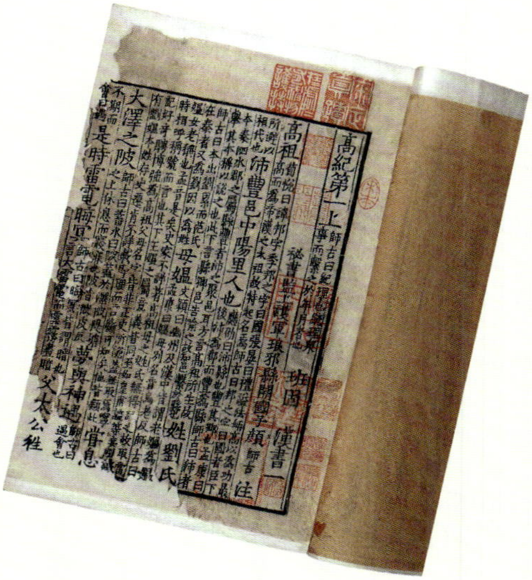

高紀第一上
漢書一
班固
高祖沛豐邑中陽里人也姓劉氏
母媪
大澤之陂
夢與神遇
是時雷電晦冥
父太公往

《汉书》书影

世界大事记

205年，新罗遣使臣赴日本。

《史记》《汉书》《后汉书》《三国志》。

班昭画像

众，不以才能高人”，深受当时的一些学者器重。

班固23岁时因父亲去世回到故乡，为父守丧。他拜读了父亲的《史记后传》，决心完成父亲未竟的事业，开始在父亲遗作的基础上撰写《汉书》。不料有人竟然上书汉明帝告发他私改国史，班固被捕入狱，家中所藏的典籍资料也被朝廷查抄。其弟班超不胜其愤，赶到京城洛阳为兄长鸣冤叫屈，汉明帝听了班超的辩解并看了班固的书稿之后，明白了撰写的宗旨与目的，十分赏识班固的才华，不但将班固无罪释放，而且任命他为校书郎，不久即提升为专门负责典校图籍文书的兰台令史，还派人协助他撰写汉史。兰台是东汉皇宫收藏历代典籍图书的地方，班固在这里得以饱览天下图书，核实史实。建初四年（79），“雅好文章”的汉章帝亲自主持召开了白虎观会议，讨论五经异同。时任玄武司马的班固以皇帝高级文学侍从兼史官的双重身份出席了这次当时最高规格的学术会议，并把会议记录整理成书，名为《白虎通德论》，又称《白虎通义》，成为后世研究东汉学术发展史的珍贵资料。

东汉和帝永元元年（89），车骑将军窦宪率军征伐匈奴，班固为中护军、行中郎将事，随军出征。汉军出塞2000里，大破匈奴，进军至燕然山（今蒙古杭爱山），刻石记功。班固作《封燕然山铭》，镌刻于石碑之上，以记其功其事。永元四年（92），窦宪因专横朝政，被汉和帝与宦官郑众合谋诛杀，班固受此牵连而免官，不久即被仇家洛阳令种兢逮捕下狱，当年病死狱中，终年61岁。

班昭续史 标立千古

班固继承父亲遗志，呕心沥血20余年，最终修成《汉书》，开创了我国古代史学史上的断代史先例。《汉书》在体例上继承和发展了司马迁的《史记》纪传体形式，所不同的是改“书”为“志”，取消“世家”并入“列传”。它记载了自汉高祖元年（前206）开国到地皇四年（23）王莽败亡这一时期230年的历史。《汉书》不仅是我国第一部纪传体断代史，而且其中的“十志”也是贯通古今经济文化和典章制度的通史，特别是班固首创的《地理志》详尽地记述了自传说中的九州到西汉时期的领土疆域、建置沿革、山川形势、水陆交通和封建

东汉　四神规矩纹镜（陕西历史博物馆藏）

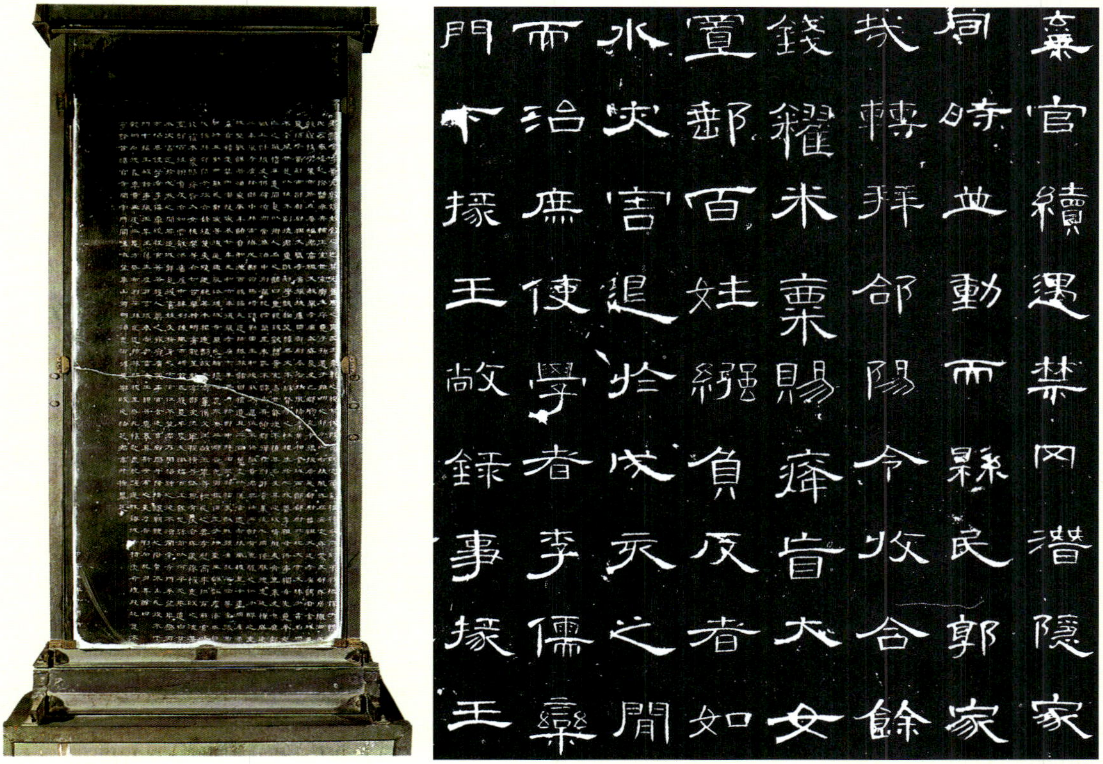

东汉 曹全碑及拓片局部

明代万历初出土于合阳县故城（今莘里村），现存西安碑林博物馆。该碑无额，青石质，竖方形。碑高272厘米，宽95厘米。碑文共20行，每行45个字，隶书体。曹全碑碑文记述了曹氏家族世系、官职等，其中并记东汉末年张角领导的黄巾起义波及陕西地区、合阳县民郭家等起而响应之事。此碑书法工整精细，清秀俊美，笔墨和畅，是我国现存汉碑中素负盛名的碑石之一。

世系、风俗民情等方面的历史，可以说是我国古代第一部历史地理专志。首创的《艺文志》综述诸子百家的源流及其发展，详记西汉文坛整体风貌，既是一部学术专史，又是一部图书目录，为后世研究西汉一朝的辉煌文明提供了真实可信的史料。

《汉书》有十二本纪，八表，十志，七十列传，共100篇，80万字，后人将其析为120卷。据史书记载，班固病死狱中时，《汉书》八表和《天文志》尚未完成。东汉和帝深为惋惜，便下诏让班固的妹妹班昭续写《汉书》，完成兄长未竟的事业。

班昭，字惠班，又名姬，又因其丈夫曹世叔不幸早卒，当时宫廷中尊称她为“曹大家（通姑，音gū）”。班昭在父兄的教诲和熏陶下精通典籍，博学多才，经过多年的顽强努力，最终完成了《汉书》，从此这一凝聚着班氏一家两代三人心血的历史巨著彪炳史册，取得了和司马迁《史记》并列的地位。由于《汉书》喜用古训古字，艰涩难懂，朝廷又选派当时的经学大师马融等人跟随班昭学习《汉书》，邓太后当政时期还延请她为宫廷教师，指导自己和皇后、嫔妃等人学诗作赋。因此，班昭不仅是东汉时期的史学家、文学家，而且还有教育家之称。

知识链接

【谶纬之学】

谶是一种预言性的文字或图画，起源于先秦，谶有谶言、图谶等形式。纬，即纬书，是方士儒生用诡秘的语言解释经义的著作。谶书和纬书合称“谶纬”。谶纬之学兴起于西汉晚期。光武中元元年（56），谶纬被定为必读之书。班固撰《白虎通义》，将谶纬和今文经学杂糅，使经学进一步神学化。

世界大事记

208年，罗马皇帝塞维鲁亲征不列颠，五万士兵死于瘟疫。

东汉明帝时。

投笔从戎 威震西域
班超、班勇父子

班超及其儿子班勇，是东汉时期以全力经营西域、确保丝绸之路畅通而彪炳史册的著名历史人物。

投笔从戎 出使西域

班超，字仲升。父亲班彪、兄长班固皆为当世通儒。受父兄的熏染，班超自幼涉猎书传，有口辩之才。但与父兄不同的是，班超为人坚韧英勇，胆识超人。在班固被任为校书郎后，班超便与母亲随兄长一起前往京城洛阳。当时班家家境衰落，生活贫困，班超便常去官府抄写文书，以奉养年迈的母亲。但繁忙而枯燥的公文抄写岂是胸怀大志的班超所能从事的职业？一次，他掷笔于地，叹息道：“男子汉大丈夫生无他志，当学傅介子、张骞立功异域，报国封侯，怎么能整天与笔砚打交道呢？”

班超画像

汉明帝永平十六年（73），奉车都尉窦固率兵出击北匈奴，班超毅然投笔从戎，被任命为假司马，带领一支军队间道出击伊吾（今新疆哈密西），与匈奴战于蒲类海（今新疆巴里坤湖），获胜而归。

王莽乱政时期，匈奴胁迫西域诸国与中原王朝为敌，阻断了丝绸之路，并屡次兴兵进犯边塞，成为东汉王朝的严重边患。要解除匈奴威胁，打通丝绸之路，就必须先使西域诸国摆脱匈奴的控制，这在当时称为“断匈奴右臂”。班超受窦固的荐举，率领36人出使西域南道诸国，担当起完成这一使命的历史重任。

东汉“汉倭奴国王”金印（日本福冈县志贺岛出土）

不入虎穴 焉得虎子

班超一行西出阳关后，首先到达鄯善。起初鄯善国王对班超使团非常热情，招待殷勤备至，但几天后态度却突然变得冷淡并疏远起来。班超料定必有匈奴使者抵达并从中阻挠，致使鄯善国王犹豫不决。一经质询，果然如此。班超立即召集随行人员

中国大事记

211年，曹操自将兵进入关中，驱逐韩遂、马超。

历史百科问答：东汉时期，朝会时尚书令、御史中丞、司隶校尉并专席而坐，时人称之为什么？

商议对策，他激励众将士说："不入虎穴，焉得虎子？如今之计，唯有趁夜火攻匈奴使者，趁其不备之时，一举歼灭，方可使鄯善无二心！"于是当晚即率随行将士依计行动，结果全歼匈奴使者100多人，一国震惊。鄯善国王惊惧于班超的神勇，当即表示脱离匈奴控制，归顺汉朝，并送其子到洛阳为质。

班超一行又西进到于阗。于阗为西域大国，这时于阗刚攻灭莎车，称霸南道诸国，又有匈奴使者监护，因而于阗国王对班超一行甚为冷淡，并听信神巫之言，向汉使讨要用于祭祀的黑马。班超即令神巫亲自前来取马，当神巫一到，班超立即将其斩首并持其头去见于阗国王，谴责其对汉朝的无礼。于阗国王早就听说班超在鄯善的所作所为，今又亲见其威风凛凛，惊惧之余深为佩服，立刻下令杀掉匈奴使者，宣布归顺汉朝。

征讨西域叛国　重开丝绸之路

永平十七年（74）春，班超一行来到疏勒，他废除了依附匈奴的疏勒王，另立亲汉的疏勒贵族为新王，并亲自坐镇疏勒，与疏勒人民并肩作战，多次打退了匈奴与龟兹军队的进攻，重新开通了丝绸之路的西域南道。班超还派人安抚当地民众，深得百姓信赖。

汉章帝建初三年（78），班超率领疏勒、于阗、康居等国联军万余人向匈奴及其依附势力发动猛烈进攻，攻占了焉耆、姑墨等地，大破匈奴、龟兹、莎车、姑墨、温宿等国联军，威震西域。和帝永元元年（89），班超又率军向那些反叛汉朝的西域小国进攻，征服了龟兹、尉犁、危须等国。第二年，向汉朝求亲不成而心生怨恨的大月氏派遣大军七万向班超所部进攻。班超不畏强敌，坚定沉着，采取以逸待劳、坚壁清野的策略，使远道而来的大月氏粮草不继。大月氏只得撤军，并派遣使者向班超请罪，表示愿意岁岁向汉朝称臣纳贡。永元三年（91），班超因为力挽狂澜平定西域有功，被任命为西域都护，驻守龟兹它乾城（今新疆拜城东南），次年受封"定远侯"。在他的全力经营之下，西域前后有50多个小国归顺汉朝，彻底摆脱了匈奴贵族的奴役，丝绸之路的南北两条通道全部被重新开通。

永元九年（97），班超派遣副使甘英出使大秦（罗马帝国）。甘英虽然在波斯湾受阻没有最终到达目的地，但成为中国历史上最早抵达波斯湾的友好使者，在中西经济文化交流史上写下了重要的一页。

秋风铁马的大漠生活使班超鬓染霜雪，积劳成疾，他愈发思念自己的故乡，遂上书汉和帝，恳

东汉　虎车升仙图壁画

2005年靖边县杨桥畔杨一村东汉墓出土。高17厘米，长30厘米。该图位于墓前室东壁。两只白翼虎牵引彩色云车，仙人端坐其上。仙人头戴高冠，身穿红色右衽博袖袍，双手前抄，控有两条虎辔，白翼虎昂首，翘尾，体态矫健，口内衔辔环，二者并牵一神仙云车，风驰电掣般朝仙境进发。虎身以浅淡墨细线勾勒，用稍重之墨粗笔绘出斑纹，风格写实，特征鲜明。

世界大事记

212年，罗马皇帝卡拉卡拉授予所有自由人罗马公民权。

三独坐。

求朝廷允许他回国养老，并说："臣不敢望到酒泉郡，但愿生入玉门关。"他的妹妹班昭也上书和帝，为兄长求情。永元十四年（102）八月，在西域栉风沐雨三十载、神勇声威远震异域的班超终于获准回到了京城洛阳。九月，班超即因病逝世，终年71岁。

班超石雕像

班勇临危受命 楼兰再立功勋

班超死后，其子班勇又奉命经营西域。班勇，字宜僚，是班超的第三个儿子，他从小跟随父亲生活在西域，大漠风沙的磨砺使他的性格如父亲一般勇敢顽强。汉安帝即位当年，班勇就被任命为军司马，与哥哥班雄俱出敦煌，迎接西域都护及其他西域将士而还。在西域局势大乱、有人主张关闭玉门关之际，他上书汉安帝，坚决批驳这一主张，要求朝廷派遣西域长史进驻楼兰（今新疆罗布泊西北），待机平定叛乱，收复西域。汉安帝嘉其深有乃父之风，于是便派遣他为西域长史，于延光二年（123）进入西域。班勇仅率领500甲士，英雄虎胆，孤军深入，首先与龟兹国合兵击败北匈奴伊蠡王，然后出军柳中（今新疆吐鲁番东南），于第二年正月抵达楼兰，迫使鄯善重新归附汉朝。此后班勇率军南征北战，迅速平定了西域各国叛乱，又于汉顺帝永建元年（126）统率西域各国联军大破北匈奴呼衍王，再次开通了丝绸之路。

东汉　绿釉陶望楼（陕西历史博物馆藏）

知识链接

【汉与倭奴的关系】

东汉时期，在会稽、东冶（今苏、浙、闽地区）以东的大海中有百余个岛国，时人称之为"倭"或"倭奴"。光武中元二年（57），倭奴王派使者进贡，光武帝赐予象征诸侯王权力的印章和绶带。安帝永初元年（107），倭奴国王帅升亲率使团朝见安帝。1784年，在今日本的福冈县志贺町出土了一枚"汉倭奴国王"金印，证明倭奴国确为汉代的属国。

桃李满天下　名士自风流

经学大师马融

东汉时期，虽然京都东移使关中士人多了一分落寞与惆怅，但也少了一分喧闹与浮躁。他们开始静下心来钻研经学，著书立说，教授门生，一时名流学者辈出，硕儒大师不断涌现，马融就是其中的佼佼者。

东汉　绿釉陶井（富县出土）

博学多才　委曲应招

马融，字季长，扶风茂陵人。他出身世家大族，父亲马严是伏波将军马援之侄，曾任将作大匠，为官清正，深得众望。马融相貌英俊，少时便善于言词，颇有才气，后来师事三辅名儒挚恂研习经学。由于马融勤奋好学，博通经籍，深得挚恂赏识，挚恂还将自己的女儿嫁给了他。

汉安帝永初二年（108），大将军邓骘听说马融很有才华，便欲招他为舍人。自视甚高的马融认为自己是儒林清流，不愿趋炎附势，遂拒绝了邓骘的招请，远避凉州。后来因为羌人扰边，米价腾贵，马融饥困交加，后

王莽至东汉早期　鎏金彩绘凤鸟樽

2003年西安市雁塔区芙蓉园工地出土。高13.4厘米，口径13.8厘米。此樽为筒形樽，盖隆起，中间有一环钮，并有三个回首衔翼的凤形钮。足为三个熊形足。盖面和器壁满饰云气纹，其间有牛羊和瑞兽，均錾刻而成，樽通体鎏金。盖的内面和器腹内底饰彩绘图案。

世界大事记

220年，哥特人入侵巴尔干地区和小亚细亚。

属国。

悔并对友人叹息道：“古人曾说‘左手执掌天下图籍，右手却持剑自刺喉咙，这是愚蠢的人都不去做的事情’。之所以如此，是因为天地之间生命最为宝贵，而今我却因为曲于世俗的卑微之职的羞辱，而轻贱弃灭自己贫穷的身躯，这大概是老子和庄子所不认可的吧！”于是应允了邓骘的招请。

仕途坎坷 心灰意冷

永初四年（110），马融调任校书郎，进入洛阳南宫东观，一边典校书籍，一边跟随班昭研习《汉书》。当时东汉王朝已由盛而衰，西北羌族不断进扰，内地水旱天灾接连发生，土地兼并日趋严重，但临朝听政的邓太后及辅政的邓骘兄弟依然偃武修文，歌舞升平。忧国忧民的马融遂于元初二年（115）撰写《广成颂》，劝谏朝廷“安不忘危，治不忘乱”，整顿武备，重振国威，并因此得罪了邓氏，被留置东观，十年不得升调。马融无奈，被迫辞官归乡。邓太后死后，马融又被安帝召还归京，先后担任郎中、议郎、武都太守等职。

汉桓帝即位后，马融转任南郡太守。当时外戚梁冀以大将军身份辅政，马融不肯与之同流合污，梁冀怀恨在心，遂指使亲信弹劾马融贪浊无状，解除了他的职务，并将他流放朔方。后遇朝廷大赦，马融才得以重返京城，再入东观。但他心灰意冷，不久便辞官回乡了。汉桓帝延熹九年（166），马融病逝于茂陵家中，终年88岁。

汉　兽面云纹璏（西安市灞桥区小流乡出土）

经学宗师 绛帐风流

马融迫于生计而进入官场，仕途坎坷，颇多磨难，但他在学术方面却大有建树，成绩卓著。他博学多通，致力于古文经学研究，先后注释了《论语》《诗》《易》《仪礼》《周礼》《礼记》《尚书》《孝经》《老子》《离骚》《淮南子》等典籍，还撰写了一本专门研究《春秋》三传的论著《三传异同说》。在注疏过程中他建立了比较完整严格的训诂方法，对后世产生了深远影响，奠定了

东汉　“朔宁王太后玺”金印

1954年修筑宝成铁路时宁强县阳平关出土。高2厘米，边长2.4厘米。该印为金质，龟钮。《后汉书·隗嚣公孙述列传》载：新莽之末，隗嚣据陇西，自称西州上将军，后投靠在益州自立为天子的公孙述，龙兴七年（31）被封为朔宁王。此印为公孙述授与隗嚣母亲的玺印。此印为阴刻白文，文字笔画粗细均匀，布局疏密有致，制作精美，篆法颇佳。

中国大事记

220年，曹丕称帝，是为魏文帝，建国号魏，都洛阳。

历史百科问答：东汉有位水利专家治理黄河后，黄河800年间没有改道，这位水利专家是谁？

东汉 “庭院图”壁画

2003年定边县郝滩乡四十里铺村西北东汉墓出土。高52厘米，宽78厘米。位于墓室南壁。庭院傍为堆积的粮食与粮仓，分别有“禾积”“高禾积”榜题，是东汉时期庭院的真实写照。

他一代经学宗师的地位。

马融在中国文化史上的突出贡献，还在于他培育人才、传承学术方面。他在家乡设帐授徒（今扶风之地名“绛帐”即由此而来），前来求学者不计其数。门徒中以卢植和郑玄最得师门真传，成就也最大。特别是郑玄，年轻时即以学识渊博闻名乡里，后来便跟随马融研习古文经典。当郑玄学成离开茂陵时，马融感叹道：“郑玄这位学生今天走出师门，我的学问精华从此随其东移了！”其后郑玄果然成为东汉末年经学研究的集大成者。

东汉 玉卧猪（咸阳市北塬出土）

马融不仅精通经学，而且多才多艺，其著作还有赋、颂、碑、诔、书记、奏、表、七言、琴歌、对策等，凡21篇。马融平时喜好弹琴、吹笛，为人放诞风流，不拘小节，讲课时常坐于高堂，拉上绛色纱帐，前面教授生徒，后面列置女乐。因此，后人评论说魏晋时期清谈玄学家蔑视礼教、放浪形骸的名士风气，实由马融开其先河。

知识链接

【举案齐眉】

东汉名士梁鸿是扶风平陵（今陕西咸阳西北）人，少时家贫，父死后卷席而葬，后入太学学习，博通群籍。梁鸿娶同郡著名丑女孟光为妻，隐居霸陵山中以耕织为业，后来携妻移居吴地（今江苏苏州），为人佣工舂米。梁鸿每次归家后，妻子孟光奉上饭食时，都将托盘举得如眼眉一样高，以示敬仰。后世就以“举案齐眉”来形容夫妻恩爱，相敬如宾。

世界大事记

224年，阿尔达希尔一世灭帕提亚，建立波斯萨珊王朝。

王景。

221年，刘备称帝，是为汉昭烈帝，国号汉，都成都。

为官清正廉直『四知』天下闻名

『关西孔子』杨震

汉安帝延光三年（124），在西去潼关的大道旁，摆放着一副被官府强行扣留的棺材，孝子们抚棺痛哭，过往的人们无不垂泪流涕。棺内的死者，是生前位居三公的太尉杨震，因其为官刚正不阿，得罪了安帝和宦官樊丰，以至被革职身死，“露棺道侧”。

设帐授徒 暮夜却金

杨震，字伯起，弘农华阴（今陕西华阴）人，出身于名门望族。杨震年轻时即精通儒家典籍，博览群书，后长期设帐授徒，门生弟子遍布三辅及中原各地。他生活简朴，靠种田供养母亲，如果学生帮他耕地，他便拔掉秧苗以示拒绝。因其品德与学问，被时人誉为“关西孔子”。

杨震50岁时开始出仕做官。后来经大将军邓骘推荐，杨震出任荆州刺史，不久又调任东莱太守。在他赴任途中经过昌邑县（今山东巨野东南）时，县令王密（曾为杨震门生）深夜拜见，并奉赠黄金十斤。杨震愕然道：“我自以为了解你，你却不了解我，为何要如此做呢？”王密以为老师怕人知道，便说：“晚间没有人知晓，老师不要推却。”杨震正色道：“天知，地知，你知，我知，怎么能说没有人知晓呢？”王密羞愧交加，谢罪而退。后来，杨震转任涿郡太守。史载，他“性公廉，不受私谒”。杨震的子孙也都生活俭朴，一日三餐素食，出门时常安步当车。朋友都劝杨震为儿孙打算，多置产业。他婉言谢绝道：“我要使后

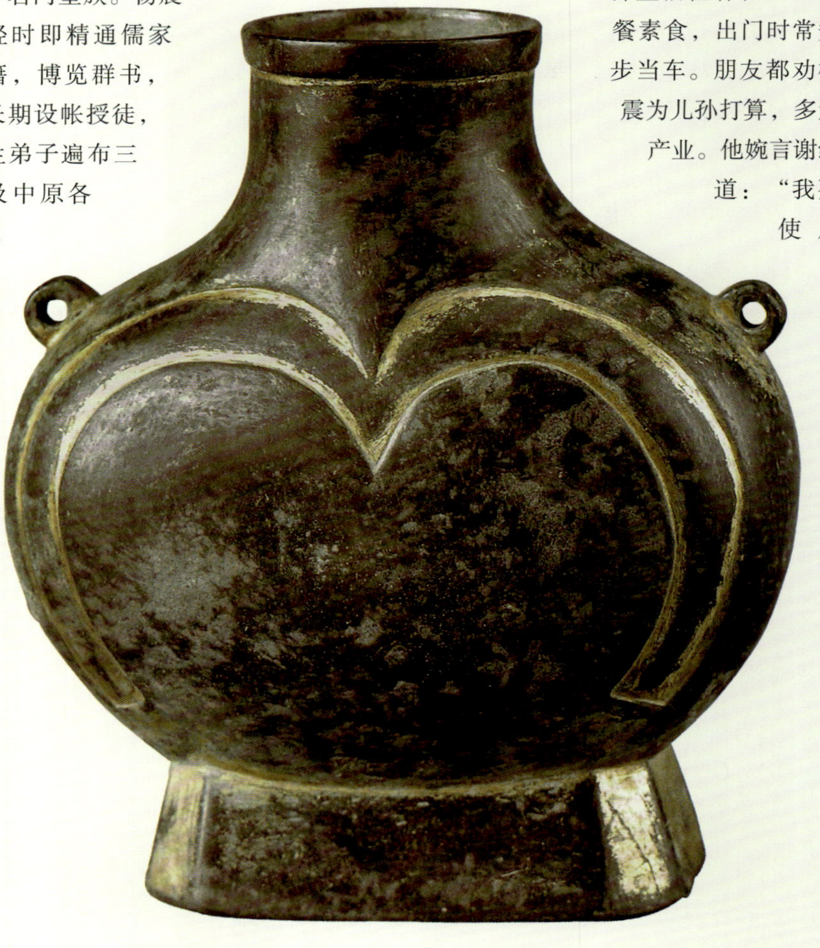

东汉 鎏金扁壶

1977年西安市大白杨废品回收库征集。高17.5厘米，口径5.6厘米。壶是古代盛酒或盛水器。该壶体扁，直口短颈，扁腹，腹壁上饰上端相连的内曲双弧线，两侧肩部各有一小系耳，原通体鎏金，年久部分已脱落。

杨震画像

辈知道他们是清白官吏的后代，自己就必须首先做到清廉正直，这就是给后世子孙留下的最丰厚的礼物，又何必另置产业呢？”

刚直不阿 愤然自尽

汉安帝元初四年（117），杨震应诏入朝，历官太仆、太常、司徒、太尉等职，位列三公。时东汉朝政极为昏暗，外戚、宦官交替专权，特别是安帝幼时的乳母王圣常干涉朝政，恣意妄为。大臣多敢怒不敢言，唯杨震疾恶如仇，上书弹劾王圣，请求安帝将其逐出内宫。杨震的犯颜直谏使昏庸的安帝很不高兴，加之他曾严辞拒绝外戚耿宝、阎显等荐用私人的请托，并上书揭露宦官樊丰等谄上欺下的行为，因此引起了朝中诸多黑暗势力的不满。延光三年（124），宦官樊丰诬陷杨震是外戚邓骘余党，且有怀恨愤怨之心，汉安帝即免去了杨震太尉之职，不久又下诏将他逐出京城，遣归本郡。在邪恶势力的逼迫下，杨震悲愤难抑，当行至洛阳城西的几阳亭时，他不禁老泪纵横，对随行的儿子和门生说：“死是士人的本分，只恨我位居三公，却不能诛杀奸臣，革除弊政，还有何面目再活在世间？”愤然服毒自尽，时年70余岁。杨震死后，樊丰还唆使弘农太守移良在陕县扣留杨震灵柩，并将棺木弃置道旁，阻止杨震魂归故里。直到一年后，即位的顺帝诛杀了樊丰等宦官后，杨震的门生虞放、陈翼等人才有机会联名上书，为老师鸣冤，朝廷遂为杨震平反昭雪，将杨震礼葬于华阴潼亭（今陕西潼关西北）。

东汉 “雒阳武库东卢”铜熏炉

1971年凤县凤州古城出土。高18.5厘米，口径8厘米，底径7.5厘米。熏炉盖为博山形，上有山水、树木、人物及猴、狗、熊、牛、鹿、孔雀等飞禽走兽。熏炉炉身口沿錾刻有“雒阳武库东卢重三斤”，炉盖口沿錾刻“重二斤十四两”，兽形短柄。熏炉铸造精美，飞禽走兽的神态生动传神。

世界大事记

226年，波斯萨珊王朝国王阿尔达希尔一世在泰西封加冕。

《说文解字》。

228年，诸葛亮兵出祁山攻魏，魏破蜀先锋马谡于街亭。

东汉 绿釉陶磨房

1979年潼关县城郊乡出土。高22厘米，长26厘米，宽20厘米。陶磨房两间，左边一间内放一石磨，右边一间有一舂米的臼具，真实地再现了东汉时期人们日常劳作的场所。

众也饱读诗书，饮誉当时。弘农杨氏五世以经学传承、代出大师学者，不仅两汉并不多见，在中国古代学术史上也如凤毛麟角。20世纪50年代，考古人员对位于今陕西潼关、华阴两地的弘农杨氏家族墓地进行了考古发掘，出土有大量文物。其中华阴杨氏家族墓中还出土了不少墓志铭，详细记载了从秦汉到魏晋南北朝时期这一家族的谱系和历代高官显宦、学者名士等显赫人物。

诗书传家 学士辈出

杨震一生清白正直，临终前留下遗嘱，说身死之后以杂木为棺材，素布卷裹遗体，不归祖茔，不设祭祠。这与当时官僚士大夫生前追求骄奢淫逸、死后铺张厚葬的风气形成了鲜明的对照。杨震以教授为业，经书传家，其后世子孙也深受其影响，名流学士辈出。

杨震的儿子杨秉少传父业，隐居家乡，教授门徒及子弟；杨秉子杨赐少传家学，以祖父、父亲为榜样，不应州郡荐举，而以传道授业为己任；杨赐子杨彪为东汉末年之大儒，杨彪子杨修为汉末著名文学家。杨震少子杨奉、奉子杨敷、杨

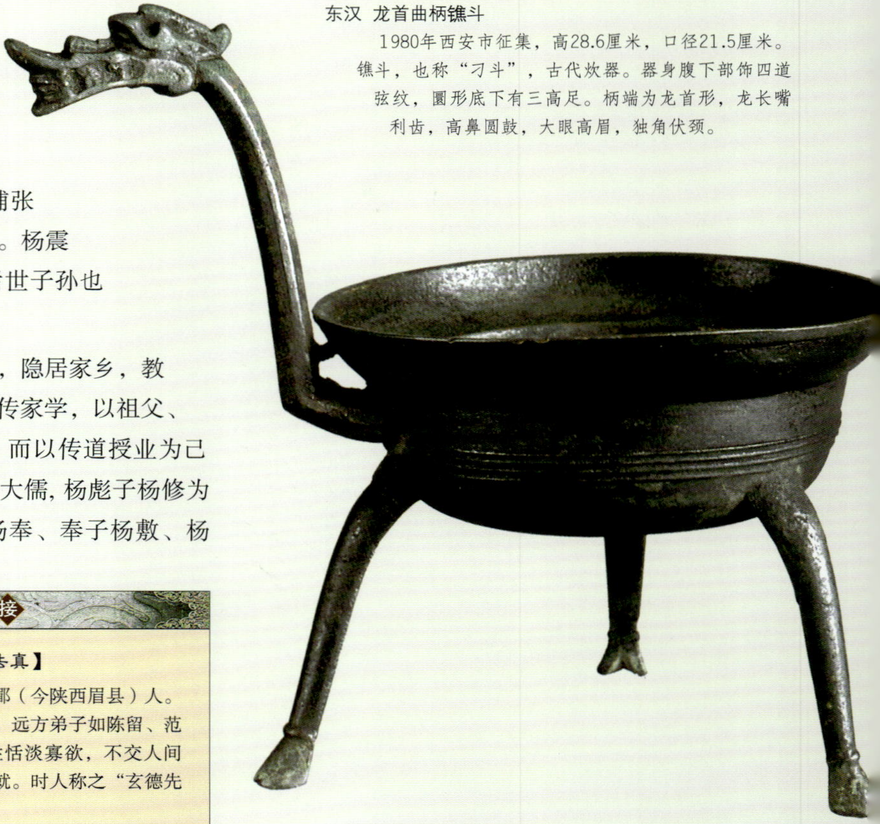

东汉 龙首曲柄鐎斗

1980年西安市征集，高28.6厘米，口径21.5厘米。鐎斗，也称“刁斗”，古代炊器。器身腹下部饰四道弦纹，圜形底下有三高足。柄端为龙首形，龙长嘴利齿，高鼻圆鼓，大眼高眉，独角伏颈。

知识链接

【“关西大儒”法真】

隐士法真，字高卿，东汉扶风郿（今陕西眉县）人。他博通内外图典，为“关西大儒”。远方弟子如陈留、范冉等数百人从其学。史载法真“性恬淡寡欲，不交人间事”，顺帝曾先后四次征召，皆不就。时人称之“玄德先生”。年89岁卒于家。

陕北东汉画像石

质朴稚拙 刚劲庄重

古时，人们常在墓室、祠堂的平面石板上采用浮雕、线刻的形式刻绘出各种图像，以装饰墓室、美化建筑，这一艺术形式被称为“画像石”。它出现于西汉武帝时，兴盛于两汉之际，衰落于东汉晚期。据目前勘查的情况看，今鲁南苏北、河南南阳、四川成都和陕北榆林，是东汉画像石分布较为集中的四大中心地区。特别是陕北绥德、米脂一带，出土的画像石不仅数量多，而且以其独特的艺术风格成为展示汉代社会生活的珍贵文物。

民族杂居区 文化交汇地

两汉时期，今榆林市绥德、米脂等地属上郡管辖，是长安通往塞外的交通要冲，也是多民族杂居区。自秦始皇北伐匈奴、移民实边以后，这里的经济文化得到了长足发展，出土的画像石就直观地反映了这种千姿百态的生活图景。据不完全统计，在今绥德、米脂、榆林、神木等地东汉时期的墓葬中，先后出土画像石多达上千件，其年代约在东汉和帝永元元年（89）至顺帝永和五年（140）之间。之后因西北地区的羌族不断骚扰进逼，东汉统治者被迫将上郡郡治迁入内地，陕北画像石艺术也随之衰落。在榆林市新建的汉画像石馆、米脂李自成行宫及绥德县秦公子扶苏墓旁的汉画像石展馆内，展示了榆林境内出土的数百块东汉时期陕北画

东汉 庖厨画像石

绥德县四十里铺出土。在绥德、米脂、清涧、榆林、神木一带，历年出土了大量的东汉画像石，真实地再现了当时社会的生产、生活情况，也反映了当时人们的精神追求。内容有：车马出行、迎宾拜谒、战争厮杀、狩猎农牧、庖厨宴饮、乐舞百戏、神仙鬼怪、祥云嘉禾、珍禽灵兽、历史故事、生活习俗等。绥德县四十里铺、白家山等地出土的六博、投壶、庖厨、二桃杀三士、征战、乐伎杂耍、牛耕图画像石等，均为汉画像石的代表佳作。

229年，百济与靺鞨交兵。

邓禹。

东汉　绑押战俘画像石拓片（绥德县四十里铺镇出土）

229年，吴王孙权称帝，是为吴大帝，国号吴，迁都建业。

像石精品。

就地取石材　画像展风采

陕北出土的东汉画像石皆就地取材，其刻绘工艺以减地平面阳刻为最多，阴刻线条较少，艺术风格质朴生动，形象逼真。题材内容丰富广泛，既有真实的生活写照，也有浪漫的艺术想象。

有展现当时陕北高原多姿多彩的生产和生活场景的，如“二牛抬杠”“谷物图”“收割图”“放牧图”“宰牛羊图”“烤羊肉串图”等，充分反映了陕北地区在中原文化和草原文化的影响下，不仅有相当发达的牛耕农业文明，游牧文明也异常繁荣，印证了史书上所谓上郡“水草丰美，土宜产牧，牛马衔尾，群羊塞道”的记载。

有反映地主豪强醉生梦死、宴饮游乐奢侈生活场面的，如“车骑出行”“高堂宴饮”“角抵击剑”“跳丸蹴鞠”“投壶六博”“舞乐百戏”等娱乐场面。

有关于神话传说和历史故事的，如东王公、西王母、伏羲、女娲、后羿射日、孔子见老子等。

还有展示日月星辰等天象以及表示四方之神、异禽瑞草等祥瑞画面的。虎鹿驾车、灵芝仙草和大量的几何纹、蔓草卷云纹等在石画像中主要作为装饰性图案。画面简洁有力，拓片效果犹如剪纸。

画像石对研究汉代的农牧业文明、衣冠制度、音乐舞蹈、建筑艺术、民间习俗及神话传说等，都

东汉 “二桃杀三士”画像石拓片（绥德县四十里铺镇出土）

具有很高的史料价值，堪称东汉艺术瑰宝。

作为两汉时期多种文化冲突融合最为集中的地区，陕北的农耕文明与游牧文明并存不悖，相互促进，共同发展。这种局面反映在画像石艺术中，表现出既以当地石刻传统艺术为主，又兼收并蓄其他地区石刻艺术的开放风格。如1980年发现于绥德四十里铺的画像石中阳刻有“大高平令郭夫人室宅”的文字，证明墓主的丈夫曾任高平县县令，而高平正是处于东汉画像石最为集中的四大地区之一——山东南部，两汉时期这里的能工巧匠在全国享有盛誉。墓主的丈夫利用权力或其影响请高平石匠不远千里来到陕北雕刻画像石，从而留下了宝贵的艺术珍品。

东汉 征战图画像石拓片（绥德县白家山汉墓出土）

东汉 牛耕图画像石（米脂县出土）

知识链接

【汉龟兹城】

龟兹是汉代西域三十六国之一，位于今新疆境内。汉武帝时，龟兹内附，部分龟兹居民徙至上郡居住。汉中央政府在此地设“上郡属国都尉”，并以龟兹族名呼其为龟兹县。汉献帝建安二十二年（217），曹操下令撤废该县。今汉龟兹县城的部分残墙以及汉砖瓦残片尚存。

世界大事记

233年，新罗大败入侵倭军，焚其战舰。

《汉纪》。

265年，司马炎废魏主，称帝，国号晋，都洛阳。

惠及世界 魂落龙亭

『纸圣』蔡伦

造纸术是中国古代四大发明之一。据史书记载，最早的纸是由东汉时期蔡伦发明的。但20世纪50年代和70年代，考古人员分别在今陕西西安和扶风发现了“灞桥纸”及“中颜纸”，证明早在西汉时期已有了造纸技术。蔡伦的主要功绩在于改进了造纸技术并使之发扬光大，因而被后世尊奉为“纸圣”。

蔡伦画像

改进造纸术 受封龙亭侯

蔡伦，字敬仲，桂阳（今湖南郴州）人。他12岁入宫为宦官，和帝时升任中常侍、尚方令（主管皇宫御用器物）。史载他颇有才学，为人谦恭，每在公事之余闭门绝宾，从来不与外戚朝官交往。鉴于当时记录文字的主要载体简牍笨重、绢帛昂贵的情形，蔡伦总结了西汉以来用麻质纤维造纸的经验，创造了用树皮、麻头、破布、渔网造纸的方法，不仅开辟了新的原料来源，在制造技术上也进行了较大改进，使纸的质量有了进一步提高。永元十七年（105），蔡伦将新型造纸术及其成品上报朝廷，汉和帝大为赞赏，下令在全国推广。后来蔡伦因功受封为“龙亭侯”，于是人们就将这种纸称为“蔡侯纸”。1975年在甘肃武威出土的“旱滩坡纸”较之“灞桥纸”“中颜纸”更显得纤维组织紧密细腻、纸面光滑匀称，与现代一般的机制原稿纸差别很小，充分显示了当时造纸术已有了很大进步。据考证，“旱滩坡纸”仅比蔡伦造纸晚几十年，很可能是蔡伦改进造纸术以后应用推广的产物。

建光元年（121），汉安帝听信谗言，以诬陷安帝祖母宋贵人之罪问责蔡伦，要他从龙亭（今陕西洋县龙亭镇）来京城廷尉处认罪伏法。被冤枉的蔡伦百口难辩，耻于受辱，便在沐浴更衣后服毒自杀。传说蔡伦死后，龙亭当地百姓哀其冤枉，偷偷运出他的遗体，将其掩埋在龙亭乡野，并留下标记。每年蔡伦的忌日、清明，四乡百姓纷纷为蔡伦举行野祭。汉桓帝元嘉元年（151），朝廷迫于民意才为蔡伦平反昭雪。地方官府也筹集银两，征召民工，在当地百姓的协助下将蔡伦遗骸予以迁葬，并修墓立碑，建立祠堂，以纪念这位被后世尊奉为

西汉 灞桥纸

西安市东郊灞桥出土。纸呈浅黄色，表面粗糙，无帘纹，以大麻和苎麻为主要原料，是目前世界上发现的最早的古纸。

汉代造纸工艺流程图

“纸圣”的杰出人物。

惠及全世界　丰功万古存

纸作为中国古代劳动人民的伟大发明，经过蔡伦改进制造技术以后迅速在中国大地上被广泛应用，并走向世界。大约魏晋时期，造纸术被传到朝鲜、日本。公元八世纪，又被传入阿拉伯地区。公元12世纪，造纸术又从阿拉伯传到欧洲，而后又由欧洲传向世界各地，极大地推动了人类文明发展的历史进程。正因为蔡伦如此重大而卓越的贡献，他赢得了世人的尊重与敬仰。至今在陕西汉中洋县城东十公里的龙亭镇还有蔡伦墓祠。

知识链接

【“医圣”张机】

张机，字仲景，南阳郡涅阳（今河南南阳）人。他医术高明，所撰《伤寒杂病论》是我国医学史上影响较大的古典医著之一，被后人奉为“医圣”。

世界大事记

257年，罗马—波斯战争再起。

东汉崔寔。

东汉 彩绘狩猎、出行画像石

1996年神木县大保当乡出土。长196.5厘米，宽40厘米，厚7厘米。画面分上下两栏。上栏为狩猎图，三骑西向飞奔。马身涂红褐色，络头、缰绳、马衔等以墨线勾绘。骑手头戴帻巾，着红色戎装。第一、二两骑手持弓拉满弦，正欲射杀其前狂奔的鹿等猎物，其间刻绘一捕兔的猎鹰，其后有猎犬和鹿等。鹿作狂奔状，或惊首回眸，或背流鲜血。第三骑则正转身回射一狂啸的老虎。画面在左上端刻绘白色月轮，中以墨色画玉兔捣药；右上端刻绘红色日轮，中以墨色画一向右而飞的金乌。日轮、月轮下刻蔓草纹。下栏为车马出行图。自左而右依次刻绘导骑一、轺车一、軿车一、辇车一及二个护卫骑。马均涂红褐色，昂首翘尾，神态威武，骑手身穿黑色服装端坐马上，手持一物。三辆车的驾马基本相同。轺车前坐一戴帻巾者，双手执缰，车内坐一人戴冠、着深衣。軿车的驭者，半露身躯，着浅色衣，车厢侧面有窗，内挂粉色窗帘。軿车前端也坐有一手持马缰的驭者。彩绘狩猎、出行画像石以减地平刻浅浮雕手法，刻画了狩猎、出行的生活场景，生动传神。

三国

公元220年—公元280年

三国时期全图（魏景元三年，蜀汉景耀五年，吴永安五年，262年）

选自谭其骧主编《简明中国历史地图集》

三国

西京乱无象 豺虎方遘患

董卓之乱与长安城的毁灭

汉灵帝中平六年（189），陇西豪强、并州牧董卓在东汉朝廷外戚与宦官争斗的血雨腥风中，统率大军开入洛阳，用武力控制了京城，掌握了朝廷大权。他废掉汉少帝，另立陈留王刘协为帝，这就是东汉最后一位皇帝汉献帝。董卓以丞相身份专断朝政，独揽大权，并大肆杀戮反对他的朝臣和无辜百姓，激起了天下公愤。这时关东豪杰拥立袁绍为首领，组成联军讨伐董卓，兵进洛阳。董卓出战不利，便于初平元年（190）挟持汉献帝和文武百官迁都长安。

荼毒长安 残害三辅

董卓到长安后自封为太师，所乘车马、所穿服装与皇帝无二，地位在宗室诸侯王之上。他任用亲信，广树党羽，将董家的大小男子甚至连襁褓中的婴儿都封侯拜官，大小女子也都受封邑君。他还征发关中数万民夫，在郿地修建了一座比长安城墙还要高的武装堡垒，称为“郿坞”。坞内所藏金银珠宝堆积如山，储存的粮食足够30年食用。董卓还夸口说：“大事成功，雄踞天下；如果失败，坐守郿坞，也可颐养天年。”因此又自称此坞为“万岁坞”。

董卓迁都长安给三辅地区带来了无穷无尽的灾难。他爱财如命，竟将原来秦始皇立于阿房宫殿前的12尊铜人中的10尊投入火炉熔化，铸造了无数没有刻写任何文字的小钱发行天下，结果造成关中物价飞涨，米价一石竟达数万文。他嗜杀成性，动辄以莫须有的罪名杀害朝中官员和三辅大族，还经常将血腥的屠刀指向无辜百姓，闹得关中民不聊生，

东汉 “狩猎图”壁画

2003年定边县郝滩乡四十里铺村西北东汉墓出土。高64厘米，长177厘米。位于墓室南壁。画面上一红衣黑冠男子，手持弓箭，骑着飞奔的黑马，在山峦间射猎。马前一带双角的兽，身中三箭，其他飞禽、鹿、野猪、狐狸、山羊、老虎等皆惊慌奔逃。画面场景宏大，生动真实地反映了狩猎时的情景。

世界大事记

260年，百济定官制，正服色。

306年，西晋王朝长达16年的八王之乱结束。

人人自危。他残忍无比，一次在长安城外设宴款待文武百官时，竟当场残杀北地降人数百名，有的被割掉舌头、有的被挖掉双目、有的被砍断手脚、有的甚至被扔进油锅活活烫死，公卿大臣们都吓得面如土色，董卓本人却谈笑风生，饮酒自若。

初平三年（192）四月，司徒王允成功策反了董卓倚为心腹的吕布，在未央宫设下埋伏，里应外合，一举诛杀了董卓，并将他弃于街市以示众。长安百姓得知董卓被杀后，“歌舞于道”，许多人还卖掉了珠宝衣物，沽酒买肉大吃痛饮以示庆贺。董卓死后，仅从郿坞就查抄出黄金二三万斤、白银八九万两、其他绸缎珍宝不计其数。

部将内讧 汉都毁灭

董卓部将李傕（音jué）、郭汜（音sì）、樊稠等以为董卓复仇为名，凑集十万军队攻进长安，杀死司徒王允，迫使吕布逃亡，到处杀人放火，劫掠财物，百姓死于烧杀者达万余人。李、郭、樊又三分城内，各据一方，纵容子弟及部下白昼杀人，

东汉　陶熊（兴平市北吴村出土）

东汉　绿釉带厕陶猪圈（潼关县吊桥乡杨震墓出土）

四处抢劫，并与强盗匪徒狼狈为奸，暴虐百姓，造成长安城内秩序大乱，粮价飞涨，一斛谷时价50万，豆麦20万，以至于到了人吃人的地步，尸体白骨委积道路无人掩埋，散发着令人窒息的恶臭，昔日的都城竟成了人间地狱。后来，李、郭、樊之间又起内讧，李傕先杀樊稠，又欲杀郭汜，郭汜抢先起兵与李傕部众相互残杀，长安城又变成了他们火并厮杀的战场。李傕劫持了汉献帝，并将宫中财物抢掠一空，还放火烧了城中的宫殿建筑。郭汜见李傕劫持了皇帝，便扣留文武大臣，在长安城内大战数月，双方军队各死伤上万人。后来李、郭二人战罢又和，和罢再战，在二人劫持汉献帝离开长安、东返洛阳的途中，又遭到其他军事势力拦阻围攻，李傕、郭汜死于乱军之中。汉献帝后被曹操从洛阳迎到许都（今河南许昌），东汉政权至此名存实亡。

昔日人口稠密的关中在饱受数年兵燹后，十室九空，长安城变成了一座废墟，关中在二三年内也无复人迹。

知识链接

【赵岐与《三辅决录》】

赵岐（108–201）是东汉时期京兆长陵（今陕西咸阳东北）人，曾因反对宦官专权遭受迫害，隐姓埋名于北海，以卖饼为生。赵岐一生著述甚多，但只有《孟子章句》与《三辅决录》流传后世。《三辅决录》记载了汉代三辅官僚名士的家世及其成就，其中还夹杂有汉代关中一些地方性史料，是研究秦汉史和陕西地方史的珍贵资料。

历史百科问答：东汉时，梁冀妻孙寿所制发式曾被京师女子纷纷仿效，其发式名为什么？

入道五斗米 乱世一桃源

政教合一的汉中张鲁政权

道教是我国土生土长的宗教，最初起源于民间，东汉末年产生了两个重要派别：张角领导的“太平道”和张陵发起的“五斗米道”。张陵，又名张道陵，沛国丰县（今江苏丰县）人，汉顺帝时客居于蜀，组织五斗米道，建立了24个宗教地点，势力扩展到汉中和关中地区。张陵死后，其子张衡、孙张鲁继续传播五斗米道，广纳信徒。

政教合一 乱世桃源

起初张鲁依靠益州牧刘焉，被刘焉任命为督义司马。刘焉命张鲁与别部司马张修一起率军攻打汉中太守苏固，不久即占有了汉中地区。张鲁遂杀张修而独占汉中。刘焉的儿子刘璋继位为益州牧后，对张鲁据有汉中难以容忍，遂杀害了张鲁的母亲和弟弟，并派遣将领庞羲率军讨伐张鲁。张鲁及其信徒不但多次打败了庞羲的军队，而且趁势又攻占了巴郡，并以汉中和巴郡为基地，建立了政教合一的政权组织。

张鲁政权既有宗教组织迷信的色彩，又有农民政权平均朴素的性质，在军阀豪强割据中独树一帜。它规定入道者须出五斗米作为活动经费，故被称为“五斗米道”或“米道”。在行政体制上，它不置当时通行的州牧、太守、县令等官号，张鲁自称“大师君”，普通信徒叫做“鬼卒”，低级官员名“祭酒”，高级官员叫“治头大祭酒”。“五斗米道”教导民众以诚信不欺诈为修身处世原则，有病者闭门思过，若悔改之心深刻，其病自然痊愈；若过错太多而且不思悔改，自有鬼神降法作祟，使其疾病缠身，不能自愈。它还规定若犯有小过错，则罚修路100步，犯法者可以原谅三次；如果不思改正继续为非作歹，就施以刑罚制裁。“五斗米道”还倡导公平交易，不许巧取豪夺，不许囤积居奇，不许哄抬市价，不许酿酒饮酒。另外，地方各祭酒还要于交通要道处设立义舍，供行人住宿歇息，十

东汉 玉辟邪

1978年宝鸡市北郊金河砖瓦厂出土。高18.2厘米，长18厘米，宽6.7厘米。该玉辟邪为蓝田玉制成，青色泛黄。辟邪作昂首长啸状，前胸微凸，后背拱起，两翼稍敛；张口吐舌，利牙外露；双眼外凸，怒视前方；双耳竖起，鬃毛后扬，下颚飘须；四肢强健有力，似欲扑击；周身饰卷云纹。玉辟邪造型传神逼真，雕刻细腻，刀法娴熟洗练。

世界大事记

309—379年，波斯萨珊王朝沙普尔二世在位，国力强盛。

堕马髻。

317年，琅邪王司马睿即晋王位，史称东晋。

东汉　迎客图画像砖（陕西历史博物馆征集）

里一亭，五里一舍，且备有粮食、大肉，称为“义米”“义肉”，免费招待过往行人，免费供给穷人食宿。这些独特的政治经济措施不仅深受汉中、巴郡民众的欢迎，而且还吸引了远近各地饱受军阀混战和豪强压榨之苦的百姓纷纷前来投奔。处于风雨飘摇之中的东汉朝廷无力征讨张鲁，又见他深得人心，便册封张鲁为中郎将，领汉中太守。

依“法”治地 惜民降曹

建安二十年（215），曹操亲自率领大军十万，由陈仓出大散关，远征汉中，讨伐张鲁。前部先锋勇将张郃指挥的5000劲卒直取阳平关，来势凶猛。张鲁见曹兵势重，自知不敌，又恐生民涂炭，打算投降。其弟张卫坚决不从，自告奋勇率军队数万前往阳平关迎击曹军。结果张郃夺关直入，张卫战死，汉中危在旦夕。张鲁被迫逃往巴中（今四川巴中）南山。临行前部下建议放火烧光粮仓府库。张鲁摇头说道：“我本来就想归命朝廷，苦于此意难以上达朝廷。今不得已而逃亡他方，仓廪府库，应归朝廷所有，为什么要烧毁呢？”于是下令将所有粮仓府库一律关好大门，贴好封条，这才离开汉中。曹操到汉中南郑后听说此事，对张鲁的为人处事深为赞赏，于是派人招降张鲁，拜他为镇南将军，封阆中侯，并与张鲁结为儿女亲家，优待备至。在汉中建立的政教合一的张鲁政权至此灭亡。

张鲁政权灭亡之后，五斗米道继续在民间流传。西晋永嘉年间（307—312），张陵第四代孙张盛于北方大乱之际，携全家移居今江西贵溪县的龙虎山，并在此地建立上清宫，尊张陵为“掌教”和“正一天师”。此后，“天师道”遂成为道教的一支，一直流传至今。

在今汉中地区还保存着关于张鲁政权的一些遗迹，民间也长期流传着关于张鲁的许多传说。如在今汉中勉县老城西的走马岭有一张鲁城遗址；勉县温泉乡中坝村旁还有一座“姑子山”，当地讹传为“灌子山”，山上原有一墓，当地民间传说它是张鲁女墓，山下还建有一座庙宇，俗称“女郎庙”。庙内有房屋建筑36间，一年四季香火不断，惜其在1958年被毁。

东汉　“天帝使者”印

1987年宝鸡市陈仓区阳平乡居家村出土。印高2.2厘米，边长2.3厘米，铜质，龟钮，为道教用印。“天帝使者”是“天帝神”所派使者“黄神”，主管人生爵禄和死人籍簿，借“天帝”名义驱鬼镇邪。

知识链接

【魏晋南北朝时期的道教分支——楼观派】

道教以张陵创立五斗米道为起点，迄今内部派别已有数十种之多。魏晋南北朝时期，道教除南北两大宗派外，还有灵宝派、楼观派、龙虎山派、上清派等。其中楼观派总坛位于今陕西周至县楼观台，创立于曹魏元帝咸熙初年。晋惠帝永兴二年（305），传说老子命真人尹轨降临楼观台，传授梁谌《日月黄华经》及水石还丹术，楼观台由是名声大噪，成为道法重镇。

西定三秦 称雄北方

曹操在关中的征战

汉献帝建安元年（196），曹操委派大臣钟繇以侍中守司隶校尉率兵进入关中，讨伐董卓部将李傕、郭汜等人。建安三年（198），李傕、郭汜相继被杀，长达数年之久的董卓之乱方告平息。次年十一月，曹操改派治书侍御史卫觊留守长安，安抚关中。卫觊在朝野内外素有勤政爱民之誉，他令官员发给人民耕牛犁具，鼓励他们开垦荒地，种粮种菜。消息传开后，原来流亡外地州县的关中人民纷纷扶老携幼，踏上归途，仅从荆州一地返回故乡的流民就有十几万家。

曹操画像

平定关中 歌舞庆功

曹操初定长安时，政治局势还相当混乱。一些关中地方将领如马腾马超父子、韩遂、侯选、程银等，虽然表面上遵从曹操号令，实际上都暗怀异心，各自为政，扩编私人武装，或拥兵自重，或独霸一方，相互之间也时有混战，严重威胁着关中地区社会秩序的稳定和人民生活的安宁。 赤壁大战后，曹操统一天下的雄心严重受挫，便把政治军事视线转向关中，准备挥军西进长安，一举歼灭关中各派地方势力，统一北方地区。

建安十六年（211），曹操声言欲征讨汉中的张鲁，并派遣征西护军夏侯渊与钟繇会合，进军关中。以马超、韩遂为首的关中十部地方势力深知曹军此举意在夺取关中，遂歃血为盟，组成联军，公开打出反旗，以阻止曹军入关。这一年八月，曹操亲临前线，指挥大军西攻潼关，夜渡津蒲坂（今山西永济西），突破关中联军河西防线，占领了渭北大部地区，继而兵进渭南，先以伏击战、后以离间

东汉 龙形玉佩

1972年长安区沣西配件厂出土。直径2.6厘米，厚0.7厘米。龙形佩为白玉质，呈扁体圆形，龙首尾相接，水滴眼，大鼻头，大张口，头顶有角，单足粗壮，身和腿部饰卷云纹。此佩造型生动，形态自然，若腾云跃水，动感强烈。以玉雕刻的龙形佩饰，象征着财富、等级和神权，内涵深刻，至尊高贵。

世界大事记

311年，罗马帝国颁布《宽容敕令》。

可以折叠的轻便小床。

319年，刘曜徙都长安，改国号赵，史称前赵。

计彻底击溃了关中联军各部，占领了整个关中。九月，57岁的曹操率领征西大军浩浩荡荡地开进了长安城，并摆设酒宴，大会文武百僚，歌舞庆功。次年春，曹操离开长安，班师回朝，留大将夏侯渊镇守长安，掌管关中军事；以议郎张既为京兆尹，治理长安民政。

争夺汉中 曹刘鏖战

建安二十年（215）三月，曹操统领大军再度进入关中，由陈仓出大散关，讨伐盘踞汉中的张鲁政权。张鲁降曹后，曹操又任命夏侯渊为都护将军，督大将张郃、徐晃等守卫汉中，抵御时已兵进巴中的刘备；另以扶风太守赵俨为关中护军，尽统关中诸军，策应汉中前线。曹操本人则北返邺城（今河北临漳西南），晋封为魏王。

刘备见曹操北返，便于建安二十二年（217）十月挥军进攻汉中，与夏侯渊、张郃、徐晃所部发生激战。曹操得报，一面下令赵俨速发关中军队增援汉中，一面在邺城调集兵马，准备亲征刘备。第二年九月，曹操来到长安，即令各路兵将会集关中，南进汉中。此时汉中前线已告吃紧，夏侯渊被刘备部将黄忠斩杀于阳平定军山（今陕西勉县东南），张郃、徐晃等死守阳平待援。曹操痛失爱将，怒发冲冠，于建安二十四年（219）三月亲自统军由长安出发，经褒斜道进入汉中，与张郃、徐晃所部会合后，大战刘备。由于曹兵远来疲敝，被以逸待劳的刘备军队杀得大败，士卒多有死伤，曹操只得于五月下令全军撤回长安，汉中遂为刘备所有。曹操恐刘备北向联合武都郡的氐族进逼关中，遂遣张既进入武都，并迁徙氐族五万余众进居扶风、天水地区。从此氐族人民在关中与汉族人民交错杂居，成为开拓和建设关中的一支重要力量。

建安二十四年（219）十月，曹操离开长安东回洛阳，临行之际委任次子“黄须儿”曹彰为越骑将军，镇守长安，总领关中诸军。三个月之后，曹操在洛阳身染重疾，急遣骑飞檄征调曹彰东返，欲委以大事，而曹彰尚未赶到洛阳，曹操即因病去世，终年66岁。

曹操一生曾两度来到长安，三次进入关中，不仅在三秦大地上留下了他金戈铁马、纵横疆场的雄风英姿，也留下了他讴歌河山、抒发情怀的动人诗篇。如他在建安二十年征讨汉中张鲁时所作的《秋胡行》二首，就抒发了自己渴望贤才、一统天下的殷切心声。

东汉　绿釉陶望楼（潼关县出土）

知识链接

【曹操平定关中的功臣杜畿】

在曹操征战关中的过程中，军需供给皆仰给于河东。时京兆杜陵人杜畿任河东太守。他发动河东百姓将粮食源源不断地运往关中，供给曹操大军，至战争结束时各军营寨余粮总计还有20多万斛。曹操在长安论功行赏时，以杜畿功劳为第一，增其俸禄为中二千石，并通令四方嘉奖其功。

献策取益州 主谋夺汉中

蜀汉开国功臣法正

在三国刘备政治军事集团中，法正是地位仅次于诸葛亮的谋臣，他为刘备取益州、夺汉中作出了重要贡献。因此陈寿在《三国志·蜀志》中将法正与庞统合为一传，称赞他“著见成败，有奇画策算”。

逃亡益州 归附刘备

法正，字孝直，右扶风郿人，祖父法真是东汉末年著名的经学家，人称“玄德先生”。父亲法衍曾为官司徒掾。建安初年关中遭遇饥荒时，法正与同郡孟达随数万关中百姓一起逃难，后来他们投奔了益州牧刘璋。刘璋为人昏暗软弱，法正在长时间内未得重用，后来在好友张松的推荐下出使荆州，

法正画像

欲联络刘备共抗曹操。法正见到刘备后深为敬佩，认为刘备有雄才大略，必是一代英主，遂有弃暗投明之心，秘密向刘备献上攻取益州的计策。刘备大喜过望，当即率领数万兵马向益州进发，并留法正在军中做谋士。在大军包围成都之后，法正写了一封致刘璋的公开信并将它射入城中，信中奉劝刘璋明识时务，开城投降，以免百姓遭殃，生灵涂炭。这封公开信对于瓦解城内军心、促成刘璋最后投降起了重要作用。因此刘备在取得益州之后，便任命法正为蜀郡太守、扬武将军，让其治理天府重地。

筹谋天下 智取汉中

汉中被曹操占领后，法正审时度势，向刘备进言说：“曹操一举招降张鲁，占领汉中，但不乘胜进攻巴蜀，而留夏侯渊、张郃屯守汉中，自己则迅速北还，这并非因为曹操智谋不足，实力不够，一定是恐惧京城有变，难以控制局势。夏侯渊和张郃都不是可以独当一面的将帅，如果主公趁此天赐良机率领主力前往征讨，一定会夺取汉中。然后利用汉中的富庶奖励农耕，广积粮草，等待时机，一

三国·蜀 “延熙十七年”铜弩机

1976年西安市大白杨废品回收库征集。弩机望山到悬刀距离18.9厘米，郭长16.2厘米，宽3.9厘米。这件弩机体量较大，郭右侧刻有四行隶书34字的铭文。由铭文可知，此弩机是公元254年为蜀汉的李炅业所铸造。

世界大事记

313年，罗马皇帝君士坦丁颁布《米兰敕令》。

《论衡》。

旦天下有变，则上可以扫平敌寇，重定天下；中可以蚕食雍、凉二州（今关中和甘肃地区），拓展疆土；下可以固守汉中，以为屏障。”法正这一建议分析透彻，见识高远，正与刘备所想不谋而合，刘备遂命诸葛亮留守成都，自己则亲自统领众将进兵汉中，并携法正随行赞襄军事。

建安二十三年（218），刘备进攻阳平关，曹军顽强抵抗，两军相持一年有余不分胜负。后来刘备按照法正的谋划，挥军自阳平关南渡沔水，占领了军事要地定军山。夏侯渊率军追击，两军在定军山下再次交锋。法正让刘备亲率一万精兵攻击张郃部，让老将黄忠率军埋伏于天荡山和定军山西峰仰天窝，以伏击夏侯渊的援军。刘备在走马谷与张郃交战不胜，便火攻张郃的寨栅，引诱夏侯渊前来增援。夏侯渊见走马谷方向大火冲天而起，急驰军前来救援，结果与刘备所统之军相遇，两军短兵相接，正杀得难解难分之际，法正将手中令旗一挥，只听得金鼓震天，杀声动地，黄忠率伏兵突然冲出，夏侯渊猝不及防，被黄忠一刀斩于马下。曹军失去主帅，顿时四散溃逃。张郃即收容溃兵退守阳平关。刘备趁胜追击，一路攻城抢地，遂占领了整个汉中地区。曹操痛失爱将之后又丢失了汉中，心中既怒又惊，当得知是法正为刘备出谋划策后，遂叹道：“我本来就知道刘备没有如此的智谋与胆略，一定是有人替他谋划，果然不出所料。”

东汉　绿釉陶水亭(西安市新筑镇三里西村出土)

知识链接

【法正荐举名士许靖】

许靖原为益州刘璋贤士，后背叛刘璋投靠刘备。刘备鄙视其为人，不予重用。这时法正向刘备进言说：“今主公初得益州，应以宽仁治理大政。许靖虽寡恩少义，但其虚名浮称天下，誉满益州。若废黜不用，则天下人认为主公重德贱贤，不敢前来投奔了。”刘备听后，立即授许靖以左将军长史之职，在称帝后又加封许靖为司徒，位列三公。

忠心佐汉　英年早逝

攻取益州和汉中后，刘备势力达到顶峰，为以后在成都建立蜀汉政权奠定了坚实的基础，而这一切都与法正的谋划有着密切的关系。建安二十四年（219），刘备自立为汉中王，遂以法正为尚书令、护军将军。法正总揽政务，与军师诸葛亮分工合作，共同佐汉。可惜法正在刘备称汉中王的第二年即英年早逝，死时年仅45岁。刘备痛失良佐，十分哀伤，追谥法正为“翼侯”。后来刘备不听群臣劝谏，倾全国之兵为关羽复仇，结果被东吴陆逊火烧连营800里，导致全军覆没。诸葛亮为此叹息说：“如果法正还活着，必能制止主公东征。即使劝阻不住，也不会遭到如此惨重的失败。”

马儿不死 吾无葬地

三国名将马超

马超，字孟起，右扶风茂陵人，是东汉伏波将军马援的后裔。马超出生在凉州，父亲马腾是当地豪强，为人仗义疏财，性情宽厚温和，在凉州各族人民中间威望很高。东汉末年，马腾举家迁至关中郿地，凉州许多氏族和羌族将士也纷纷携家眷跟随马腾来到关中。马腾挑选其中精壮，组成了一支数万人的武装，号称“凉州兵”。汉献帝兴平元年（194），18岁的马超与父亲马腾率凉州兵在郿县起事。几年之后，马腾、马超父子率军屯驻槐里（今陕西兴平东南），近踞关中，远控凉州，威震北方。

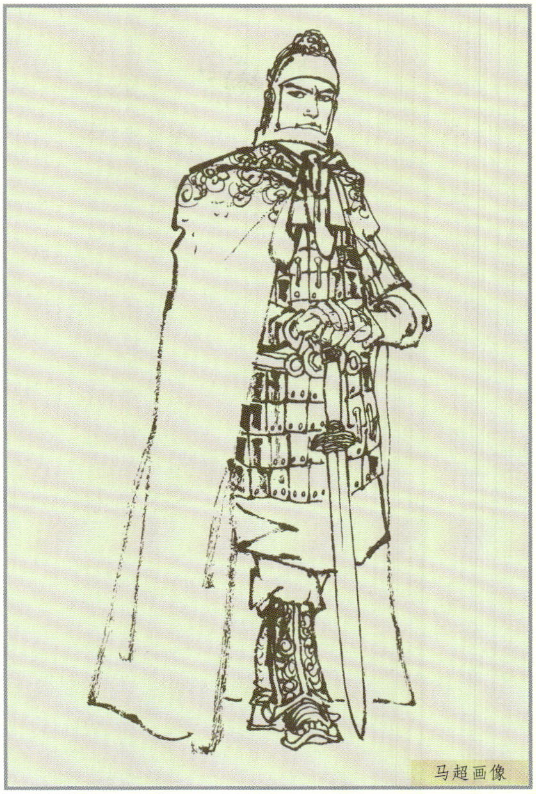
马超画像

三国 铜马刺

勉县定军山北“武侯坪”一带出土。铜马刺，又称铜蒺藜，俗称“扎马钉”。大约一寸，四尖角锋锐，随便掷地，总有一尖角向上。这种兵器撒在阵前，用以扎敌马蹄，是阻止敌骑兵进攻的一种防御武器。

世界大事记

324年，罗马编成《海摩格尼安努斯法典》。

五禽戏是华佗创建的一种中国传统健身方法，由模仿五种动物的动作组成。

329年，后赵出兵攻占上邽，杀太子熙，前赵亡。

三国　绿釉陶井（勉县长林镇杨家寨村出土）

血战潼关下　威名震北方

建安十三年（208）赤壁大战后，三国鼎立的局面基本形成。“挟天子以令诸侯”的曹操见统一全国暂时无望，转而集中力量经营黄河以西地区，占据关中的马腾、马超父子就成为首要攻击目标。

曹操首先用高官厚禄将马腾诱骗到邺城，作为人质加以软禁，然后采取假途灭虢的战略，想出其不意地消灭马超。马超识破了这一阴谋，于是联合韩遂、侯选、程银等十部关中地方力量和一些氐、羌族渠帅，组成关西联军，起兵反曹。曹操得知马超等人起兵反抗，便亲自指挥大军，于建安十六年（211）八月杀到潼关脚下。骄傲轻敌的曹操下令大军从潼关北边强渡黄河，自己只率领数千人马断后，与马超在潼关前对阵交锋。马超率先冲入敌阵，势如利剑直奔曹操马前，部下一万多凉州兵也挥舞长矛，奋力向前掩杀。曹兵早就听说马超英雄了得，又见凉州兵来势凶猛，遂不敢久战，拼命保护曹操向后撤退。马超下令开弓放箭，射杀正在渡河的曹军，曹军失去掩护，阵势顿时大乱，被乱箭射死和掉到水里淹死的不计其数，余部只好掉转船头，狼狈退回黄河东岸。这就是三国历史上有名的马曹潼关之战。

三国 彩绘佩弓男立俑

蒲城县博物馆藏。俑高32.4厘米，泥质灰陶，人物直立，头戴高冠，身穿圆领长袖衣，腰部右方挂一箭囊，左侧腰挂一弓箭箙，内置弓箭一把，双手袖拢于腰，神态安详。

马超墓祠

马超墓，在勉县城西马公祠村。马超是三国蜀汉先主刘备的“五虎上将”之一。墓前有清代陕西巡抚毕沅题“汉征西将军马公超墓”石碑一通。马公祠正殿三间，偏殿三间，正殿门额悬挂“汉斄侯祠”木匾，内塑马超彩绘泥像一尊。

转战投四方 英年竟早逝

曹操潼关受挫后，便引军北上，很快占领了渭北地区，准备兵进渭水以南。马超等被迫放弃潼关，把防线撤到渭南。两军夹渭水相持一月有余，互有胜负。由于关西联军其他将领各怀异心，不能团结对敌，在渭南大战中又相继中了曹操的埋伏和离间计，联军最终为曹军击败。马超被迫率领凉州兵残部退出关中，开往凉州。曹操深知马超在凉州甚得民心，是个心腹大患，但又怯于他勇冠三军，不敢挥兵穷追，因而发出了“马儿不死，吾无葬地”的感叹。后来，曹操又下令把在邺城的马腾及全家老幼200余口全部杀害，以泄潼关败兵折将之恨。

马超退到凉州后，怀着对曹操杀父灭族的深仇，重整凉州兵马，自称征西将军，横行陇西达两年之久，后来又南下投奔汉中的张鲁。建安十九年（214），马超率凉州兵秘密离开汉中，去投奔益州的刘备，刘备思贤若渴，遂任命马超为平西将军。在刘备攻取益州和汉中的战争中，马超立下了汗马功劳。公元221年，刘备在益州称帝，马超升迁为骠骑将军，领凉州牧，并被晋封“斄（音tái）乡侯”。马超作为刘备统治集团的“五虎上将”之一，名列关羽、张飞之后，赵云、黄忠之前。由于长期的奔波和鞍马劳累，加之父仇未报，又受到刘备集团个别人物的猜忌排挤，正当壮年的马超身染重病，于刘备称帝后的第二年病逝，年仅46岁。

马超死后，被安葬在汉中的“沔水之阳”。沔水古称“汉江”，沔水之阳即是汉江北岸。在今勉县县城西约六华里的马公祠村外，犹有马超墓。后人为纪念这位三国时期的著名战将，又在墓南约100米处修建了一座祠堂，称为“马公祠”。

知识链接

【凉州三明】

皇甫规（字威明）、张奂（字然明）、段颎（字纪明）是东汉末年平定西羌的三大名将，三人皆为凉州人，时称“凉州三明”。三人不仅功勋卓著，而且研经习道，文、武并称，名重一时。

世界大事记

325年，尼西亚宗教会议制定《尼西亚信条》。

窦武、刘淑、陈蕃。

330年，东晋始行度田收租制，亩税三升。

为天有眼兮 何不见我独漂流
一代才女蔡文姬

在今陕西蓝田县三里镇蔡王村旁，有一座密林环抱的大冢。这就是汉魏间著名女诗人蔡文姬的埋骨之处。据说村中的百姓都是当年为蔡文姬守墓人的后裔，他们世代忠于职守，在此生存繁衍，后来便发展形成了今天的蔡王村。

蔡文姬画像

出身名门 流落匈奴

蔡文姬，名琰，字文姬，陈留圉（今河南杞县南）人，出身于名门世家，她的父亲是东汉末年著名文学家蔡邕。蔡邕博学多才，不仅工于辞章和书法，而且精通天文数理，妙解音律。汉灵帝时他为官侍御史、中郎将，是当时洛阳文坛的领袖。蔡文姬自幼受父亲熏陶，孩童时就已精通音律，十几岁便成为京都闻名的才女。

自从出嫁之后，蔡文姬似乎就开始了悲剧的一生。她的第一位丈夫是河东卫仲道，婚后不久即染病而亡，蔡文姬年纪轻轻就成了寡妇，又无一儿半女，只好回到娘家居住。董卓挟汉献帝迁都长安时，蔡邕也被强制同行，蔡文姬便随父亲来到长安。后来董卓被杀，蔡邕也被牵连入狱，最后冤死

东汉 三螭纹韘形玉佩

1982年华阴市岳庙乡油巷新村刘琦墓出土。长10.2厘米，宽6.4厘米。该玉佩平面呈椭圆形，中间为一椭圆形孔。三只螭虎口衔椭圆形环，构思巧妙，造型独特，用细如毫发的游丝刻线和圆浮雕的手法，镂空透雕，表现了螭虎刚劲有力的身躯。玉佩通体温润细腻，晶莹透亮，光泽如脂。制作精细，用刀简洁，线条流畅明快。加之在地下埋藏千年，亮红色的沁色，更是鬼斧神工、妙趣天成。

历史百科问答：东汉末年，北海高密（今山东高密）有一位遍注群经的经学大师，他是谁?

南宋 《文姬归汉图》（陈居中绘）

世界大事记

330年，君士坦丁迁都拜占庭，更名为君士坦丁堡。

郑玄。

337年，鲜卑慕容皝称燕王，建燕国，史称前燕。

蔡文姬墓（蓝田县三里镇蔡王村旁）

狱中。不久，孤苦无依的蔡文姬被羌胡番兵掳获，押往北方，从此开始了她背井离乡、颠沛流离的悲惨生活。

胡笳凄凉 征雁断肠

车辚辚，马萧萧，一路北行，受尽了番兵的凌辱和折磨，一想到父亲惨死，百姓遭殃，而自己却流落异域，命运难卜，蔡文姬悲愤难抑，写下了凄凉哀怨的五言诗——《悲愤诗》。诗中既有对董卓的愤怒谴责，也有对朝廷衰败无能的深刻揭露；既有对胡将番兵烧杀掳掠的真实描写，也有对百姓平民乱世遭遇的深切同情，因而流传千古，催人泪下。

在饱受路途颠簸折磨之苦后，蔡文姬最终流落到南匈奴，被迫嫁给了南匈奴左贤王为妾。在朔风怒号、霜雪飘飞的大漠，蔡文姬习惯了异域异族异俗异语，学会了吹奏“胡笳”，但她无时无刻不在思念自己的故乡，她在此时写下的《胡笳十八拍》中，便以沉痛凄凉的笔触描写了自己的悲惨遭遇和对家乡的思念。仰望苍穹，她用胡笳发出凄厉的质问：

为天有眼兮，何不见我独漂流？
为神有灵兮，缘何处我天南海北头？
我不负天兮，天何配我殊匹？
我不负神兮，神何殛我越荒州？

文姬归汉 诗作传世

也许是一位弱女子痛苦万端的呼唤终于感动了苍天，当年曾向她父亲蔡邕求教的曹操在统一北方之后，怀念师恩，无以报答，当他听到蔡邕唯一的女儿被掳往南匈奴后，立即派遣使者周近携带黄金千两和白璧一双出使匈奴，要求赎回蔡文姬。此时已归顺中原的南匈奴不敢违抗，遣人护送蔡文姬回中原。多年的梦想终于变成了现实，一想到马上就可以回到魂牵梦绕的故乡，蔡文姬欣喜若狂，但面对多年来对自己呵护有加的匈奴丈夫和膝下两个天真无邪的儿子，她又禁不住心如刀绞，泪流满面。蔡文姬感叹自己命运的凄苦，伤心骨肉分离的凄惨，她一步一回头，强忍着摧心裂肺的巨痛，在汉使的催促下，毅然登车，启程回国。

回国之后，曹操亲自做媒，将蔡文姬嫁给了她的同乡董祀为妻，蔡文姬终于结束了颠沛流离、多灾多难的生活。后来董祀被曹操任命为长安典农中郎将，蔡文姬跟随丈夫又一次来到古都长安。在长安期间，蔡文姬怀着对父亲的怀念之情，奉曹操之命整理蔡邕生前的作品。她凭着博学的才能和超人的记忆力，废寝忘食地背诵默写，最终使蔡邕的400多篇作品得以保存，并流传后世。她将自己颠沛流离、备尝艰辛的经历谱写成的《胡笳十八拍》，被称为我国古代文学史上的第一部自传体五言长篇叙事诗，其诗“真情穷切，自然成文”，在“建安文学”中风格独具。

知识链接

【建安七子】

建安七子指东汉末年建安年间的七位著名诗人。他们是：孔融、陈琳、王粲、徐干、阮瑀、应玚（音yáng）、刘桢。“七子”之称始见于曹丕所著《典论·论文》：“今之文人，鲁国孔融文举、广陵陈琳孔璋、山阳王粲仲宣、北海徐干伟长、陈留阮瑀元瑜、汝南应玚德琏、东平刘桢公干。斯七子者，于学无所遗，于辞无所假，咸以自骋骥騄于千里，仰齐足而并驰。”

诸葛亮与五丈原

出师未捷身先死 长使英雄泪满襟

清 “醇儒气象”木匾

“醇儒气象”木匾悬挂在勉县武侯祠过殿内。匾长214厘米，宽73厘米，蓝底金字，四周有六条金龙和祥云纹图案组成的匾框，匾左侧落款为“雍正乙卯三月果亲王题”。“醇儒气象”四字，用笔丰润洒脱，结构谨严，骨气中藏，雍容华美。

五丈原位于今陕西岐山县南约20公里，南依秦岭，北临渭水，居高临下，地形险要。这里曾经是三国时期蜀汉丞相诸葛亮北伐中原最后一次驻兵下寨的地方，也是这位中国历史上光耀千秋的政治家、军事家黯然陨落之处。

兵出褒斜道 病死五丈原

刘备去世前，曾将身后大事托付给诸葛亮。诸葛亮受命以来，殚精竭虑，曾数次北伐中原，力图完成匡复汉室的大业。公元234年春天，诸葛亮率领十万大军，再次踏上了北伐中原的漫漫征途。大军由褒斜道穿越秦岭，挺进关中西部，屯驻于五丈原。五丈原紧靠褒斜道的北口，东西两侧都是河流冲刷的深沟。这里地形险要，易守难攻，乃“高平广远，行军者必争之地”。据守五丈原，进可以兵渡渭水，占领渭北，直取长安；退可以迅速撤入褒斜道，使敌军不敢穷追。魏军前来抵御蜀军的主帅，仍然是诸葛亮的老对手司马懿。司马懿，字仲达，是曹魏重臣名将。他老谋深算，认为诸葛亮北伐的致命弱点是远来疲惫、粮草不继，因此只能追求速战速决，避免持久作战。于是他亲自带

诸葛亮画像

世界大事记

339年，波斯萨珊王朝迫害基督教徒。

东汉王符。

386年，鲜卑拓跋珪称代王，都盛乐，改称魏，北魏始建立。

兵进驻于渭水北岸的三刀岭（今陕西岐山三刀岭村），并命令雍州刺史郭淮占据渭水北岸的积石原（在今陕西眉县北），以堵塞蜀军兵进渭水北岸的道路。司马懿下令魏军坚守不出，想以持久战拖垮诸葛亮。

诸葛亮也总结了以往北伐功亏一篑的教训，加强粮草运输，除了使用"木牛流马"运送粮草外，还令一部分蜀军就地屯田种粮，作持久战的准备。由于诸葛亮治军严明，秋毫无犯，军民相处颇为融洽。但诸葛亮十万大军劳师远征，与魏军速战速决仍然是最佳选择，所以在两军对峙期间，诸葛亮千方百计挑战司马懿，但司马懿一直免战牌高挂，按兵不动，闭垒不出。诸葛亮甚至派人给司马懿送去了凤冠锦衣，想以此激怒司马懿出兵作战。谁知司马懿竟不为所动，且不顾"遗笑天下"之耻，笑

武侯祠

位于勉县城西四公里处川陕公路南。据《三国志·诸葛亮传》载："景耀六年（263）春，诏为亮立庙于沔阳。"故勉县武侯祠是全国各地武侯祠修建最早者。武侯祠现存建筑为明、清建筑，有牌坊、过殿、献殿、大殿、厢房等。大殿内有诸葛亮彩绘泥塑像一尊，纶巾、羽扇、道袍、皂靴，神态自然，两侧为关兴、张苞站立塑像。祠内建筑遍悬匾、联。匾额有"高山流水""代仰清高""醇儒气象""大汉一人""伯仲伊吕""忠贯云霄"等，对联有1928年冯玉祥将军题"成大事以小心，一生谨慎；仰流风于遗迹，万古清高"等。

清　凤翔木版年画《定军山》

定军山

定军山在勉县城南五公里，东西绵亘十余里，是一个古代战场。三国时，蜀将黄忠刀斩夏侯渊、赵颙于此，历史上遂负盛名。定军山有十二峰，号称“十二连峰”。两个主峰东西分立，中一小峰，号称“二龙戏珠”。西侧主峰顶上有一个锅底形的大洼，周约三里，即三国时称为“可屯万兵”的“仰天洼”；山北开阔地带叫“武侯坪”，即当年黄忠大战夏侯渊的战场；再北即为诸葛亮做八阵图的故址。“武侯坪”一带至今常发现箭镞、扎马钉等兵器。

容满面地当着使者的面穿上女人衣服，装模作样地走了几圈，还向河对岸的蜀营拜了三拜，感谢诸葛亮的赐赠，但始终不肯出营作战。两军相持100多天，诸葛亮求战不得，一想到先主托付，更是夜不能寐，饭量日减，最终积劳成疾，“忧恚呕血”。为防止军心动摇，他仍是每天挣扎起身，事必躬亲。司马懿听说后心中大喜，向众将说道：“诸葛亮命不久矣！”果不其然，不久诸葛亮便病死五丈原军中，年仅54岁。他临终前曾留下遗言：“葬汉中定军山，因山为坟，冢足容棺，敛以时服，不须器物。”如此朴素节俭的葬礼，使人不由肃然起敬。

智退活仲达 千秋落星亭

诸葛亮死后，蜀军长史杨仪、将军姜维等按照他生前安排，秘不发丧，并组织全军有条不紊地撤退。司马懿料知诸葛亮已死，便挥军追赶，不料此时蜀军鼓声大作，后军回头，作出反击之势。司马懿大为吃惊，以为诸葛亮诈死诱战，急忙下令后撤，不敢再行追击。后来司马懿听说蜀军一撤回汉中，便全军缟素，哭声动地，他后悔莫及，自知智谋远逊于诸葛亮。当司马懿仔细观察了蜀军在五丈原的营垒布置后，内心由衷地称赞说：“诸葛亮真是天下奇才啊！”后来此事被关中百姓传为谣谚：“死诸葛能走生仲达。”

据说，诸葛亮去世的当天夜晚，一颗巨大的星星从天而降，其坠地之声如雷。现在五丈原上的农田中有一道河湾，名字叫落星湾，就是因此而来，落星湾旁边的村庄就叫落星堡。元朝初年，人们为了纪念这位三国时期杰出的政治家、军事家，在五丈原的西北部修建了诸葛武侯祠，祠内还专门建了落星亭。明清两代又曾多次重修武侯祠。

东汉　辘轳灯（西安市大白杨废品回收库征集）

知识链接

【“凤雏先生”庞统】

庞统，号“凤雏”，三国时荆州名士，曾与诸葛亮齐名，时人称两人为“伏龙、凤雏”。庞统容貌丑陋，初不被孙权重用。后入蜀国，成为刘备军师。陈寿在《三国志》中赞曰：“庞统雅好人流，经学思谋，于时荆、楚谓之高俊。”

世界大事记

376年，西哥特人进入罗马帝国，欧洲的民族大迁徙开始。

曹操、曹植、曹丕。

东汉 车马出行图壁画

定边县郝滩四十里铺村出土。高140厘米，长180厘米。该墓壁画保存完整，壁画用黑、白、红、蓝四种颜料绘成。车马出行图反映了墓主人乘车出行的场景。该壁画颜色艳丽，绘画技艺娴熟，在迄今为止已发现的东汉壁画中尚属罕见。

扶风博士 巧思绝世
自学成才的机械制造家马均

马均，字德衡，扶风郡（今陕西兴平东南）人，三国时期杰出的机械制造家和发明家。他发明和改良了许多机械工具，为中国古代科技的发展作出了重要贡献。

改进织绫机 发明新水车

马均出身贫寒，少时勤奋刻苦，好学不倦。他长期生活在乡间，终日为家中生计操劳奔波，因而对繁重的体力劳动有着深刻的体会。马均非常重视生产工具的构造，他自学机械原理，力图有所改革创新。他钻研机械的第一个成就就是改进织绫机。当时的织绫机是一种形体笨重、构造复杂的木制机械，有50—60个踏板，织起来费时费力且效率很低，往往要花费两个月时间才能织成一匹绫。马均经过刻苦钻研和反复实验后，制造出了一种只用12个踏板操纵的新式织绫机，并很快在全国各地推广使用。

指南车模型

曹魏初年，马均被征召为博士，魏明帝时为给事中。但马均无心仕途，经常不是埋头摆弄机械，就是走出家门探究学问。他认真研究了过去简单的木制机械提水工具翻车，创造出一种操作轻便、能不断把河水提上坡地的新式灌溉机械——龙骨水车。龙骨水车由踏板、齿轮、链条（即“龙骨”）、串板和水槽五部分组成，工作时要不断踏动齿轮轴端的踏板，以带动链条，使串板将水刮入水槽连续运转。龙骨水车轻便灵巧、功效很高，是当时世界上最先进的提水工具之一，至今在有些地区仍被使用。

重造指南车 水轮转百戏

传说指南车是人文初祖黄帝发明的。东汉时期的科学家张衡也造过指南车，但不久就失传了。一次，马均与众人闲谈时，散骑常侍高堂隆和骁骑将军秦朗都极力否认古代有过指南车，认为史书上的记载荒诞不经。马均则认为古代确有指南

汉代 铁棘轮

西安市千户村出土。铁铸，16齿，为制动齿轮。轮齿为单向齿，两边齿廓不对称，与止逆爪配合能起到制动的作用，一般用在起重机械上。这件铁棘轮的发现，为研究汉代机械应用、手工业生产提供了重要的物证。

世界大事记

392年，罗马皇帝狄奥多西一世宣布基督教为国教。

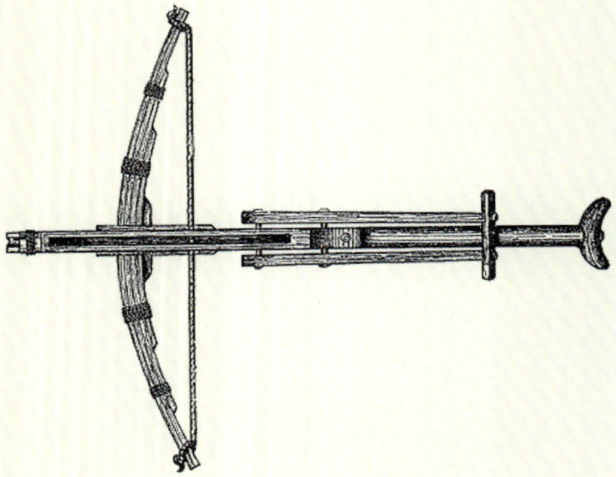
诸葛连弩

三国·魏 “黄初七年造”铜弩机（勉县年营砖厂出土）

车，如果仔细研究，制造出来也并非难事。高、秦二人都嘲笑他异想天开，并说：“马先生，您大名为均，贵字德衡，‘均’为陶器的模具，‘衡’是确定东西轻重的天平。您现在连轻重都难以定夺，还想做出模具吗？”马均回答道：“空谈高论有什么意义？不妨一试，便见分晓。”高、秦二人后来把这场争论告诉了魏明帝，魏明帝便下诏命马均试造一辆指南车。在没有实物和图纸的情况下，马均经过苦心思考，根据机械运动的原理，在工匠们的协助下果真成功制成了一辆指南车。魏明帝看后惊叹不已。从此以后，但凡皇帝出行，都将马均制造的指南车排在仪仗队的最前面引导方向，以显示皇帝的地位与权威。

魏明帝青龙年间（233—236），有人献上了一套“百戏”木偶，这套木偶造型优美逼真，但不能活动。魏明帝便问马均能不能使这些木偶活动起来，马均很有信心地回答说：“能。”他在自己设计制作的木偶小戏台下，用一根大圆木刻制了一个原动轮，轮间设置各种机关与台上的木偶相连接，然后利用水力推动原动轮，再牵动所有的木偶，使之活动起来表演各种动作，其间各种场面渲染，热闹非凡，变化多端。魏明帝和文武百官看得眼花缭乱，叫好称妙声不绝于耳，时人称之为“水转百戏”。

构造觅玄机 创造新兵器

马均在兵器制造方面也有着卓越的见识与创造。蜀国丞相诸葛亮曾经改进了装有机栝的连弩，一次可以连续发射十支利箭。马均在研究了魏军缴获的这种武器后说：“巧是确实很巧，但还不够完善。”他认为如果把不足之处改进一下，一次就可以连续发射50支利箭。

马均还试图改进当时的攻城武器——发石车。过去的发石车是利用弹射的力量抛出石块以杀伤守城的军事人员，但每次只能发击一石，速度慢、射程近、威力小。马均利用物体进行圆周运动时产生的离心力原理，设计研究出一种转轮式发石机，每次可以连续发射几十块巨石，具有速度快、射程远、攻击力强的优点，这在当时是一种很厉害的新式攻城武器。可惜由于得不到当时魏国军事统帅曹爽的重视，这种发石机始终没有应用到战场。

知识链接

【“馒头”的由来】

相传诸葛亮南征孟获时，大军行至泸水，瘴气很重且泸水有毒，按当地风俗要用人头来祭祀河神。诸葛亮改革以人头祭祀的风俗，而用面团包肉，并捏成人头状供祭，谓之“蛮头”。后人便以“馒”代替了“蛮”字，久之，“馒头”便成了北方人的主食。

西晋

公 元 2 6 5 年 — 公 元 3 1 6 年

西晋时期全图（太康二年，281年）

选自谭其骧主编《简明中国历史地图集》

西晋

傅氏三名士 魏晋称风流

魏晋名士傅嘏及傅玄、傅咸父子

魏晋时期，泥阳县（今陕西铜川耀州）傅氏是当地有名的世家大族，其开宗者就是汉昭帝时只身刺杀楼兰王的傅介子，其后世代出高官显宦和文学才俊，其中尤以魏晋时期的傅嘏（音gǔ）及傅玄、傅咸父子最为著名。

三国傅嘏 当世高流

傅嘏出身官宦，其祖父曾为郡太守，伯父官至侍中，父亲傅充为曹魏时期的黄门侍郎。傅嘏弱冠即以学识渊博、能言善辩知名天下。正始初年，他官拜尚书郎，迁黄门侍郎。当时朝政萎靡，以吏部尚书何晏为首的一批世族名士崇尚空谈，以不务俗事为清高，鄙薄寒门，生活放纵，遂成一时风气，号称“正始之音”。傅嘏为人正直，看不惯这种风气，便公开抨击何晏“好利不务本”，并由此得罪权贵，被罢免官职。司马懿诛曹爽、何晏等人后，傅嘏才出任河南尹、尚书仆射等显要职务。

傅嘏不但善于明辨人才优劣，且对军国大事每有先见之明，被史学家陈寿和裴松之誉为“当世高流”“有识名士”。当时群臣纷纷建议征讨孙吴，唯有傅嘏从战略高度考虑，认为伐吴时机尚未成熟而极力劝阻。司马师为众言所惑，没有听从傅嘏的建议，最后使伐吴三策全部落空。一次，孙吴主帅诸葛恪出动大军，扬言北伐青、徐二州，引起曹魏朝中一片恐慌。傅嘏审时度势，认为诸葛恪只是虚张声势，不足为虑，后来事态发展果如傅嘏所言。

魏明帝青龙三年（255），曹魏镇东将军毌丘俭与扬州刺史文钦以讨伐司马氏为名发动叛乱，傅嘏遂进劝司马师亲征平乱。当时司马师正患眼疾，听了傅嘏之言后，立即从病床上一跃而起，即日出征。傅嘏在军中运筹帷幄，出谋划策，迅速平息了叛乱。司马师病死军中后，傅嘏秘不发丧，并急召时在许昌的司马昭前来主持军务，稳定了军心。司马昭还都后，进封傅嘏为阳乡侯。不久傅嘏即病逝，时年47岁。其子傅祗（音zhī）、孙傅宣均以家学渊源名重当时，同族近支兄弟傅玄及其子傅咸更是以文学才情饮誉天下。

傅玄立朝 台阁生风

傅玄，字休奕，其父傅干曾任扶风太守。傅玄博学多才，精通音律。曹魏时，他历任郎中、温县县令、弘农太守、散骑常侍等职。西晋建立后，他

北魏 彩绘镇墓兽

1998年长安区韦曲镇韦彧墓出土。高15厘米，长22厘米。此兽小耳圆眼，张口作吼状，脊背鬃毛竖立，前肢伏地，后肢蹬起，呈前扑状。用圆雕和刻划的手法，将镇墓兽机警、凶猛的神态表现得惟妙惟肖。

世界大事记

395年，东西罗马帝国分裂。

412年，法显回国，次年至建康，著有《佛国记》。

为官御史中丞、侍中、司隶校尉等，长期职掌监察，多次上书建议尊崇儒学、广开言路、改革屯田、救济灾民。傅玄为人刚直不阿，天性峻急，曾在金銮殿上痛骂朝官，举座皆惊，其一身正气使“贵游慑伏，台阁生风”。

傅玄还是当时著名的文学家。他收集前朝人物故事合编成《傅子》集，并有诗文百余卷传世。当时人将他比作战国时代的杨、墨、孙、孟和西汉初年的贾谊。傅玄的诗气势雄浑慷慨，无华美艳丽之饰。傅玄还写了一些以爱情为题材的乐府诗，如《有所思》《吴楚歌》《昔思君》等篇，语言优美而不失于质朴，善用比兴，宛转清巧，给西晋文坛增添了清新的气息。

北魏　辟雍砚（长安区北塬出土）

西晋　陶乐俑（西安市三桥镇出土）

傅咸刚直 劾按惊人

傅咸，字长虞。他刚直不阿，胆识过人，推贤乐善，疾恶如仇，深有其父傅玄之风。他为官御史中丞、司隶校尉，职掌国家监察大权，曾在奏章中弹劾结党营私、横行乡里的高官显宦和华门豪族，使“京都肃然，贵戚慑伏”。他多次上书建议裁并冗官，主张静事息役、发展农桑，对当时士大夫崇尚空谈、“斗富”比阔的骄奢淫逸风气深恶痛绝，指斥其“奢侈之费，甚于天灾”。他还采取严厉措施打击肆意恣行京都的门阀世族，使权贵畏惧、奸宄（音guǐ）敛迹，其声威远播大江南北。当时的江南名士顾荣称赞他“劲直刚果，劾按惊人，虽非周才，偏量可贵也”。

傅咸不仅是西晋名臣，也是一位著名的文学家。他的文章风格严谨朴实、厚重而不失优美，时人赞其为“近乎诗人之作”。元康四年（294），傅咸卒于官，时年56岁。

知识链接

【魏晋玄学】

“玄学”是魏晋南北朝时期流行的社会思潮。“玄”取义于《老子》“玄之又玄，众妙之门”。“玄”即是无，“妙”意为始、母。魏晋名士以“无”能否生有为中心，讨论有无、本末的关系，在此基础上建立起不同的流派，统称“玄学”。代表人物如何晏、王弼、阮籍、稽康、向秀、郭象等。

历史百科问答：魏晋时流行“寒食散”（又名“五石散”），它是怎样制成的?

读书《左传》癖 征战杜武库

文武兼备的杜预

杜预，字元凯，京兆杜陵人，西晋时期杰出的军事家、政治家和著作家，被后世推崇为一代儒将。

杜预画像

出身世家 锐意革新

杜预出身于京兆世家大族，祖父杜畿曹魏时曾官至尚书仆射，父亲杜恕为官御史中丞。生活在这样显赫的门第中，杜预自幼便胸怀大志，博通群籍。司马昭掌权以后，杜预被擢为尚书郎，并承袭祖爵丰乐亭侯。司马昭还将自己的妹妹许配给他为妻。几年后，杜预又升至相府参军，参与筹议重大军务。

公元263年，杜预以镇西长史的身份随钟会出征灭蜀。西晋建立后，杜预被任以河南尹，治理京都洛阳及其附近地区。晋武帝泰始六年（270），杜预被任命为度支尚书，掌管国家财政。他励精图治，锐意革新，先后提出并实行了广垦田以发展农业、设常平仓以备灾荒、定谷价以稳定市场、指课调以增加政府收入、整边关以加强国家防务等一系列措施，在一定程度上促进了西晋社会生产的发展。

挥军江南 消灭东吴

咸宁四年（278），西晋名将羊祜（音hù）病逝，临终前他举荐杜预出任镇南大将军，都督荆州诸军事，以完成他一统天下的未竟事业。杜预到任后，一面加紧修缮兵甲，训练士卒；一面运筹帷幄，筹划伐吴方略。他几次上表晋武帝，请求出师

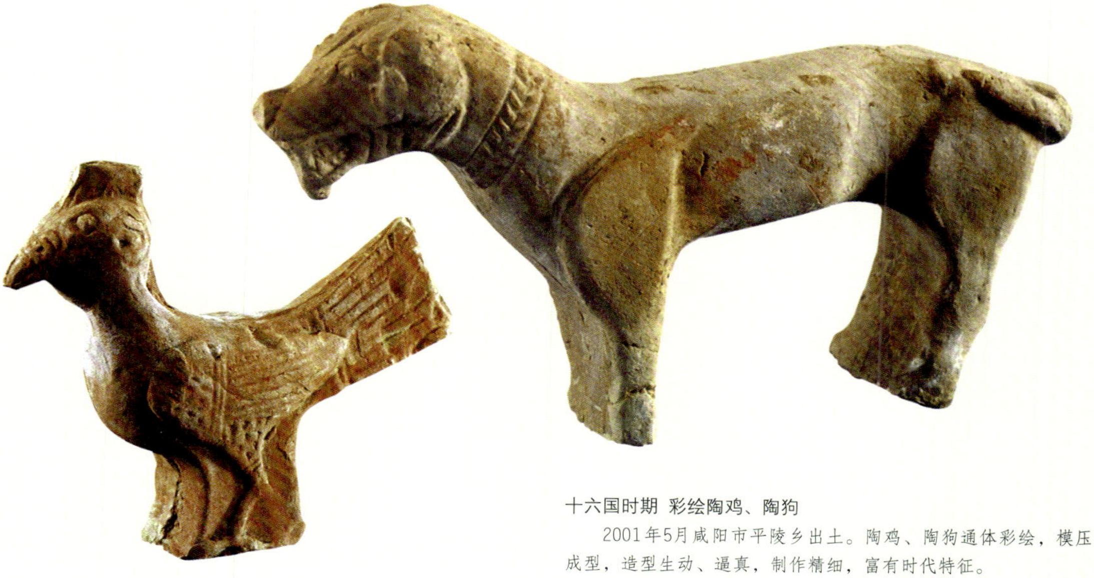

十六国时期 彩绘陶鸡、陶狗

2001年5月咸阳市平陵乡出土。陶鸡、陶狗通体彩绘，模压成型，造型生动、逼真，制作精细，富有时代特征。

世界大事记

410年，阿拉里克率领西哥特人攻陷罗马城。

由紫石英、白石英、赤石英、钟乳石、硫黄五种矿石制成。

晋 双凤纹肖形玉印

西安市征集。印高1.7厘米，边长1.5厘米。为绿松石单面印，印背平坦，兽形钮。兽头微侧，尾卷曲拖地，似作腾跃姿势。印面阴刻双凤纹。大凤长喙高冠，展翅长尾；小凤回首观望，相互呼应。该肖形印构图巧妙，刻工精细。

伐吴。在奏表中，他详细分析了东吴的内政和军备，批驳了一些大臣认为伐吴胜负难料、暂且按兵不动的观点。在杜预的力促下，犹豫不决的晋武帝决心出兵伐吴。

咸宁五年（279）十一月，杜预统帅20多万水陆大军，兵分六路出征江东。次年正月，杜预亲率荆州大军直取江陵，一路连战皆捷，并生擒东吴都督孙歆，阵斩大将伍延。长江以南许多州郡皆望风归降，其他各路大军也所向披靡，东吴政权摇摇欲坠。为了尽快灭掉吴国，杜预召集各路将领在江陵举行会议，统一部署下一步的军事行动。会上有人提出目前正是梅雨季节，道路泥泞，大军难以行动，不如等到秋末冬初雨少时节再大举出击。杜预据理反驳说："当前我军兵威大振，正应该乘胜前进，这就好像破竹一样，劈开数节之后，其余都迎刃而解了。"成语"势如破竹"即由此而来。在杜预的统一部署和督促下，各路大军加快了攻击速度，很快兵围东吴都城建康（今江苏南京）。吴主孙皓见大势已去，只好开城投降，吴国灭亡。杜预因功被封为当阳县侯。

才学称武库 书癖推《左传》

杜预不但是西晋时期的军事家，而且博学多才，在政治、律令、经学及天文历法、工程机械等方面都有高深的造诣和杰出的成就，时人称他为"杜武库"，以赞扬他的智慧像国家武库里储藏的武器一样，无所不有，无所不包。作为一代儒将，史称他"身不跨马，射不穿札，而用兵制胜，诸将莫及"；作为政治家，他政绩卓著，主管国家财政多有革新，曾主持制定了西晋国家法典——《泰始律》并予以详细注解；作为天文学家，他主持制定了"二元乾度历"，修正了旧历法误差；作为机械制造家，他不仅亲自设计并主持了在富平津（今河南孟津）修建的一座横跨黄河的大型浮桥，还制造出用水力推动的连机碓和水转连磨，提高了谷物加工效率；作为工艺制造家，他设计制造出了一套造型精美、工艺先进的仿周青铜礼器；作为史学家和经学家，杜预专心研读《左传》，废寝忘食。有一次，晋武帝问他有什么嗜好时，他不假思索地回答道："《左传》癖。"经过数年钻研，他撰写了《春秋左传集解》30卷。此书考释严密，注解准确，其中不乏独立的见解和精辟的论述，是现存最早也是最好的《左传》注解本，后来被收入《十三经注疏》。

晋武帝太康五年（284），杜预被擢升为司隶校尉，但在赴任途中不幸病逝，终年63岁。晋武帝深为痛惜，追赠他为征南大将军、开府仪同三司。杜预逝世之后，家人遵照他的遗愿，效法春秋时期郑国的名臣子产，丧事从俭，薄葬在洛阳郊外的首阳山南。

知识链接

【医学家皇甫谧】

皇甫谧，自号"玄晏先生"，是西晋名医。他一生淡泊名利，虽患半身不遂症，但每日仍嗜读不怠，留下了许多传世巨著，如《帝王世纪》《高士传》《列女传》《玄晏春秋》《针灸甲乙经》等。其中《针灸甲乙经》是我国医学史上第一部针灸学专著，为历代研习针灸学的必读书。

汉中石门和石门十三品

石门隧道天下奇观 石刻艺术汉魏珍品

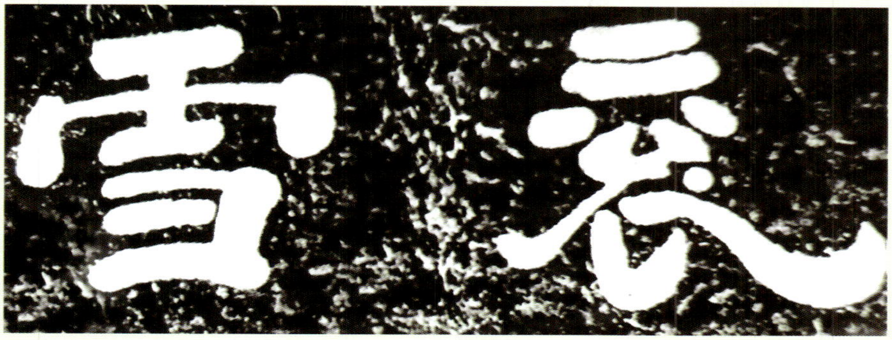

东汉末年 “衮雪”（曹操书）

据传，汉建安二十年（215）七月，曹操于阳平关打败张鲁兄弟之后在汉中停留五个月，为洗尘赏景，游览褒谷风光。曹操见褒河流水汹涌而下，撞石飞花，不由心旷神怡豪情满怀，顿觉心胸宽阔，“以狂涛巨浪流石边”为借，“衮”字旁边不用点，写下了“衮雪”二字。

在逶迤险峻的秦岭山脉中，有一条贯穿关中平原和汉中盆地的山谷，褒水流经其间。其南口名褒，在今汉中北25公里；北口名斜，在眉县西南15公里，全长235公里。自战国起，人们就在谷中凿石架木，修筑栈道，以后历代增修改良，使之成为一条从关中直通汉中、远到巴蜀的南北交通要道，名为“褒斜道”。在褒斜道南口有一条人工开凿的隧道，隧道全长16.3米、宽4.2米、高3.45米。出隧道南口，美丽富饶的汉中盆地尽收眼底，就好像汉中的北大门，故被称为“石门”。

火攻水激 开凿隧道

据《石门颂》载，石门始凿于东汉明帝永平四年（61），历时四年竣工。这条隧道是人类文明史上人工开凿的第一条隧道。石门所处的地方正当

石门遗址（汉中市）

世界大事记

419年，西哥特人在西班牙建立西哥特王国。

魏晋之际的阮籍、嵇康、山涛、刘伶、阮咸、向秀、王戎七位贤士。

424年，晋少帝被废杀，宜都王刘义隆立，是为宋文帝。

褒水出山的南口，这里山势险峻，向河突兀，修建凿石架木、缘空而过的栈道不但难度很高且费时费力，通行起来也很不安全，栈道的设计和施工者们就采用凿通山腹穿山而过的方案，使用“火攻水激”法，硬是在浑然一体、石质坚硬的山腹中打开了一条通道。所谓“火攻水激”法，即先点燃柴草用火焚烧，使坚硬的岩石受热膨胀，然后泼浇冷水，使热胀的岩石因突然受冷而发生破裂，变得酥脆多纹，再用锤凿敲打掘进。当年秦始皇征讨岭南时，工匠们就用火攻水激的方法开凿了灵渠的渠道，如今又用这种方法在秦岭中创造了奇迹。

汉魏书法 绝世珍品

石门扼南北通道之咽喉，穿山而过的隧道就成为天下奇观。自东汉开通以来，北往南来的文人墨客途经此处时莫不驻足留恋，叹为观止。他们常将自己的感叹与赞颂或留在洞内两壁，或刻写于洞外的险坡峭岩之上，更有激情洋溢之

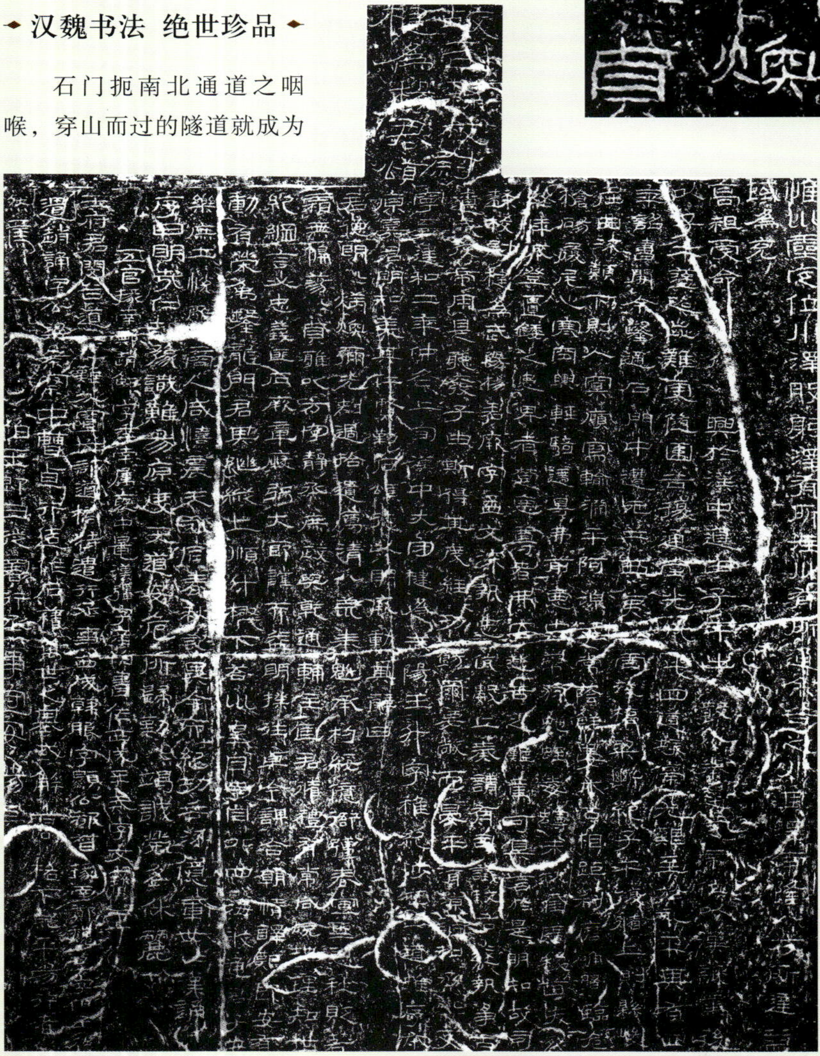

东汉《石门颂》摩崖石刻拓片

褒斜道是关中通往汉中的一条古栈道，南自原褒城县（今汉中市）的褒谷，北起眉县斜谷。《石门颂》摩崖石刻在褒斜道南端的石门洞壁西壁上，是东汉桓帝建和二年（148）汉中太守王升为歌颂杨涣修复褒斜道的功德所刻，故称《石门颂》。《石门颂》摩崖石刻高261厘米，宽205厘米，隶书21行，行30字左右不等，上连一题额：“故司隶校尉犍为杨君颂”十字。《石门颂》驰名世界，是研究我国古代交通史和书法艺术的瑰宝。特别是它的书法，历来为书坛所推崇，用笔纵放，洒脱劲挺，是汉隶的杰作。

历史百科问答：杨泉是三国时吴国的自然科学家，其代表作是什么？

东汉 “石门”拓片

人将文字刻写在沙滩巨石上，久之便形成了两岸汉至两宋的石门摩崖石刻。据统计，这些游记、诗词、铭文、题刻及历代为修复褒斜道、石门所留的纪念性石刻共100多方，是中国古代书法艺术宝库的珍品。特别是东汉到北魏时期的13方石刻久负盛名，被称为“汉魏十三品”，被现代日本书道界权威人士誉为“中国石门，日本之师”。

石门摩崖中最负盛名的汉代书法艺术作品，当推刻于东汉桓帝建和二年（148）的《石门颂》。这一石刻被誉为隶体的鼻祖和楷模，笔法纵横豪放、飘逸洒脱，既整齐规范，又富于变化，在我国古代书法艺术史上具有重要地位。

摩崖石刻《鄐（音chù）君开通褒斜道》刻于永平九年（66），隶书16行，记载了当时汉中太守鄐君及其部署督率巴蜀刑徒开通褒斜道的情况，为十三品中有确切刻石年代的最早摩崖，具有极其珍贵的历史价值。在书法上此石刻兼容秦篆、汉隶之特点，古拙苍劲，已被书法界公认为是“古隶中最早，占据首位”的刻石。如今100多方摩崖石刻大多遭到破坏，只有“汉魏十三品”得以保留下来，现已被迁移至汉中博物馆。

知识链接

【陆机的书法】

陆机，字士衡，是西晋时著名的文学家和书法家。他以擅长写辞藻宏丽之诗文著称。他撰写的《平复帖》秃笔枯锋、运笔古雅，是由隶体变草体过程中出现的“初草”。《平复帖》是我国现存最早的古代书家墨迹。

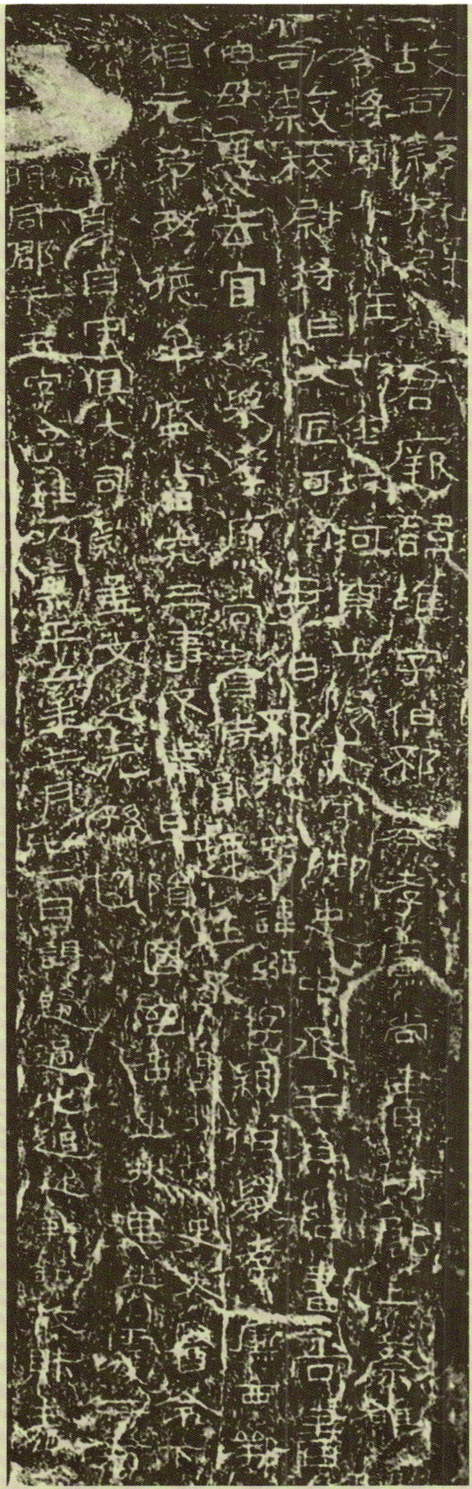

东汉 《杨淮杨弼表记》摩崖拓片（汉中博物馆）

世界大事记

420年，波斯萨珊王朝下令严禁基督教。

《物理论》。

危局多难 羊车请降

晋愍帝都长安

西晋长达16年之久的“八王之乱”，使腐朽昏暗的西晋统治更加混乱无序。公元304年，匈奴贵族刘渊首先起兵反晋，自称汉王，次年便称帝改元，建都平阳，并多次派兵向晋都洛阳发动进攻。永嘉五年（311），汉将刘曜（音yào）率领大军攻陷洛阳，俘虏了晋怀帝，并纵兵大肆烧杀抢劫，使昔日繁华热闹的洛阳沦为一片废墟，史称“永嘉之乱”。

愍帝奔长安 朝廷多危机

洛阳沦陷后，豫州刺史阎鼎等人保护晋武帝之孙、12岁的秦王司马邺西奔长安，在长安建立了临时政权。第二年四月，晋怀帝被毒死的消息传来，司马邺遂在长安正式登基，改元建兴，史称晋愍帝。晋愍帝任命麴（音qū）允为尚书左仆射、录尚书事，索琳为尚书右仆射、领京兆尹，掌握军国要政。

此时的长安，在经历“八王之乱”和汉兵的洗劫后，已疮痍满目，残破不堪，加之连年饥荒，“士民存者十无一二”。全城粮仓空空，文武百官没有官服印绶，只得杂服上朝，在桑木手板上书写自己的爵位官号。建兴三年（315），关中人尹桓、解武等率众盗掘汉文帝霸陵、汉宣帝杜陵等陵墓，获得大批金银珍宝。晋愍帝听说后，即派人前往现场，收集剩余财物以实国库，可见当时西晋的财政拮据到何等程度。

政权草创的困难艰辛尚在其次，更为严重的威胁是汉兵不断进攻关中，企图占领长安。建兴元年（313），汉将刘曜统领大军渡河进攻长安。麴允率军抵抗，结果兵败黄白城（在今陕西三原境内），晋愍帝急派索琳率军增援麴允。不料刘曜部将赵染指挥精骑5000夜渡渭水，偷袭兵力空虚的长安城。晋愍帝惊慌失措，躲入内城射雁楼。赵染遂占领了长安外城，屯驻西南逍遥园。后来晋将麴鉴从阿房宫方向率兵反击，赵染兵败，被迫撤退。此时西晋军队也在黄白城击败刘曜，迫使刘曜将兵撤回河东。西晋政权暂时度过了定都长安后的军事危机。

羊车树降幡 酒宴悲青衣

建兴四年（316），刘曜又亲率大军进攻长安，汉军迅速占领了北地郡（辖今铜川耀州、富

东晋 铜马

2000年宁强县阳平关镇出土。高118厘米，长94厘米。铜马分段铸造，马耳高耸，张嘴嘶鸣，生动传神。

平一带），并将兵锋推进至泾阳，渭河以北诸城相继陷落。八月，汉军包围了长安城，昼夜攻打不息。晋愍帝飞诏告急，镇西将军焦嵩、平东将军宋哲、新平太守竺恢、扶风太守竺爽等各率勤王兵马赶来救援。但各路援军将领或畏敌如虎，或暗怀异心，皆按兵不动。九月，长安外城被攻破，麴允、索琳只得退保内城。这时城中粮食已告罄尽，一斗米价格飞涨至黄金二两，军民死伤过半，将士离心，逃亡日众。冬十月，京师饥甚，人相食，死者太半。十一月，天气严寒，百官军民饥寒交迫，晋愍帝也无以为食，只好流着眼泪对

西晋 青瓷狮形烛台（陕西历史博物馆藏）

麴允说："如今城内穷困，外援无望，我当忍耻投降，以救待毙之士民百姓。"于是派人向刘曜递交了投降书。到了约定受降的那一天，晋愍帝赤裸着上身，口衔玉璧，坐着羊拉的小车，群臣号哭着或攀住车沿，或拉着愍帝的手，入汉营向刘曜投降。西晋王朝的统治至此结束。

晋愍帝投降以后，被押回平阳。后来汉王刘聪在都城平阳大宴群臣时，命令愍帝穿着奴仆的青色衣衫依次给汉国文武百官把盏倒酒，然后手执抹布，洗涤酒器。汉国群臣见昔日的中原皇帝青衣行酒的模样，莫不鼓掌大笑，得意洋洋。晋之旧臣在坐者见愍帝遭此欺凌侮辱，大多掩面失声而泣，不忍观看。尚书郎辛宾还扑上前去，一把抱住愍帝，嚎啕恸哭起来。刘聪见状大怒，喝令将辛宾推出斩首。公元317年底，晋愍帝遇害于平阳，时年18岁。同年，晋琅邪王司马睿在建康称帝，建立了东晋政权，历史进入了东晋十六国时期。

西晋 "晋归义羌王"金印

金印为驼钮，高2.9厘米，边长2.4厘米。印面阴刻篆书"晋归义羌王"五个字，即晋惠帝元康六年（296）以前归附于晋朝的羌王印。

知识链接

【关中齐万年起义】

西晋末年，各族民众掀起了反晋浪潮。晋惠帝元康六年（296），关中氐族首领齐万年率众起义，围攻泾阳。以后他转战各地，势力发展到数十万人。元康九年（299），西晋积弩将军孟观率京师宿卫军围攻起义军，最后齐万年在今扶风县境内的中水亭被晋军俘杀。

世界大事记

439年，汪达尔人建立汪达尔王国，定都迦太基。

《老子》《庄子》《周易》。

东晋十六国

东晋十六国

公元317年—公元420年

东晋十六国时期全图（晋太元七年，前秦建元十八年，382年）

选自谭其骧主编《简明中国历史地图集》

439年，魏太武帝拓跋焘灭北凉，北方十六国时期结束。

匈奴千里驹 长安称皇帝

刘曜与前赵王朝

自汉末战乱以来，游牧于西北边境的一些少数民族不断内迁，散布于北方各州郡，和广大的汉族人民交错杂居。这些内迁的少数民族不但人数众多，而且种族繁杂，主要有匈奴、鲜卑、羯、氐、羌等，史称“五胡”。从公元304年开始，这些少数民族上层分子和一些汉族官僚地主乘政局混乱之机纷起割据，在北方相继建立了20多个政权，其中最著名最重要的有16个，且大多为“五胡”所建，故历史上称为“五胡十六国”。

匈奴建前赵 长安为都城

十六国时期，关中仍是当时中华各民族大融合的中心和政治斗争的重心。据史书记载，战后关中平原约有百万人口，少数民族竟占有多半。在屡遭劫难的汉都长安，先后曾有三个少数民族以此为都建立了政权，这就是匈奴族建立的前赵、氐族建立的前秦和羌族建立的后秦。

西晋末年，自称为汉朝皇室之后的匈奴五部大都督刘渊起兵反晋，不久便在平阳称帝。刘渊以其族侄刘曜为大将南下征讨西晋，由此掀开了群雄逐鹿中原的序幕。

刘曜，字永明，幼时父母双亡，被刘渊收养。史书上记载说他读书不求甚解，尤好兵书，常常以乐毅、萧何、曹操自比。刘曜身长九尺三寸，垂手过膝，雄武过人，力大善射，曾经射穿过一寸厚的铁板，号称“神射”。刘渊对其甚为偏爱，称为“吾家千里驹”。公元316年，刘曜统领匈奴大军攻陷西晋的临时都城长安，西晋灭亡。公元318年，刘渊去世，刘曜趁汉国内乱之机，从长安发兵进攻平阳，不久便平息了内乱。十月，刘曜在赤壁（今山西河津西北）自立为皇帝，改元光初，次年便移都长安，改国号为赵，历史上称为前赵。

十六国·前凉 错金龙虎纹铜泥筒

1966年陕西历史博物馆征集。高11.7厘米，口径7.9厘米。这件前凉升平十三年（369）制作的错金泥筒，筒身有五道错金纹饰带，口沿下为夹缀葵瓣纹和蔓草纹，底沿上为三角几何纹和蔓草纹，中间为龙虎纹。龙虎造型矫健，线条刚劲流畅。据器底铭文可知，泥筒制造于前凉升平十三年，是帝王放置封泥的御用之物。铭文文字古拙，纹样雕镂细致。

立国仅十年 汉化多成就

前赵从开国到灭亡，只有短短十年的历史。但作为十六国时期在长安建立的第一个少数民族政权，它对于关中地区的民族交往和民族融合起了一定的推动作用。这一时期，匈奴族大量进入关中，人数多达20余万。此外刘曜还下令将20多万氐族和羌族人迁徙至长安城内，此举不仅使长安成为一个多民族汇聚的都城，而且为以后氐族和羌族在长安建立政权奠定了基础。

十六国时期 彩绘陶灯（咸阳市平陵乡出土）

据《晋书》记载，刘曜为了加强匈奴族的统治，比较注意学习汉族先进的制度和文化。他先后建立了太学和小学，聘请关中汉族名儒教授儒学和诸子百家，并亲临太学主持考试选官事宜，开创了少数民族学习汉族文化的风气。刘曜在位期间全力经营关中，并以此为基地征讨四方，争霸天下。他曾两次亲率数十万大军西征陇西的秦州和凉州，后又集中力量东进中原，与石勒建立的后赵政权争夺北方的统治权。起初前赵连战皆捷，大军曾数次渡过黄河，直抵洛阳城下。但刘曜长期酗酒成性，致使军心不稳，后来在与后赵进行的多次战争中负多胜少。公元328年，前赵大军兵败洛阳城，刘曜在昏醉中逃亡，结果马陷石渠，坠落冰上，身中十余枪，被石勒军队生擒。石勒逼刘曜给其子刘熙写信招降不果，遂将其杀害。次年，石勒兵进关中，不战而取长安，并派兵追杀刘熙，最后在今甘肃天水将刘熙及其公卿将相3000余人全部诛灭，并将其余王公及匈奴各部众5000余人坑杀于洛阳。建国仅十年的前赵政权至此灭亡了。

十六国·后赵 “石安韩丑”砖（西安市出土）

知识链接

【“中流击楫”的由来】

“永嘉之乱”后，范阳（今河北）人祖逖率宗族避祸江南，心怀北伐之志。建兴元年（313），祖逖率军渡江北伐，船行至江心，祖逖击楫发誓曰：“祖逖不能清中原而复济者，有如大江。”后人便以“中流击楫”来形容收复失地、报效国家的慷慨气节。

世界大事记

442年，罗马军队撤离不列颠。

汉。

457年，宋实行土断，流寓之人编入当地户籍。

威震北方 饮恨淝水

异军突起的前秦氐族政权与大秦天王苻坚

在前赵政权灭亡后的几十年里，北方地区出现了几个少数民族政权割据混战的局面。后来，在长安建都的氐族政权迅速强大起来，并陆续消灭了其他割据势力，统一了北方地区。这就是盛极一时的前秦王朝。前秦是十六国时期唯一的一个统一北方的国家，而完成这一统一任务的，就是号称大秦天王的苻坚。

虎踞关中 统一北方

苻坚，字永固，略阳临渭（今甘肃秦安）人。祖父苻洪是略阳当地有名的氐族首领。公元350年，苻洪趁北方大乱之际率领十万氐兵进占关中，自称秦王。次年，其子苻健建国称帝，以长安为都城，史称前秦。公元357年，苻健的侄子苻坚在氐、汉大臣的合力支持下发动政变，杀死刚愎自用、残忍暴虐的前秦皇帝苻生（苻健之子）自立，并去帝号，自称大秦天王。苻坚任用汉族儒士王猛为谋士，大力推行汉化政策，严厉打击氐族豪强中骄横跋扈分子和顽固守旧势力，革新政治，取得了显著的成效。史载前秦"百僚整肃，豪右屏气，路不拾遗，风化大行"。苻坚还注意发展农业生产，命各地官员兴修水利，并开山林川泽之禁，允许百姓采樵渔猎。他还命人将长安通向各地的大道整修一新，路边栽植杨树和槐树，每20里设一亭，每40里设一驿，极大地方便了交通旅行。当时关中流传的歌谣称赞道："长安大街，夹树杨槐。下走朱轮，上有鸾栖。英彦云集，诲我萌黎。"在文化教育上，苻坚提倡儒学，广立学校，并坚持每月亲临太学，主持考试，选拔官吏。这些措施有力地推动了前秦政治、经济、文化的发展，使前秦成为十六国中政治最为修明、实力最为强盛的政权，为后来苻坚消灭群雄、统一北方奠定了基础。

从公元370年到376年，前秦先后消灭了割据北方的前燕、前凉、代国等少数民族政权，又南取蜀地，远征西域，其版图"东极沧海，西并龟兹，南包襄阳，北尽沙漠"，赫赫声威远震异域。东北的肃慎、新罗，西北的大宛、康居甚至天竺等中外62个国家，纷纷遣使与前秦通好，史称"四夷宾服，凑集关中，四方种人，皆奇貌异色"。

骤胜而骄 一战失天下

苻坚统一北方后，骄气日盛，他不顾朝中众臣的反对，决意大举进军占据江南的东晋王朝。

淝水之战

前秦建元十九年（383）五月，苻坚亲自统领大军97万，水陆并进，征伐东晋，“旗鼓相望，前后千里”。前秦军队虽然声势浩大，但兵力分散，真正到达前线的只有苻融率领的25万主力军。东晋八万军队在谢石、谢玄和刘牢之的统率下迎击前秦大军。谢玄见前秦军队临淝水西岸而阵，便派遣使者请求其将军队稍为后撤，以便晋军渡过淝水两军决战。苻坚不知此乃晋军计策，本想等晋军半渡而击之，于是下令大军后撤。但前秦军队大部分将士不明意图，这时东晋降将朱序趁机在军中大喊：“秦军败了！秦军败了！”秦军中本就有汉族士兵不愿与东晋作战，又有许多原来被征服的少数民族上层分子各怀异志，蛊惑人心，秦军顿时阵势大乱，后撤变成了溃退，一泻千里，溃不成军。晋军趁机渡水大举进攻，苻融拍马向前约束溃军，却被溃军撞得人倒马翻，为晋兵所杀。苻坚在溃兵的裹挟下调转马头，向后奔逃。淝水一战，东晋军队大胜，成为中国古代史上以少胜多的著名战例之一。

淝水大败后，不但苻坚统一天下的雄心顿失，而且前秦国内固有的矛盾接连爆发，各少数民族上层分子纷纷拥兵叛乱。鲜卑贵族慕容垂控制关东，再树前燕旗号；慕容泓起兵华阴，建立西燕，与慕容垂遥相呼应。羌族将领姚苌在协助苻坚之子为帅的华阴之战中，因劝解不力，太子轻率出战身亡，姚苌恐惧获罪叛逃，盘踞北地郡。关陇之地鲜卑、羌、羯“不虞之变”顿现，前秦氐族政权无力应付，土崩瓦解。苻坚被姚苌俘获，缢死在今陕西彬县境内的一个名叫新平的地方。自此中国北方又重新陷入了分裂混战的局面。

知识链接

【吕光平定西域】

吕光是后凉的建立者。前秦苻坚时，吕光曾任美阳（今陕西武功西南）县令。前秦建元十九年（383），吕光奉命远征西域，西域诸国纷纷归附。吕光率兵凯旋东归时，从龟兹带回了由西域乐工组成的庞大乐队和舞队。从此龟兹乐在河西走廊凉州地区传播开来，并与汉族音乐融合成“西凉乐”。

世界大事记

455年，汪达尔人横渡地中海，摧毁「永恒之城」罗马。

460年，柔然攻高昌，以阚伯周为高昌王。

扪虱谈国事 铁腕治大秦

乱世奇才王猛

公元354年，东晋大将桓温率军北伐，不久便攻克函谷关，进军至霸上。一天，一个身穿粗布衣衫的男子来到桓温的帅帐，他相貌英俊，身材魁伟，一边口若悬河地谈论天下大事，一边旁若无人地扪着身上的虱子。桓温深感诧异，便在退兵时邀请这位男子随他回江东，共谋天下。谁知这位男子竟谢绝了桓温，而坚持留在北方。这位扪虱而谈的男子，就是东晋十六国时期号称乱世奇才、后来辅佐大秦天王苻坚统一北方的王猛。

王猛画像

北魏 彩绘陶骑马武士俑

1953年西安市南郊草场坡北魏墓出土。高37.5厘米，马长35厘米。人、马均彩绘，马双耳耸立，四肢短壮，具有蒙古马的特征。武士俑身着高圆领紧身衣，下穿长裤，左手执缰，右手作持物状。人马均披铠甲，这种甲骑具装是在魏晋时期由波斯经中亚细亚从新疆进入内地的。它是目前国内发现的最早的甲骑具装俑，反映了当时骑兵及装备的发展。

乱世奇才 出山辅秦

王猛，字景略，北海剧县（今山东寿光）人，少时家境贫寒，以卖畚箕为生。他勤奋好学，自幼便博览群书，尤喜读兵书。王猛为人“谨重严毅，气度弘远”，对琐细之事漠不关心，更不屑于与浅薄浮夸之人打交道。他曾云游四方，寻求英主，但终不遂心，便隐居华山，等待时机。大秦天王苻坚即位之前，久闻王猛大名，仰慕他的为人与风采，便派人到华山力请他出山，辅佐自己成就宏图伟业。王猛觉得苻坚能成大事，正是自己要投靠的明主，便随使者来到长安。两人见面之后开怀畅饮，彻夜长谈，大有相见恨晚之感。苻坚高兴地说：“我得到王猛，如同玄德之遇孔明也！”

铁腕治国 豪右屏气

苻坚即位后，所有军国大事都交给王猛处理，倚其为心腹股肱。王猛在苻坚的全力支持下，以铁腕治理大秦，旨在建立一个有令必行、有法必依的社会。

当时始平（今陕西咸阳西北）地近长安，是氐族豪强的聚居地，这些氐族豪强贵族飞扬跋扈，欺压百姓，无所不为，导致当地的社会秩序极为混乱。苻坚决心打击这些豪强的嚣张气焰，便让王猛出任始平令。王猛任始平令后，首先将打击的矛头对准了当地的氐族豪强，采取杀、关、迁的严厉措

北魏　彩绘镇墓兽（长安区韦曲镇出土）

北魏　褐釉执盾武士俑（长安区韦曲镇出土）

世界大事记

476年，雇佣军废黜罗慕洛·奥古斯都，西罗马帝国亡。

晋代郭璞。

471年，北魏太子拓跋宏即位，是为孝文帝。

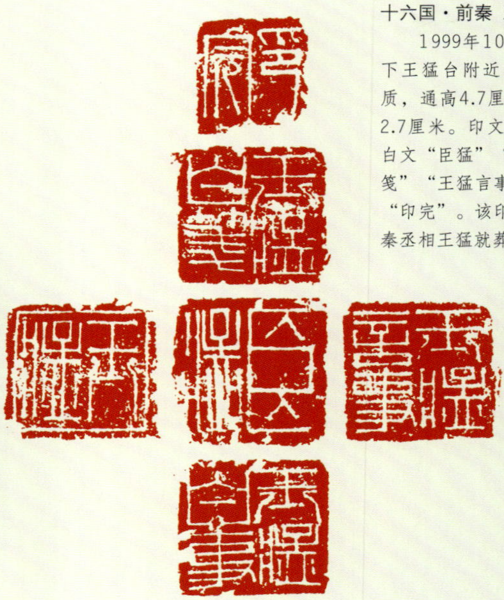

十六国·前秦 王猛煤精组印

1999年10月华阴市华山脚下王猛台附近出土。印为煤精质，通高4.7厘米，印面每边长2.7厘米。印文分别为阴刻篆书白文“臣猛”“王猛”“王猛白笺”“王猛言事”“王猛白事”“印完”。该印的发现，证明前秦丞相王猛就葬在华阴王猛台。

施予以处置，并刷新吏治，镇压盗匪，使始平的社会秩序很快得到改善。王猛在始平的所作所为引起了长安氐族豪强的痛恨，前秦开国元勋樊世公开扬言要悬王猛的人头于国门。王猛丝毫不为所惧，在调查掌握了樊世许多骄横不法的行为后，便奏请苻坚诛杀樊世。王猛行法不避皇亲国戚，苻坚婶母的弟弟强德仗势欺人，欺压百姓，王猛立即将其逮捕并处以极刑，他还在几十天之内连续处死了20多个贵戚豪强，使前秦境内“百姓震肃，豪右屏气，风化大行”。苻坚高兴地称赞说：“孤今天始知天下之有法也！”因王猛政绩卓著，不久他又升为京兆尹、后又任吏部尚书、尚书左仆射、辅国将军、司隶校尉，一年中竟被提升了五次官职。在王猛的佐助下，苻坚实行了一系列改革：在国内广建学校，提倡儒学；在关中兴修水利，劝课农桑，推广汉代的区种法，发展社会生产。这些措施的实行使前秦政治走向修明有序，人民生活趋于安定，经济实力和军事实力大为增强。

积劳成疾 天不假年

王猛见统一北方的时机已成熟，遂建议苻坚集中军事力量首先进攻割据东方的前燕政权。公元370年，王猛亲率六万精兵渡过黄河，向鲜卑慕容氏建立的前燕政权发动了猛烈进攻。前秦军队一路长驱直入，很快便攻下前燕都城邺，活捉了前燕王慕容暐（音wěi），消灭了前燕。此后，在王猛的筹划部署下，前秦陆续灭掉代、前凉等国，最终统一了整个北方地区。

由于王猛日夜操劳国事，呕心沥血，最终积劳成疾，身染重病，于公元375年病逝于长安，终年51岁。他临终之前还忠告苻坚说：“东晋虽然偏安江南，但是正统所在，国力尚强，臣死之后，陛下千万不可伐晋！”苻坚对王猛的辞世悲痛万分，流着眼泪说：“难道上天不想让我平定天下吗？为何这么快夺走了我的王景略！”长安百姓也如丧考妣，“巷哭三日”。

知识链接

【谢道韫咏雪】

谢道韫是东晋名士谢安的侄女，她聪颖博学，尤善于咏诗。一次，谢家人齐聚饮酒赏雪。谢安指着窗外漫天飞雪，让后辈咏诗。其侄谢朗咏道：“撒盐空中差可拟。”将大雪比作在空中撒盐，太俗。这时谢道韫咏诗道：“未若柳絮因风起。”意即不如说柳絮因风轻飘空中，喻意恰当，且意境优美。

北魏—东魏 鎏金佛菩萨三尊铜造像

1999年西安市未央区六村堡大刘庄出土。高35厘米。该造像是由主尊、背屏、胁侍菩萨、底座和翼形饰件组合而成。主尊佛赤脚站在覆莲蕊上，手施与愿印，法相庄严肃穆，装饰富丽华贵。造像铸造工艺精湛，覆莲座背面錾刻“比丘惠津敬造供养”八个楷书铭文。造像鎏金金光闪烁，熠熠生辉，是一件罕见的佛造像艺术珍品。

构思奇特 百回千转

关中才女苏蕙与织锦回文诗

东晋十六国时期，大江南北各出现了一位才女，占尽文坛风流。南国才女谢道韫以一句“未若柳絮因风起”的咏雪诗语惊四座；北方才女苏蕙则以一首百回千转的织锦回文诗（又称“璇玑图”）流传千古，至今为人称道。

苏蕙画像

苏家有才女 巧织回文诗

苏蕙，字若兰，始平郡人，父亲苏道质曾出任陈留县令。据说苏蕙自幼聪慧过人，三岁即开始学字，五岁学诗，七岁学画，九岁学绣，12岁便学会了织锦。苏蕙长大后姿容秀丽，能文

东晋 《女史箴图》（顾恺之绘）

设色绢本，长卷，长348.2厘米，宽24.8厘米。此图是作者依据西晋张华《女史箴》一文而画的，画面主要描写古代宫廷仕女的节仪行为，宣扬封建社会的女性道德。全图按题材划分，共12段，现存9段，均各有箴文。图中人物神态宛然，仕女端庄娴静，符合封建箴文内容。该画现藏大英博物馆。

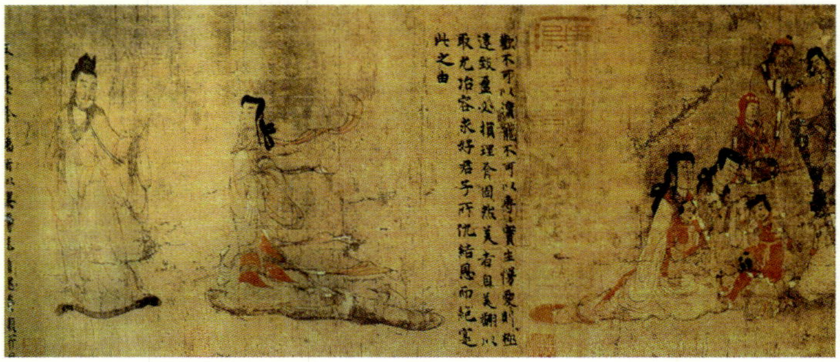

能诗，16岁时便嫁给了扶风世家大族窦氏子弟窦滔。据说窦滔相貌英俊，文武双全。两人成婚后相敬如宾，十分恩爱。

前秦苻坚统治时，窦滔曾任秦州刺史，后来他得罪了苻坚，被发配到流沙大漠。苏蕙思念丈夫不已，终日以泪洗面，将自己的思念与愤怨化为诗词，寄情于手中针、箩中线，织成了上有回文诗的锦缎。由于其构思奇特，诗情凄婉，很快便在关中各地流传开来。苻坚看到后深为感动，传旨赦免窦滔之罪，并官复原职，苏蕙才得以与丈夫破镜重圆。

诗情称绝伦 纵横皆成文

苏蕙创制的这首织锦回文诗，用五色丝线织成，上有840个字，纵横各29行，形成一个由文字构成的锦上方阵，无论从上下左右或者交叉开始，都能自成诗句，纵横回环，神妙无穷，形成千古奇观，因此被称为回文诗。唐时武则天因对苏蕙的织锦回文诗钦佩不已，便作了一篇《璇玑图序》，称赞这首诗“才情之妙，超古迈今”“五采相宣，莹心耀目”。武则天在序中描写了苏蕙为何织就回文诗的另外一个版本。序中说窦滔本是一薄情郎，十分宠爱一个名叫赵阳台的小妾，并在府外为赵阳台专门建造了一座别墅。备受冷落的苏蕙得知丈夫别筑藏娇金屋后，自然愤怨难平，大吵大闹了一回，夫妻二人自此不和。后来窦滔被苻坚任命为安南将军镇守襄阳（今湖北襄阳）时，要求苏蕙同往，却被苏蕙断然拒绝。窦滔一气之下，携赵阳台赴襄阳任上，从此

世界大事记

484年，白匈奴击败波斯萨珊王朝，建立嚈哒帝国。

古时用火烧竹，爆裂发声，故称爆竹。

487年，北魏孝文帝诏李光、崔彪重建《国书》，改编年为纪、传、表、志。

璇玑图

与苏蕙音信断绝。苏蕙愤怨与悔恨交织，便把对丈夫的苦苦思念之情与谴责薄幸之意，化为一种特殊的文学艺术形式——织锦回文诗，以期丈夫看到之后幡然悔悟，回到自己身边。

其实回文诗早在西晋时就很流行，关中名士傅咸就曾经写过回文诗，后来南梁简文帝萧纲、北宋苏东坡以及清代李汝珍等，都曾写过回文诗。但其文学成就与影响程度都不及苏蕙的回文诗。据史书记载，武则天在政事之余反复研读苏蕙的这首回文诗，从中得诗200余首。但后人对武则天的研读结果还不满意，在其中苦苦搜求，先得诗3000余首，后来又得诗4000余首，最高数字是有人声称从其中得诗达到7958首！可见苏蕙的诗情才艺确实独步古今。

今扶风法门寺西侧有个织锦巷，据说苏蕙当年就是在这里创制织锦回文诗的。

南朝 双环髻女俑

1982年5月安康市长岭红光七队出土。灰陶质，头挽双环髻，双手下垂，右手拿一袋状物。女俑面目清秀，神态自然，是南朝俑之佳作。

南朝 女俑（安康长岭红光七队出土）

知识链接

【山水诗人谢灵运】

谢灵运是南朝宋时山水诗的开创者，他一生仕途坎坷，常放浪山水，饮酒赋诗。他的诗歌多为描绘自然景物、山水名胜，意境高雅、诗画交融。其山水诗扭转了东晋以来的玄言诗风。从此山水诗成为中国诗歌发展史上的一个流派。

羌酋世家 复兴关陇

羌族姚苌、姚兴父子与后秦政权

后秦是十六国时期在长安建都的最后一个少数民族政权。其建国者是羌族首领姚苌。魏晋以前，羌族主要活动在今甘肃、青海两省的草原地带，过着半农半牧的生活。西晋时，羌族已遍布关中各个郡县，主要集中于冯翊（今陕西大荔）、北地、新平等地，人数多达几十万，近关中总人口的三分之一。

“龙骧将军”称帝长安

西晋末年，羌族首领姚弋仲率领数万羌人迁徙到榆眉（今陕西千阳），自称雍州刺史、扶风公。他曾先后归降前赵、后赵、东晋。姚苌是姚弋仲的第二十四子，自幼便随父亲征战南北。姚弋仲死后，其第五子姚襄统领其众，欲东归关中故地，后被前秦苻坚击败，姚襄被杀，姚苌遂率领部众投降前秦。

苻坚非常赏识姚苌的才能，多次委以重任，并封他为“龙骧将军”，勉励他说：“我本以‘龙骧将军’之号起家立业，这一称号从来没有给予别人，今特以相授，山南之事就委托爱卿了。”苻坚兵败淝水之后，鲜卑慕容氏乱秦，在围攻慕容泓的华阴战场，太子苻睿不听姚苌劝告，轻率出战，败死阵前。姚苌派人向苻坚谢罪，不料派去的使者被盛怒的苻坚斩杀。姚苌恐惧不安，遂率众叛走渭北，后得当地豪强支持，加之前来依附之羌胡甚众，公元384年，姚苌公开举起反旗，自称万年秦王。苻坚被擒杀后，公元386年，姚苌在长安自称皇帝，国号大秦，历史上称为后秦。

客观地说，姚苌在位期间能重用人才，兴建太学，整顿刑狱，废除苛法，惩治贪官，使前秦末年以来关中地区的混乱局面有所改善。然而，姚苌不得不与前秦残余势力连年厮杀，苻坚之族孙苻登一时拥众十余万，在关陇四处出击。公元393年，姚苌称帝已七年，期间征讨不已，终于在陇西的征战中，重病在身，噩梦不断，不久即病死长安。

独霸关陇 国势强盛

姚苌死后，长子姚兴继位。姚兴在连年的征讨中多次大败苻登。公元394年，在先后平定了安南及镇远豪族叛乱，鲜卑、杂胡及氐人叛乱之后，后

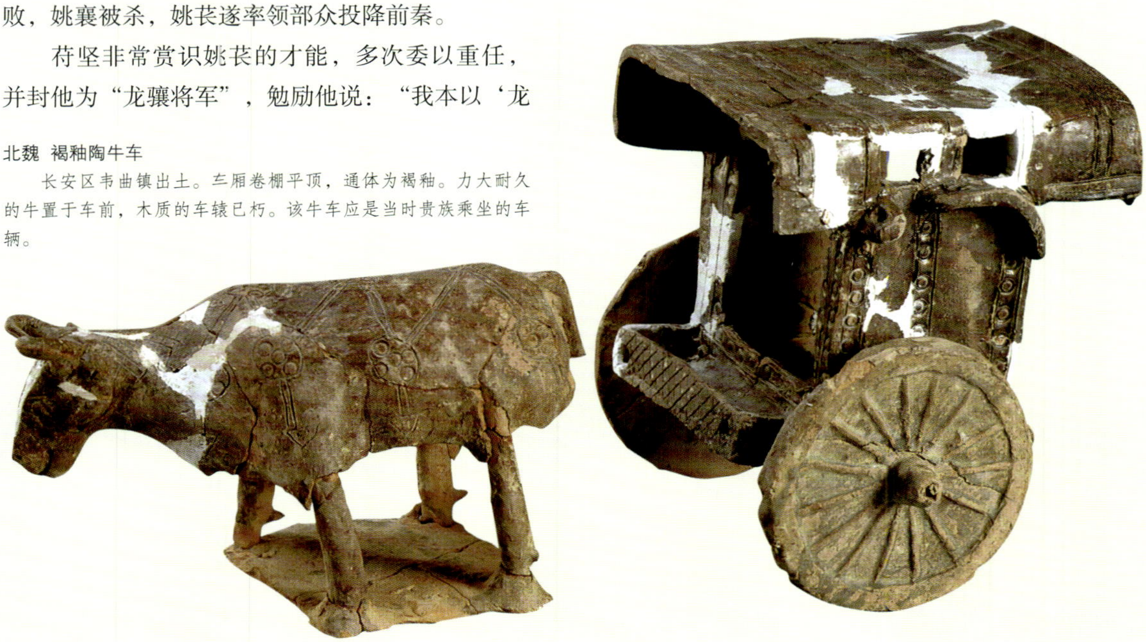

北魏 褐釉陶牛车

长安区韦曲镇出土。车厢卷棚平顶，通体为褐釉。力大耐久的牛置于车前，木质的车辕已朽。该牛车应是当时贵族乘坐的车辆。

世界大事记

486年，克洛维建立法兰克王国墨洛温王朝。

关羽。

中国大事记

488年，魏遣兵进攻百济，被击败。

秦已独霸关陇，无人可敌。

姚兴勤于政事，是一个比较开明的皇帝。他崇儒礼佛，善治国家，人有一言之善，他即授予官职以开谏路。他曾下令大量解遣奴婢，鼓励农耕，这对于关中地区人民生活的安定和生产的发展起了积极作用。为了避免地方官吏滥施刑法，草菅人命，他在都城长安设立了律学，调令各个郡县掌管刑狱的官吏入学，并经常亲自听决疑狱，国中“号无冤滞”。他崇尚儒学，并在长安兴建官学，多次召请关中名儒入学讲经，使关中儒风大盛，长安一时成为北方的文化中心，远近前来求学者有一万多人。他还大力推崇佛教，迎请西域著名高僧鸠摩罗什来长安讲经说法，并给予国师礼遇。姚兴不仅亲率群臣恭听鸠摩罗什讲经，而且亲自参与译经，使关中地区僧侣云集，寻常百姓十室九家信佛，长安也因此成为中国佛教的中心。

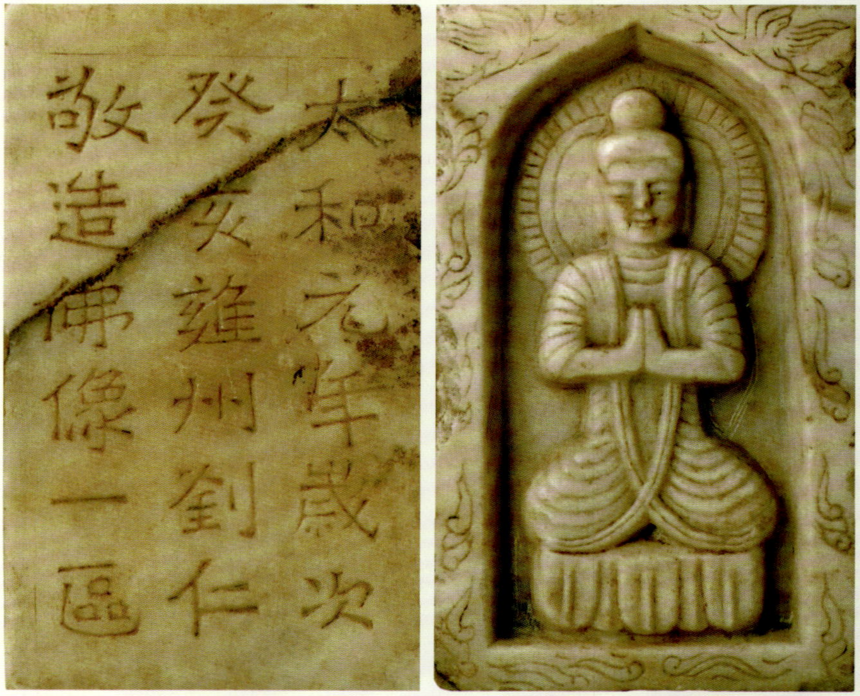

北魏　玉佛像（陈仓区博物馆藏）

十六国·后秦　吕他墓表（咸阳市窑店镇出土）

姚兴在位23年，在他统治期间，后秦攻灭后凉，降服西秦，控制了西达河西走廊，东至徐、兖二州的广大地区，成为十六国后期最强盛的国家。

知识链接

【麦积山石窟】

麦积山石窟位于今甘肃天水西南，建于后秦时期，后来经过历代王朝的不断开凿、重修，遂成为我国四大石窟之一。麦积山石窟艺术以泥塑为主，塑像的大小与真人相若，被誉为“东方雕塑陈列馆”。

踏平坎坷成大道

法显西行取经

后秦姚兴弘始元年（399）春天，在古都长安城外杨柳青青的大道上，一个须眉皆白但精神矍铄的高僧，带领几个身背包裹、脚穿麻鞋的僧友，告别前来送行的人群，踏上了西去天竺取经求法的漫长旅途。这个为首的老年高僧，就是东晋十六国时期著名的旅行家法显。

法显画像

幼年出家 矢志西游

法显俗姓龚，是平阳郡武阳（今山西临汾西南）人。他自幼出家，对佛教的信仰十分虔诚。20岁时法显受了大戒，“志行明敏，仪轨整肃”。壮年时他徒步从家乡来到了长安。当时长安不仅有闻名全国的寺院、众多的名僧大德及大量的佛教经典，还有许多来自西域和天竺的胡僧梵客。法显于是久居长安潜心求法。在十几年的求法论道过程中，法显深觉当时流传中土的佛经错误百出，有的甚至前后矛盾；特别是由于戒律经典缺乏而使佛教界腐朽混乱，一些上层僧侣甚至勾结官府欺压下层僧侣，盘剥寺院佃户。为寻求戒律和真经、弘扬佛法，年愈花甲的法显毅然决定西赴天竺（古代印度）。

北魏　朱黑奴造像碑（华县瓜支家村出土）

出生入死 舍命求法

法显同僧友慧景、道整等一道从长安出发，向西开始了漫长而艰苦卓绝的旅行。经过河西走廊、西出阳关后，法显一行闯过了令人望而却步的“流沙河”（白龙堆大沙漠），穿越了异常干旱、气候变化无常的塔克拉玛干大沙漠（又名塔里木沙漠。塔里木，在维吾尔语中是“进去出不来”的意思），翻越了终年积雪、气候严寒的葱岭地带（今

世界大事记

488年，拜占庭怂恿东哥特首领狄奥多里克出兵意大利。

前凉、后凉、南凉、北凉、西凉。

494年，北魏孝文帝迁都洛阳。诏禁胡服。

帕米尔高原），徒手跨越了横贯印度河上游两岸的长索，经过北天竺的弗楼沙国（今巴基斯坦白沙瓦），又翻越终年积雪、气候异常寒冷的小雪山后，终于到达中天竺境。这时，他的同伴们有的中途畏难返回，有的不幸病逝，有的分道而行，到达中天竺时只剩下法显孤身一人了。当手拄拐杖、白须飘拂的法显出现在中天竺境内时，当地的僧侣都为他们眼前的法显惊奇不已，十分钦佩这位第一个到达这里的中国和尚。

北魏 神龟元年刘文郎造像碑

洛川县土基镇鄜城村出土。高220厘米，宽87厘米，厚20厘米—25厘米。该造像碑四面开龛造像。正面下部刻发愿文，碑右侧及造像龛间刻供养人像。此碑刻于北魏神龟元年（518），由时任东秦州敷城令的刘文郎主持。此碑造像精美，雕刻刀法娴熟，题记书法遒劲有力，是不可多得的石刻造像珍品。

遍游天竺 广求佛经

中天竺位于恒河流域，是佛教胜迹荟萃之地。在四年多的时间里，法显几乎走遍了中天竺的城乡山野。他寻访了当地的佛教寺院和佛迹名胜，与高僧谈经论道，寻求收集经典戒律。他还参访了佛祖释迦牟尼的诞生地——迦毗罗卫城（今尼泊尔南境）。公元405年，法显来到达摩竭提国巴连弗邑（今印度巴特那），这里既是释迦牟尼“悟道成佛”及生前重要游化之地，也是恢弘佛教的阿育王的故都。法显白天同当地高僧一起传经布道，夜里刻苦学习梵书梵语，抄录经律。后来他又周游了南天竺和东天竺，并在恒河三角洲的多摩梨帝国（今印度泰姆鲁克）写经画佛像。

公元409年，法显来到狮子国（今斯里兰卡），并在此游历两年，求得了《弥沙塞律》《长阿含》《杂阿含》以及《杂藏》等四部经典。

陆去海还 圆寂江陵

公元411年秋，法显完成了取经求法的任务，便循海东归，此时距他离开祖国已经12个春秋了。在几经风险、备尝艰辛之后，70多岁的法显终于到达青州长广郡的劳山（今山东即墨之劳山），时为东晋义熙八年（412）七月十四日。法显足迹遍历30余国，历经14年，经历了人们难以想象的艰辛。正如他后来所说的：“顾寻所经，不觉心动汗流！”

后来，法显南下抵达建康道场寺，开始翻译他从天竺带回的佛教经典，直到他去世，共译出经典六部63卷，计100多万字，对后世的中国佛教界产生了深远影响。在译经的同时，法显还将自己西行取经的见闻撰成《佛国记》一书，为研究当时西域和印度的历史提供了极其重要的史料。东晋元熙二年（420），这位中国历史上杰出的旅行家、翻译家和忠诚的佛教徒圆寂于荆州（今湖北江陵）新寺，终年87岁。

知识链接

【寇谦之改革天师道】

寇谦之是北魏时的道教领袖，祖籍上谷昌平（今属北京），后迁居冯翊万年（今陕西临潼北），曾先后在华山、嵩山修道七年。他援儒入道，将原始的五斗米道（即“天师道”）改造成适合统治阶级需要的新天师道，后人称之为“北天师道”。

鸠摩罗什与草堂寺

西域神明高僧 关中佛教祖师

东晋十六国时期，有一位与关中地区佛教发展关系密切的高僧，他就是杰出的佛经翻译家鸠摩罗什。

出身显贵 道震西域

鸠摩罗什祖籍天竺，他的家族属于印度四大种姓中最高贵的婆罗门种姓，祖上几代皆任国相。其父鸠摩罗炎本应继承相位，但却坚辞不受，皈依佛门。不久他又东越葱岭，来到西域，被龟兹国王迎请为国师。鸠摩罗炎奉旨娶了龟兹国王的妹妹，几年之后生下了鸠摩罗什。

鸠摩罗什年方七岁时，母亲也看破红尘，出家为尼。鸠摩罗什便跟随母亲云游四方，开始了佛门弟子的苦修生涯。鸠摩罗什天资聪颖，每天能诵读佛经三万多字，而且无师自通，深得佛法精髓。

据说，鸠摩罗什跟随母亲到达佛教大乘教派的发源地罽（音jì）宾国（今喀布尔河下游及克什米尔一带）后，拜当地博学善辩的高僧盘头达多为师，并被国王礼请入宫。在论经说法大会上他力挫群雄，赢得了崇高荣誉，被称为“神童”。12岁以后，鸠摩罗什又跟随母亲游历

鸠摩罗什舍利石塔

位于户县草堂镇草堂寺内。塔高2.44米。是一座单层亭阁式舍利石塔，由塔座、塔身、塔顶、塔刹四部分组成。塔座是一个由山、海浪及祥云组成的圆形仙境须弥座；座上则是仿木建筑的八面形塔身，塔身以浮雕手法雕刻出倚柱、板门、直棂窗及阑额等；塔顶为四角攒尖式屋脊；塔刹由刹座、仰覆莲及扁圆宝珠构成。鸠摩罗什舍利塔是中国现存时代较早的亭阁式玉石雕刻之塔。

疏勒、温宿等国，与各国高僧一起登坛讲经，论佛说法，名声越来越大。20岁时，鸠摩罗什被龟兹国王迎请回国，奉若神明。他每次讲经时，西域诸王都长跪坛下，把自己的身体当作阶梯，让他踏身登坛，“道震西域，名被东国（指中原）”。

卷子装《大般若波罗蜜多经》

远道来长安 受封为国师

前秦苻坚统一北方后，欲将西域诸国全部置于前秦的统治之下，遂于公元382年派骁骑将军吕光率领七万大军，远征西域。大军出征时，苻坚对吕光说：“我久闻西域有一位名为鸠摩罗什的法师，他精通佛经，学识渊博，这次出兵一定要把这位法师迎请到长安来！”两年之后，吕光攻陷龟兹，遂派人迎请鸠摩罗什，并一路护送他回朝。当行至凉

世界大事记

493年，狄奥多里克建立东哥特王国，定都拉文那。

刘渊建立的前汉政权。

州时，传来了苻坚败亡、姚苌在长安自立为帝的消息，吕光因此驻足不前，并于公元386年也在凉州自立为帝，建立了后凉政权，鸠摩罗什也被滞留在凉州。公元401年，后秦皇帝姚兴出动大军攻灭后凉，并迎请鸠摩罗什到长安，将他安置在逍遥园，尊奉为国师。传说苻坚派吕光攻陷龟兹和姚兴讨平西凉的目的，都是为了得到鸠摩罗什，这从另一个角度说明鸠摩罗什在当时及后世的深远影响。

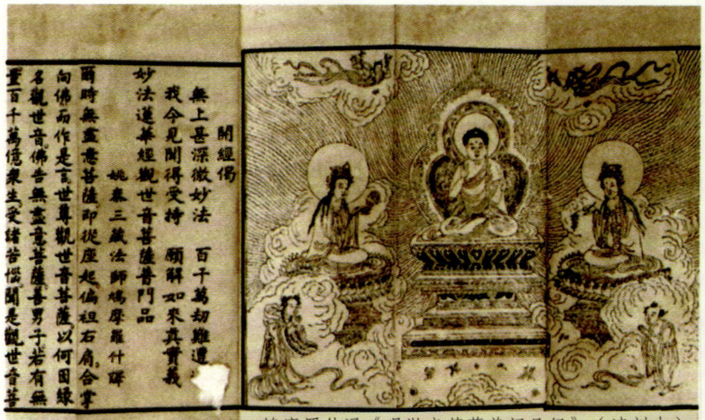

鸠摩罗什译《观世音菩萨普门品经》（清刻本）

姚兴是十六国时期颇有作为的皇帝，也是佛教的虔诚信仰者。他曾选派高僧800人拜鸠摩罗什为师，学习佛法，翻译佛经。他还常常亲自前往逍遥园，聆听鸠摩罗什讲经论道。鸠摩罗什通晓梵语、汉语及西域各国语言，在长安居住的十余年里，他主持翻译佛经35部，计294卷，其中不少译经被后世中原佛教徒尊为祖本。如《中论》《百论》《十二门论》为三论宗祖本，鸠摩罗什也因此被三论宗奉为祖师之一；《妙法莲花经》是天台宗据以开宗立派的主要经典；《金刚经》不仅直接引发了中国禅宗的形成，而且还深入民间，影响深远。

草堂寺烟雾井（户县草堂寺）

讲经逍遥园 安葬草堂寺

鸠摩罗什常在逍遥园内的草堂寺（在今陕西户县）讲经，由于他讲经说法时文辞优雅、妙语连珠、深入浅出，不仅使官僚贵族如痴如迷，而且吸引了众多的平民百姓，形成关中十家之中有九家礼佛念经的热潮。鸠摩罗什门下有弟子5000人，最出名者被后世称为“四圣”“八俊”和“十哲”。其中僧肇后来成为东晋佛教般若学大师；竺道生主张“顿悟成佛”，成为中国佛教史上重要的思想家。

公元413年，鸠摩罗什在长安圆寂，姚兴不胜悲痛，依照佛教习俗举行了隆重的火化仪式，并将其骨灰安葬于草堂寺。寺内有“八宝玉石塔”，用八色玉石雕刻镶成。传说其中五色玉石是鸠摩罗什故乡的人民跋山涉水远道送至，以纪念他们心目中这位奉若神明的高僧。

知识链接

【《心经》】

《心经》，全称为《摩诃般若波罗蜜多心经》。“摩诃”意为“大”，“般若”即“智慧”，“波罗蜜”意即“至彼岸”。因此“摩诃般若波罗蜜多心经”即是运用大智慧到达彼岸的心经。《心经》是大乘佛教的精髓，共260字，简短易读，适合现代人修读。

中国大事记

496年，魏定族姓，改拓跋氏为元氏，其余鲜卑诸姓均改为汉姓。

南望晋室 克而不据

东晋权臣刘裕北伐关中

十六国后期占据关中的后秦政权，当传至第三代国君姚泓时，骨肉相残，内乱迭起，国势日衰，成为大江南北其他割据者蚕食鲸吞的对象。跨有并、冀（今山西、河北）的北魏拓跋氏曾多次南下，窥伺关中；虎踞朔方的大夏赫连氏也屡派强骑，骚扰秦境；东晋权臣刘裕为其代晋作政治准备，也打起一统中原的旗号，准备北上伐秦。

刘裕画像

六路大军北伐

刘裕，表字德舆，小名寄奴，早年曾以织卖草鞋为业，后投身行伍，官至东晋扬州刺史、录尚书事、中外大都督，总揽东晋军政大权。为了以赫赫武功震慑群僚、达到篡晋自立的目的，刘裕于东晋义熙

十六国·夏 丰林故城遗址

位于延安市宝塔区李渠镇周家湾村北。城池由东晋十六国时大夏国皇帝赫连勃勃所筑。故城城址平面略呈三角形，北依山，西临丰富川水，东为深沟，南近延河，面积约五万平方米。现存东城墙长约300米，西城墙约150米，北面一大型敌楼高约15米，城墙残高2米—8米，夯层厚10厘米—12厘米。北宋沈括知延州时曾对该城进行考察，在所著《梦溪笔谈》中称："延州故丰林县城，赫连勃勃所筑。坚密如石，凿之皆火出。其城不甚厚，但马面极长且密。"

世界大事记

497年，拜占庭承认东哥特王国。

三国东吴、东晋、南朝宋、齐、梁、陈，亦可泛指南北朝时期。

500年，祖冲之死，他首次把圆周率推算到小数点后七位数。

十二年（416）八月亲率大军北伐，兵分六路，水陆并进，约期合击长安。

在六路北伐大军中，以龙骧将军王镇恶、冠军将军檀道济统领的一路进军最为神速，次年二月便直抵潼关城下。不久，由建武将军沈林子指挥的一路水军也前来会合，猛攻潼关。告急文书纷至沓来，后秦国君姚泓急忙加封东平公姚绍为大将军，都督中外诸军事，并令其率领五万兵马驰援潼关。姚绍一到潼关，即出城迎击晋军，结果大败而回，只好收集残兵退保定城（今陕西华阴东），凭险据守。后秦军曾三次出兵阻击东晋水军，截其粮道，但都被沈林子击溃。姚绍忧急交加，呕血而死。

分兵合击长安

义熙十三年（417）八月，刘裕抵达潼关，重新部署了兵力：令振武将军沈田子、建威将军傅弘之统率骑兵，绕道武关，进击长安；新野太守朱超石领军攻黄河渡口蒲坂，以牵制敌军；王镇恶督水师入渭河，袭击长安东

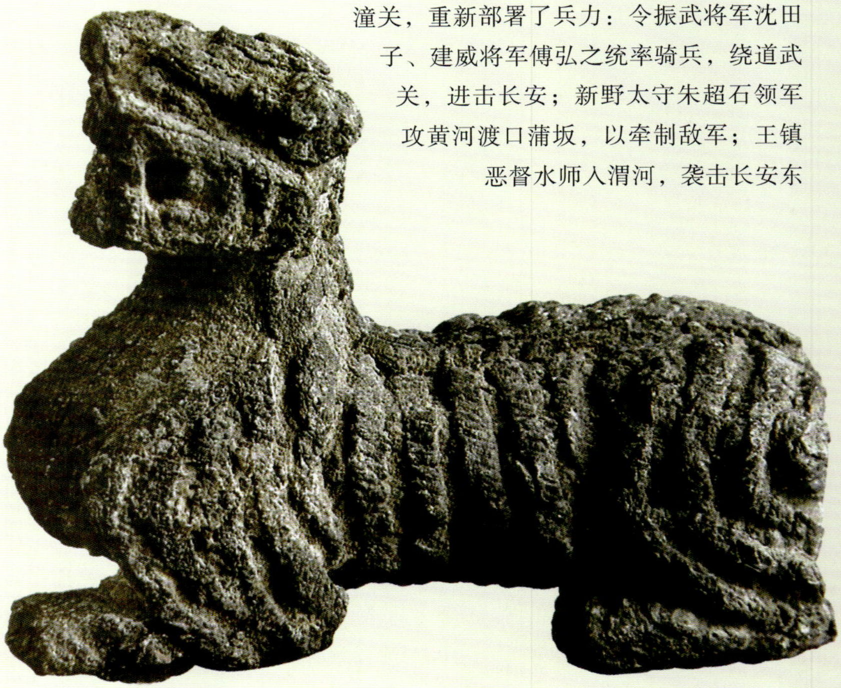

南北朝 虎符

1972年西安市文物商店移交，高4.4厘米，长5.7厘米，厚1.7厘米。虎符是古代朝廷传达命令、调动军队时的一种特殊凭信。该虎符为半面虎形，虎作伏卧状，昂首挺胸，张口吼叫，高鼻、凸眼、粗眉，双耳后抿，背脊方凸，壮尾侧卷，通体布满条状斑纹。

北齐 《校书图》（杨子华绘）

面的渭桥。部署既定，沈、傅二将便即刻奔袭武关，后秦守城兵将弃关而逃，晋军遂进至蓝田青泥。姚泓连接败报，情急之下亲自指挥步骑数万，从长安出发进击蓝田，欲将入关晋军一举歼灭，结果全军大溃，连姚泓用的乘舆法物也成了晋军的战利品。

王镇恶一路水军从潼关溯渭而上，直趋东渭桥。他身先士卒，冲入敌阵，部下将士也竞进奋击。激战多时，后秦军队伤亡惨重，士卒四散逃命。赶来增援的姚泓见后秦已溃不成军，只好单骑奔回长安。王镇恶穷追不舍，不久便攻入平朔门（长安城北门）。姚泓听说晋军已入城，慌忙携妻子儿女在数百骑兵的护送下逃奔石桥（今陕西泾阳西北），晋兵也追往石桥，将姚泓团团围住。姚泓见大势已去，只得输款乞降，立国30余年的羌族后秦政权遂告灭亡。

克关中而不据

正当刘裕与诸将在长安城中觥筹交错、歌舞庆功之际，忽接建康急报，原来是留守建康的心腹刘穆之病亡。刘裕深恐大权旁落，便决意东归。大军将发之际，三秦父老数十人跪诣军门，哭请道："残民不霑王化，已有百年，今始复见汉家衣冠，人人相贺。长安十陵，是公家祖上陵墓；咸阳宫阙，乃公家昔日旧宅，公何能忍心抛弃此情此地而奔向他方呢?"刘裕也不禁潸然泪下。然而，刘裕明白，此时的关中远离政治中心，戎夷混杂，风俗不同，人情难变，非一时之功而能治。他时刻留念的是东晋王室的动向，为代晋作最后的准备。众父老见刘裕去意已决，挽留无望，只好拭泪而退。

刘裕东返之后，留守长安的东晋诸将互相恶斗，名将王镇恶、沈田子、谋臣王修皆死于自相残杀之中。而此时，匈奴族首领赫连勃勃趁机率大夏将士南下，于义熙十四年（418）十月进入关中，尽取渭北诸郡县，而后又向长安进发。刘裕次子、安西将军刘义真惊惧畏敌，忙令左右尽取城中财宝，并强夺民间美女，满载数十大车，逃往江南。

赫连勃勃灭掉晋军主力后，进入长安。关中遂为大夏所有。

知识链接

【"贵妃"的由来】

南朝宋时，孝武帝刘骏始设"贵妃"封号，地位次于皇后、皇贵妃。《宋书·后妃传序》云："世祖（指孝武帝刘骏）孝建三年（456），省夫人、修华、修容，置贵妃，位比相国。"自隋至清多沿置"贵妃"封号。

世界大事记

516年，勃艮第人皈依罗马天主教。

十六国时期。

525年，胡太后临朝摄政，西荆、北荆、西郢诸蛮起义。

最后的匈奴

大夏政权与统万城

在今陕北与内蒙古交界的无定河北岸的荒沙大漠之中，有一座残存的古城堡，远远望去，犹如白墙银垣一般，被当地百姓称为“白城子”。这座古城堡，就是十六国时期匈奴族赫连勃勃建立的大夏政权的都城——统万城。

建立夏国 定都统万

赫连勃勃，字屈孑，出身于匈奴族铁弗部，曾祖父刘虎曾被汉国刘渊封为安北将军，父亲刘卫辰被前秦苻坚封为西单于，拥有近四万铁骑，占据朔方。赫连勃勃为刘卫辰第三子，史载他身高八尺五寸，长得膀大腰圆，孔武有力。后来刘卫辰被鲜卑族拓跋珪攻杀，赫连勃勃被迫率领族人投奔后秦姚兴，被封为安远将军，统领三万人马屯驻高平（今宁夏固原）。

公元407年，赫连勃勃自称天王，建立了与后秦分庭抗礼的大夏政权。大夏之名，取之《史记》《汉书》中所记载的匈奴为夏后氏之后裔的传说，意在复兴大禹之事业。雄心勃勃的赫连勃勃认为原来的刘氏气势不足，他要“继天为子”“实与天连”，故改姓赫连。大夏政权建立后，赫连勃勃曾多次率领精兵铁骑西进南下。安定（今甘肃泾川北）一战，俘获后秦军队45000人，战马两万匹；杏城（今陕西黄陵）一战，坑杀后秦军队两万人。赫连勃勃屡战屡胜，使后秦丧师失地，国力不断削弱。

公元413年，赫连勃勃来到朔方之北、黑水（今无定河支流淖泥河）之南，深为当地山丘起伏、水草丰美的景色所吸引，感叹道：“美哉斯阜，临广泽而带清流，吾行地多矣，未若有斯之美！”遂征发胡汉各族人民十万余众在此营建都城。赫连勃勃自恃兵强马壮，一心想当天下共主，扬言要“统一天下，君临万邦”，因此将新都城命名为“统万城”。他任命叱干阿利为将作大匠，负责整个工程的修建。叱干阿利生性残忍，役使民匠昼夜施工。在修筑城墙时，叱干阿利下令将土蒸熟，再混合以牛羊鲜血层层铺实夯打，每夯筑一层便用铁锥进行检验，“锥入一寸，即杀作者”，史称其坚硬可以磨砺刀斧。统万城内也建设得极为豪华壮丽，台榭高大，飞阁相连，“皆雕镂图画，被

十六国·夏 统万城遗址

位于靖边县红墩界乡白城则村，俗称“白城子”，为东晋十六国时期“夏”的国都，建于413年，毁弃于994年。统万城由外廓城和内城组成。现存的城垣高出地面1米至10米，城址四垣外面加筑马面。统万城的城垣、隅墩、马面、基座都为苍白色土施夯板筑而成，石层清晰，规整致密。

以绮绣，饰以丹青，穷极文采”。

统治残暴 二世而亡

公元418年，东晋权臣刘裕率领大军北伐，并派遣使者联络赫连勃勃，互通友好，约为兄弟，共击后秦。后秦灭亡后，刘裕让儿子刘义真镇守长安，自己则匆匆东归，准备取东晋而代之。赫连勃勃闻讯大喜，认为占领北方、夺取天下的时机已到，于是亲率大军南下进攻关中。他将大夏兵力分为三路：一路东驻潼关，一路南进青泥关（今陕西蓝田境内），主力直取长安。大敌当前，刘义真及其部将却矛盾重重，互相猜疑残杀，致使军心离散，被大夏军队杀得溃不成军，血流成河，刘义真单骑狼狈逃往洛阳。赫连勃勃遂入长安，占领了关中、上洛等地，并在霸上称帝。此时的大夏“南阻秦岭，东戍蒲津，西收秦陇，北薄于河”，成为当时北方地区最强盛的国家。

赫连勃勃正式称帝后，留太子赫连璝（音guī）镇守长安，自己仍回统万城。赫连勃勃虽然雄心勃勃，但为政极其残忍，经常置弯弓利剑于座侧。见群臣百僚中自己看不顺眼的，就用飞箭射杀或者挥剑刺死；如果有哪位大臣胆敢抬头看他，立即被挖去双目；胆敢窃笑者决唇，胆敢进谏者截舌，然后处以极刑；工匠所造弓箭铠甲，如射甲不入即斩制造弓箭者，如射甲即入立斩制造铠甲者。其残忍暴虐使得朝中群臣胆战心惊，国内百姓人人自危。

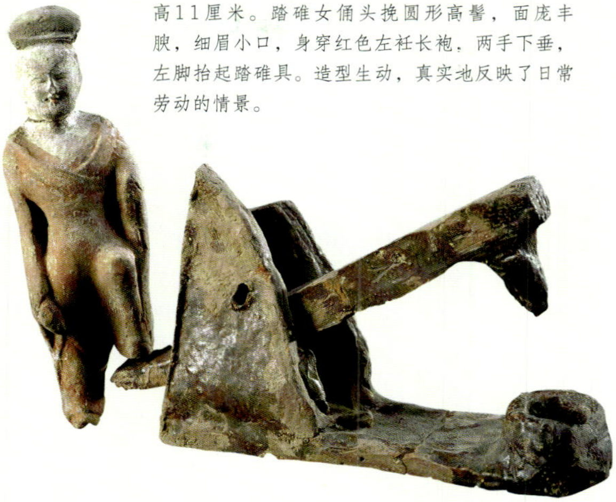

北魏 彩绘踏碓俑

1998年长安区韦曲镇北塬出土。长33厘米，高11厘米。踏碓女俑头挽圆形高髻，面庞丰腴，细眉小口，身穿红色左衽长袍，两手下垂，左脚抬起踏碓具。造型生动，真实地反映了日常劳动的情景。

北周 彩绘风帽俑（长安区韦曲镇出土）

公元425年，赫连勃勃去世，诸子为争夺帝位而自相残杀。北魏太武帝趁机派遣大军进攻大夏，次年即占领长安，继而攻陷统万城。公元431年，大夏残余兵马在西逃途中被吐谷浑全部消灭，中国历史上最后一个匈奴政权至此灭亡了。北宋时，宋太宗为了防御西夏而下令毁弃统万城。昔日豪华壮丽的统万城遂成为废墟，只留下一片断壁残垣，随着周围生态环境的不断恶化而成为茫茫黄沙中的一座荒城野堡，无声地诉说着曾在中华民族发展史上叱诧风云的匈奴族逝去的辉煌与荣耀。

知识链接

【《十六国春秋》】

《十六国春秋》为北魏崔鸿撰著。它记载了从西晋灭亡至北魏统一北方前北方16个政权盛衰兴亡的历史。全书共100卷，另有序例一卷、年表一卷。后原书散佚，目前所见的几种传世本是明万历年间的残本以及清人的辑本。

世界大事记

525年，埃塞俄比亚灭也门的希米亚王国。

鲜卑人慕容垂。

南北朝

南北朝

公元420年—公元581年

宋 魏时期全图（宋元嘉二十六年，魏太平真君十年，449年）

选自谭其骧主编《简明中国历史地图集》

526年，北魏因战乱，诏征六年租调。

有刘秀、周瑜之风的一代名将

南朝名将韦叡

韦叡（音ruì），字怀文，京兆杜陵人，是南朝萧梁时期的著名将领。他足智多谋，胆识过人，治军严明，善抚士卒，时人称“韦虎”。

水灌合肥 扬名天下

韦叡出身于京兆韦氏世家，他为人深沉，不善言谈，伯父韦祖征非常器重他，认为他将来“堪为国家栋梁之材”。南朝宋、齐时，韦叡曾任州主簿、郡太守及右将军等职。后来，在韦叡的谋划下，萧衍灭掉齐，建立了萧梁政权。韦叡因功被封为子爵，官拜廷尉。梁武帝天监二年（503），韦叡被任命为辅国将军、豫州刺史，领历阳（今安徽和县）太守。在齐、梁政权交替的时候，北

北魏　粉彩武士俑（长安区韦曲镇出土）

南北朝时代 彩绘独角兽

1952年陕西历史博物馆征集。高25.5厘米，长43.5厘米。此兽双耳竖立，头生一角，肩生双翼，四蹄粗壮，低头作俯冲状，力感很强。它和镇墓兽一样，都是古代人相信镇墓驱邪、保护死者不受鬼怪侵害之物。

魏曾趁机举兵南下，占领了淮南大片地区。天监四年（505），韦叡奉命督率众军，发动了收复军事重镇合肥的战争。

合肥地势险要，城池坚固，易守难攻。魏军又在东西两面分筑两座小城，与合肥形成犄角之势。韦叡亲临前线观察后，急令发兵攻克东西二城，后又下令昼夜攻打合肥，但却久久不能攻下。韦叡再次考察地形后，即令在城的西北方淝水上游构筑堤坝，并疏通渠道，直抵合肥城下。守城魏军主帅见韦叡以水为兵，准备倒灌合肥，便派骁勇数千前来毁堤。魏军攻势凶猛，突破南梁前营寨栅，一直冲杀到韦叡帅帐前。部将见情势危急，忙劝韦叡暂时退却，以避其锋。不料韦叡大怒，他喝退众将，下令立帅旗于身前，示无退志。南梁众将士勇气倍增，奋勇格斗，顷刻之间全部歼灭这股魏军。决堤放水之日，随着韦叡手中令旗一挥，滚滚河水奔腾而下，合肥城外顿时波涛汹涌，城墙在巨浪持续不断地冲击中轰然倒塌了几十丈，梁兵乘战舰舢板攻入城内，斩杀魏军守城主帅，俘虏魏军一万多人，占领了合肥。韦叡入城之后，即引流退水，安抚百姓，并下令修复城墙，亲自镇守。

合肥之战是南北朝时期著名的攻坚战役之一。通过这场战争，南梁收复了淝水以东、淮河以南的大部分地区，扭转了开国以来军事上处于劣势的局面。而韦叡经此一战，名扬天下，威震北方。

激战邵阳 火攻敌军

北魏耻于合肥之败，遂于天监五年（506）秋派中山王元英率兵数十万大举伐梁，包围了北徐州刺史昌义之部于钟离（今安徽凤阳东北），昼夜攻打。昌义之一日数次飞书告急，梁武帝忙调集兵马前往增援。韦叡受命从合肥出发，星夜兼程赶往前线，与先期到达的另一路援军曹景宗部会合于淮水之滨的邵阳洲（今安徽凤阳东北）。

魏军在围困钟离时，于淮河上架起两座浮桥，南通邵阳洲，作为南北通道接济围城部队。韦叡经过仔细观察和研究后，决定运用火攻，斩断这一通道。天监六年（507）三月，韦叡招募军中精通水性的壮勇组成敢死队，乘大型斗舰绕到敌后，然后分驾小舟，装满用鱼油浸泡过的茅草，飞驶两座浮桥下，纵火焚桥。恰在这时大风骤起，风借火势，火助风威，一时水面一片通红，烟焰弥天。敢死队早已弃船登桥，拔栅斫木，瞬间栅毁桥坠。此时韦叡从正面指挥军队发起攻击，梁兵莫不以一当十，大呼竞进。在梁军的水陆夹击和凌厉攻势面前，魏军土崩瓦解，纷纷弃甲逃命。中山王元英急率

北魏　陶女乐俑（西安市草场坡出土）

世界大事记

527年，日本发生盘井之乱。

东晋时尚书左仆射周顗。

535年，西魏丞相宇文泰定新制二十四条。

残兵败将拼命突围而走。围城部队失去后盾，也纷纷撤围退兵。坚守钟离城达100多天的昌义之悲喜交加，连声叫道："真是又活了一世啊！又活了一世！"备受煎熬的钟离全城军民更是欣喜若狂，夹道欢迎韦叡入城。

北魏　褐釉甲马（长安区韦曲镇出土）

儒服纶巾 仁者必勇

作为南北朝时期威震四方的一代名将，韦叡每逢作战必身先士卒，动如猛虎，但他生性恬淡，不喜戎装，平时着儒服纶巾，温文尔雅，常常白天接待宾客，夜晚通宵达旦研读兵书。他严于治军，但善待士卒，十分注意内部的和谐与团结，强调全军上下同心同德。

北魏　彩绘文吏俑（长安区北塬出土）

安陆保卫战结束后，韦叡功成思退，屡屡上表辞职，要求告老还乡，但却未得梁武帝允准。他便常称病闲居家中，以经史教授子弟，很少过问朝廷政事。梁武帝普通元年（520），韦叡又被提升为侍中，迁车骑将军，未上任而病卒于家，终年79岁。

韦叡一生虽封侯拜相，但却从不居功自矜。每次作战胜利后所缴获的物资，他丝毫不取；所得赏赐尽数散给部下将士，俸禄也大部分送给亲戚故旧。因而韦叡死后家无余财，薄葬入土，与当时梁武帝统治下的南梁王朝贪财无厌、奢侈成风的习气形成了鲜明的对照。

知识链接

【"步步生莲花"】

南朝齐东昏侯萧宝卷是中国历史上最为荒唐的皇帝之一。为讨宠妃潘玉儿的欢心，萧宝卷命人将黄金凿成莲花状并将它铺在宫中地板上，让潘玉儿在上面行走，美其名曰："步步生莲花"。

内乱又起与关中再获生机

宇文泰主政下的西魏政权

刘裕取代东晋在南方建立刘宋政权后，北魏也于公元439年统一了北方地区，结束了十六国时期割据混战的局面，历史进入了南北朝时期。在这一时期，建都长安的有两个少数民族政权，即鲜卑族拓跋部建立的西魏和鲜卑族宇文部建立的北周。

北周　四系刻花莲瓣纹青瓷罐（长安博物馆藏）

孝武帝迁都长安 宇文泰大权独揽

鲜卑族拓跋部建立的北魏王朝，曾统一北方近100年之久，声威显赫一时。但其统治后期国内阶级矛盾和民族矛盾十分尖锐，最终酿成了长达八年的北方各族人民大起义。在这场声势浩大的起义浪潮冲击下，北魏王朝的统治分崩离析，一些军事首领和王公贵族纷纷起兵割据一方，并展开了控制和夺取朝政大权的血腥角逐。最后大将高欢兵进洛阳，完全把持了朝中大权。北魏孝武帝不甘心充当高欢的傀儡，遂于公元534年带领少数亲信逃出洛阳，投奔占据关中的宇文泰。在宇文泰的支持下，孝武帝宣布迁都长安，重开基业。高欢则另行拥立年

北朝　彩绘奏乐女俑

2001年5月咸阳市平陵乡出土。四件奏乐女俑，发髻与面饰相同，均穿红色右衽深衣，跽坐弹奏乐器：一人敲扁形圆鼓，一人弹奏琵琶，一人双手抚筝，一人双手举起作吹奏状。场面生动活泼，栩栩如生。

世界大事记

527—565年，查士丁尼在位，编纂《罗马民法大全》。

陶渊明。

仅11岁的元善见为傀儡皇帝，将都城从洛阳迁往邺城。北魏于是分裂为东西两个政权。历史上将定都长安的政权称作西魏，将迁都邺城的政权称作东魏。不久，宇文泰与魏孝武帝发生矛盾，魏孝武帝被毒死，其堂弟元宝炬即位为帝，宇文泰则以大丞相、尚书令的身份总揽国家的军政大权，成为西魏实际上的统治者。

改革内政 扭转劣势

西魏开国之初，形势颇为艰难。它仅占有凋敝破败的关中地区，而高欢却控制着今山西、河北、山东、河南的广大地区，屡有西征之心；淮河以南又有立国已30余年的梁朝与之对峙，数兴北伐之议；北面还有势力日强的突厥族盘马游弋，时存南下之志。民寡兵弱的西魏处于强敌四面夹击之中，连生存下去都很困难。年轻的宇文泰遂决心改革内政，振兴关中，以图富国强兵，扭转不利局势。他选拔了一批关中汉族士人参与朝政，任用出身于关中名门望族的苏绰主持推行一系列汉化改革，如精简官僚机构、整顿选举制度、发展农业生产等，取得了显著成效。宇文泰还将拓跋鲜卑传统的部落兵制与汉族通行的等级军制融通起来并加以改革，创立了府兵制。这种军事体制不但提高了士兵的地位，改善了兵将之间的关系，还形成了以后对中国政局产生重大影响的关陇军事贵族集团。

经过一番整顿改革，关中地区的农业生产迅速得到恢复和发展，西魏政权逐渐趋于稳固，经济军事实力大大加强。西魏大统三年（537）十月，宇文泰亲自指挥军队在沙苑之战中全歼东魏高欢统领的20万大军，并乘胜渡过黄河，兵进洛阳，占领了今河南及山西的大片地区，一举扭转了军事劣势，为后来北周武帝统一北方奠定了基础。此后宇文泰又趁南方梁朝发生内乱之机，派军攻取了巴蜀和南方重镇江陵，使西魏的疆土扩展到今四川、湖北一带。

北周　甲士骑马俑(咸阳市机场出土)

北魏　陶女乐俑（咸阳市平陵乡出土）

公元550年，高欢之子高洋废除东魏孝静帝，在邺城建立了北齐王朝。宇文泰病逝后，其子宇文觉也于公元557年废掉西魏恭帝，自称周天王，在长安建立了北周王朝。北方地区由此进入了北周和北齐并立时期。

知识链接

【女改革家冯太后】

冯太后是北魏文成帝皇后，谥号“文明”，又称“文明太后”。冯太后生于长安，史称她“性聪达”“多智略”。文成帝死后，冯太后临朝称制长达20多年，期间主持进行了一系列汉化改革，如：创设“班禄制”，开创均田制和租调制，用三长制代替宗主督护制等。改革为以后孝文帝迁都洛阳奠定了基础。

中国大事记

538年，西魏与柔然和亲，东魏下诏禁擅立寺。

北周 安伽墓贴金浅浮雕围屏石门（局部）

2000年6月西安市未央区大明宫乡炕底寨出土。高66厘米，宽128厘米。墓主安伽为中亚安国后裔，生前任北周同州大都督，信仰祆教。门额图案具有典型的祆教特色。

541年，宇文泰颁布六条诏书。

造窟云冈 立寺家乡

羌族建筑大师王遇

云冈石窟是与敦煌石窟、龙门石窟并称的中国三大石窟之一，其中的第九和第十窟气派宏大，造型生动，最为华美。这两个石窟的设计建造者就是北魏时期著名的关中建筑大师王遇。

出身羌族豪门 融入汉族王氏

王遇，字庆时，本名他恶，冯翊李润镇人（今陕西澄城境内）。王遇原姓钳耳，为羌族豪门巨族。入居关中后，他改姓王氏。王遇天资聪颖，尤其擅长建筑营造。后来因事被处腐刑，入宫做了宦官。其时正是冯太后当政，侍奉恭谨、心思灵巧的王遇深得冯太后信任，官至散骑常侍、安西将军，进爵宕昌公，是当时少数晋封王公的宦官之一。

营造云冈两窟 主持都城建筑

笃信佛教的冯太后为了祈福，在都城平城（即今山西大同）广建佛寺、石窟，命王遇主持设计并监工营造了崇福寺。据考证，崇福寺即是今云冈石窟的第九、第十两窟。这两窟在云冈石窟中规模宏大，具有两个显著特点：一是石窟中既有精美的佛像、空灵的飞天、世俗供养人等多种艺术形象，又雕有仿木结构的窟檐、屋形龛等传统建筑形式，将外来的石窟形式与传统的民族建筑艺术巧妙地结合在一起，反映了石窟艺术民族化的趋向；二是这两窟建筑构思严谨细密，美轮美奂，人物造型华美飘逸、形象生动，充分体现了史书上所称赞的王遇“穷妙极思”的风格特点。

此外，王遇还设计并监造了旧都平城方山上的佛教寺院、民居建筑和冯太后陵庙，以及新都洛阳的太极殿、东西两堂、内外宫门城门、马射坛殿等大型建筑。郦道元在《水经注·漯水注》中描写道：“平城东郊外，太和中阉人宕昌公钳耳庆时立祗洹舍于东皋，椽瓦梁栋、台壁棂陛、尊容面相及床坐轩帐，悉青石也，图制可观。”这类用石料雕成的洹舍石室、家具陈设等仿木结构建筑艺术，正是王遇独步天下的建筑风格，也是太和年间特有的建筑形式，在中国古代建筑史上具有重要的地位。

北魏　皇兴造像（兴平市出土）

关中舍家为寺 构思巧夺天工

在设计建造皇家建筑的同时，王遇也在故乡关中留下了别具风格的标志性建筑。据《晖福寺碑》记载，太和十一年（487），为了给号称“二圣”的冯太后和孝

北魏 天郁石刻造像

1962年西安市出土。高35厘米，宽34厘米。正面浮雕龛形，内坐一佛，立二菩萨，佛前下方有一浮雕熏炉，两侧为供养人造像，旁边刻有供养人姓名。一佛二菩萨左右两侧刻有“大代太和廿年佛弟子天郁造释寿文佛”等铭文。这件石刻造像制作精细，刀法娴熟，线条刚劲流畅。

文帝歌功颂德，粉饰太平，王遇舍家为寺，在故宅之上为冯太后和孝文帝各造了三级佛塔和寺院。其崇基重构如波浪迭起，台榭楼阁似林木相连，翠林清流取自然山水，将佛教寺院与家族园林融为一体，成为当时闻名天下的建筑之一。而建造晖福寺之时，正值云冈两石窟（第九、第十两窟）尚未完工、孝文帝又在洛阳大兴土木之时。王遇作为三处工程的主要设计建造者，不辞劳苦，奔波于关中、平城与洛阳之间，“跨鞍驱驰”“朝夕不倦”，有时还亲自动手，“与少壮者均其劳役”。

孝文帝统治后期，王遇因宫廷斗争的牵连，被罢官为民。宣武帝即位后，又起用王遇为将作大匠，拜光禄大夫，几年后王遇死于任上。

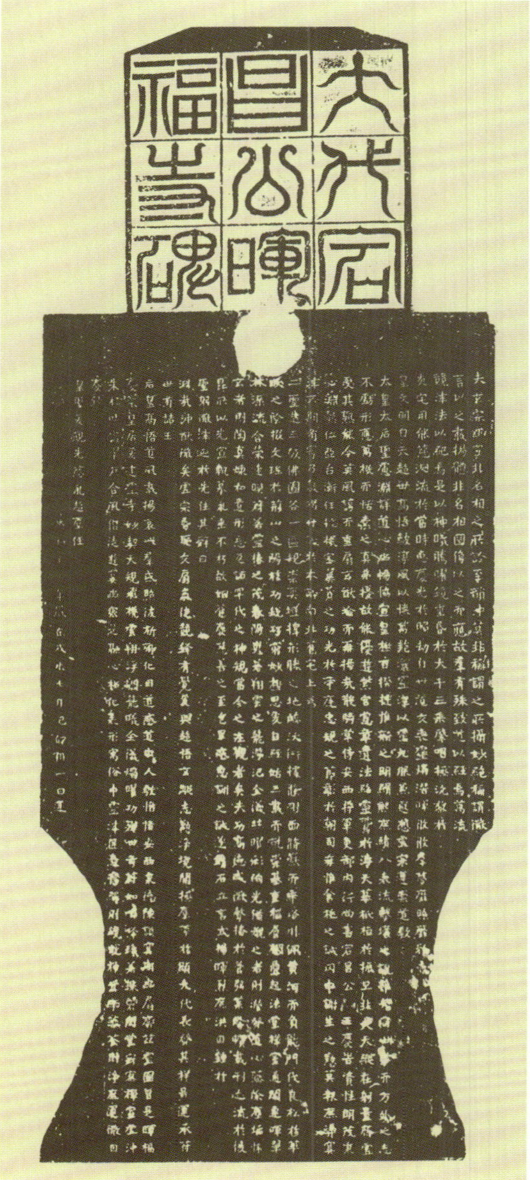

北魏 《晖福寺碑》拓片

此碑是北魏太和十二年（488）在李润镇建成晖福寺后所立。高294厘米，宽90厘米。碑文为楷书，内容记述王庆时监修寺院的经过和寺院豪华壮观的情景。该碑阴刻有许多少数民族的姓氏，是研究古代部族在这一地区的分布、婚姻关系等的重要资料，也是北魏遗留书法中非常著名的石碑。

知识链接

【西千佛洞】

西千佛洞位于今敦煌市西南35公里处的党河河岸崖壁上，因地处敦煌莫高窟之西而得名。现存洞窟16个，大多是北魏时开凿的。其中第五窟中心柱东南座下刻有一篇《发愿文》，是北魏时一位叫昙藏的佛门弟子为其亡祖父母、父母造像所作。文中尚有70余字可辨认，为研究北魏的书法艺术提供了珍贵的史料。

世界大事记

534年，拜占庭灭北非的汪达尔王国。

547年，杨衒之撰《洛阳伽蓝记》。

踏遍三秦大地 捐躯古都长安

水文地理学家郦道元与古代关中

南北朝时期，我国历史上出现了一位伟大的水文地理学家——郦道元。他所撰著的《水经注》考证翔实，文辞清丽，成为我国历史上第一部全面、系统的记述华夏河流山川地貌的鸿篇巨制。

奉命出使 罹难关中

郦道元，字善长，出身于官宦世家。他自幼便勤奋好学，博览群籍。北魏时，他历任荆州刺史、河南尹、御史中尉等职，以为人刚毅、执法严厉而著称。

郦道元为官御史中尉时因执法公正严猛，而得罪了一些贵族豪强。北魏孝昌三年（527），盘踞关中的雍州刺史萧宝夤（音yín）发动叛乱，皇室贵族趁机鼓动孝明帝派遣郦道元前往长安劝说。郦道元深知其阴谋，但他毅然带领随从西往关中。当郦道元一行抵达长安城郊的阴盘驿亭（今西安临潼东）时，萧宝夤便派心腹将领率兵将郦道元一行团团包围于驿亭。处于重围中的郦道元镇静自若，命令随行人员就地坚守抵抗。由于驿亭地处高岗之上，没有饮用水源，郦道元遂下令就地凿井，但一直凿了十余丈仍不见水，最后水尽力屈，叛兵穿墙而入，杀害了郦道元及其随行的一个弟弟和两个儿子。据史书记载，郦道元“瞋目叱贼，厉声而死”。郦道元死后，萧宝夤将其父子遗体葬于长安城东。

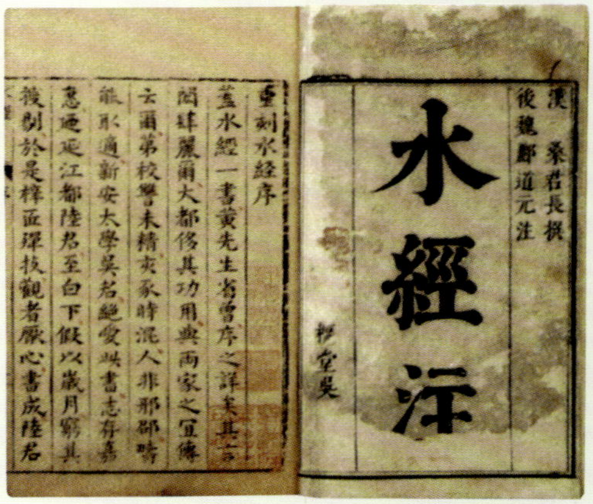

《水经注》书影（明嘉靖刻本）

北周 彩绘陶行龙（咸阳市渭城区出土）

倾情三秦 绘画山河

郦道元博闻好学，喜好游历。他一生踏涉千山万水，足迹遍及今山东、山西、河南、河北、陕西、安徽、江苏、内蒙古等广大地区，考察山川河流，遍寻名胜古迹，搜集异闻传说，从而撰成一部水文地理和历史地理巨著——《水经注》。

郦道元的《水经注》以前人撰著的《水经》为纲，详细记述了全国1250多条大小河流的源流和走向，对水道沿途涉及的两万多处地方的地形地貌、山陵城邑、风光名胜、民间传说等，也进行了细致的描绘和生动的记述。全书共30多万字，比原《水经》文字增加约20倍。在书中，郦道元以浑厚的感情、精美的语言和形象的描绘歌颂了祖国的大好河山和壮丽景色。

在《水经注》中，郦道元对于曾是周、秦、西汉时期全国政治、经济和文化中心的古都长安，进行了浓墨重彩般的记述描写。《水经注》全书共40卷，其中对横贯关中的渭水的描述就有三卷半，

北魏 灰陶骑马吹角俑

1953年西安市南郊草场坡北魏墓出土。高39厘米，马长36厘米。骑马俑头戴毡帽，身穿长袖衣裤，双手执号角，双目正视，作吹号角状。马身披铠甲，有鲜明的时代精神和民族特征，再现了我国北方兄弟民族的形象和习俗。

几乎占了全书内容的十分之一。《渭水》篇中，他详细记载了环绕长安的八水的河道变迁、流量大小和水质清浊等情况，为研究古代关中地理水文环境的变迁留下了珍贵史料。对渭水流域的山川丘陵、湖泊沼泽、关隘桥梁、城池陵墓、碑石土阙、风土人情等自然与人文景观，也都有着详细备至的描写。如对于壁立如削、耸峙关中的西岳华山，郦道元引用当地民间传说惊叹为“河神巨灵，手掰脚踏”，鬼斧神工，遂成奇观；对于关中百姓视为神山的秦岭主峰太白山，郦道元描绘说：“太白山南连武功山，于诸山中最为秀杰。冬夏积雪，望之皓然。”突出了太白山的秀异绝伦和积雪六月天的独特景观；对位于关中东部的黄河龙门，他这样描写道：“其中水流交冲，素气云浮，往来遥观者如雾露粘衣，窥深悸魄。其水尚崩浪万寻，悬流千丈，浑洪赑（音bì）怒，鼓若山腾，浚波颓迭，迄于下口。”短短50多字，就把龙门悬流千丈、巨浪宣腾、惊涛裂岸的壮丽景观描写得淋漓尽致。对于今陕南和陕北的河流山川，郦道元也亲自踏勘，并留下了饱含深情的生动描绘。

北周 彩绘相抱俑（长安区韦曲镇出土）

由于郦道元在《水经注》中对祖国的秀丽山川倾注了深厚的感情，清人曾赞誉道：“古人记山水，太上郦道元，其次柳子厚，近则袁中郎。”称郦道元为中国山水游记文学的巨擘。

知识链接

【关中盖吴起义】

北魏太平真君六年（445）九月，北地卢水胡人盖吴在杏城（今陕西黄陵西南）聚众反魏，各族人民纷起响应，起义军发展至十余万人。义军分兵进击关中，盖吴自称天台王，署置百官。北魏太武帝遣六万骑兵前去镇压。次年二月，义军被魏军击败于杏城，盖吴遣使上表刘宋求援，宋使雍、梁二州发兵屯境上，以声援盖吴。八月，义军被击败，盖吴为叛徒所杀。

世界大事记

545年，波斯萨珊王朝与拜占庭订立五年休战协定。

《齐民要术》。

以少胜多 以弱克强

扭转西魏、北齐军事力量对比的沙苑之战

在今陕西大荔县城之南的渭河以北、洛河以南，有一条东西长40公里、南北宽15公里的沙阜，这里就是历史上关中平原著名的古战场——沙苑。南北朝时期，在这里曾发生了一场规模巨大、影响深远的战争。

东魏西攻长安 西魏沙苑迎击

北魏分裂为东魏和西魏之后，东魏在统治地域和军事力量方面均占有绝对的优势。高欢恃其兵强马壮，频频向西魏发动进攻，企图一统中原。

公元537年闰九月底，大将高欢自率20万大军，强渡黄河，推进至西魏华州（治所在今华县）城下。时华州刺史为长安霸城人王罴，他接到宇文泰固守不战的军令后，便下令紧闭城门，高悬吊桥，城上多设强弓硬弩，严阵以待。高欢见此城难以攻下，便引军绕过华州，西渡洛水，进军沙苑之东的许原，准备取道沙苑，西攻长安。此时宇文泰已率军抵达渭水之南。由于军情紧急，征调的各州兵马尚未能前来会合，而宇文泰身边所带将士还不满万人。于是他决心在沙苑进行阻击，但一些将领认为以不满一万之众抵御20万虎

北魏　彩绘骑马武士俑（长安区韦曲镇出土）

北魏　石刻畏兽

户县祖庵镇出土。该畏兽是一石棺四周的浮雕装饰纹饰，石棺高79厘米，长188厘米，宽134厘米。四周有十个畏兽纹饰。《山海经》中有“畏兽”之名记载。挟石是十个畏兽纹饰中的一个。挟石畏兽宽鼻大口，獠牙外露，前肢举石头顶，背有九根鬃毛竖起，下肢张开下蹲，胯下有鬃毛飘动。这种畏兽图案，是守护坟墓、驱除魔鬼的方相神。

狼之师，只会自取其败，建议暂时按兵不动以待诸州兵马会齐后再发起进攻。宇文泰力排众议，下令兵渡渭水，正面迎击敌军。为了激励斗志，他又命令全军将士只带三天之粮，轻装从浮桥进至渭北沙苑，准备背水一战；同时令大将李弼、赵贵分率左右两矩（方阵）埋伏于芦苇荡中，相约一闻鼓声，即挥兵杀出。

强敌土崩瓦解 宇文以少胜多

高欢统率20万浩浩大军与宇文泰所领数千兵马在沙苑相遇。高欢见西魏军队只有几千人马且不顾兵家大忌背水而阵，不由得仰天长笑，即刻下令擂鼓进兵。瞬间，东魏人马便争先恐后地向前冲杀，不复成列，阵势大乱。当两军将要相遇时，宇文泰亲自擂响战鼓，只听得身后一声大喝，犹如雷鸣，左矩偏将于谨率先踊身跳出芦苇荡，纵马挺枪冲入敌阵，赵贵紧随其后，挥军奋力向前掩杀。与此同时，李弼也率领右矩铁骑直插敌军中间，纵横搏击，将东魏军队截为两段。宇文泰马鞭一指，身边用以诱敌的将士遂催马驰入敌阵，左右砍杀。东魏军队猝不及防，人马虽众却无法展开，顿时被杀得七零八落，溃不成军。高欢大惊，慌忙重整军队勉强接战。整个沙苑人喊马嘶，杀声动地，沙尘蔽天，西魏将士愈战愈勇，无不以一当十，而东魏军队则人心慌乱，抵挡越来越弱。两个时辰之后，东魏20万军队土崩瓦解，四散溃逃。混乱中高欢的坐骑也被乱箭射死，仓皇间他夺得一峰骆驼而逃，

北魏 玉辟邪（黄陵县出土）

北魏　击鼓陶俑（西安市草场坡出土）

最后在残兵败将的保护下才得以渡过黄河。宇文泰率军追至黄河岸边，沿途又收降了东魏残兵两万余人。

沙苑一战使高欢消灭西魏的梦想彻底破灭。次年春天，宇文泰带着文武百僚和参加此战的7000余军卒，来到沙苑战场，凭吊战死亡魂，旌表立功将士，并下令人人在此地栽植柳树一株，以为纪念。

知识链接

【北周设有“萨保”】

“萨保”是负责管理波斯商人和主持祆教祭祀的职官。史载北齐、隋、唐均设有此官职，但未载北周设有“萨保”。据近年来在今西安北郊大明宫发现的安伽墓知，安伽曾任北周“同州萨保”，同州即今陕西大荔。这一发现弥补了北周史研究的空白。

世界大事记

555年，拜占庭灭东哥特王国。

南朝陶弘景。

556年，西魏仿《周礼》建六官。

心如清水 形如白玉

西魏汉化改革的功臣苏绰

东、西魏抗衡时期，西魏能迅速扭转劣势、由弱变强的主要原因，是由于宇文泰实行了汉化改革。改革大大加深了鲜卑族的汉化程度，有力地促进了关中地区的民族融合与经济发展。而这场改革的设计者，就是出身于关中名门望族、被宇文泰视为国家柱石的汉人苏绰。

博览群书 励精图治

苏绰，字令绰，岐州武功（今陕西武功西）人，自幼即聪颖好学，博览群书，尤精数理算术，年轻时便在本郡享有盛誉。后由从兄苏让推荐，苏绰被任命为尚书大行台郎中，不久转任著作郎，专门负责撰拟政令文书。一次，宇文泰约百官到长安城外郊游踏青，途中问及历代兴亡之事和长安名胜古迹，群臣都言语支吾，唯苏绰从容不迫，对答如流。宇文泰深为惊奇，当晚即请苏绰入府，请教治国理民之道。苏绰畅言古今帝王之道，并陈述了自己的改革设想，宇文泰听得如痴如醉，情不自禁地膝行而前，至天亮而不知困倦。次日，宇文泰即任命苏绰为尚书大行台右丞，辅佐自己处理军国要务。在宇文泰的全力支持下，苏绰开始推行汉化改革。他首先从整顿日常公务入手，制定了公文政令撰拟颁布程式，并建立起赋税计账和户籍管理制度。其中他所创立的在账面上采用红色和黑色计数来分别表示财政支出、收入状况的这一格式，一直沿用至今。不久，苏绰因为政绩卓著，被擢升为

北朝 彩绘女乐俑

三件女俑高22.5厘米。彩绘女乐俑均为坐形，梳盘叠式十字高髻，髻后别一小梳，身穿高领上衣，下穿长裙呈跽坐状；三件乐俑皆以红、黑、白、紫色彩绘，色彩鲜艳、谐调。一俑双手捧乐器置胸前（乐器已失）；一俑双膝上放置一琴，两手作弹琴状；另一俑双手执排箫，作吹奏状。这组女乐俑为北朝时期奏乐俑中的典型，是北朝社会生活的重要写照。

北朝　辟雍砚（长安区出土）

大行台度支尚书兼司农卿，领著作郎，总管国家财政、农业及朝廷枢密事务。在苏绰的尽心辅佐下，宇文泰实行了一系列汉化改革措施，如裁减冗官、鼓励农民垦荒屯田、设置乡官等，在一定程度上推动了鲜卑政权的汉化过程，使西魏政权日趋稳固。

六条诏书　颁行全国

在施政过程中，苏绰悉心总结前代朝政得失，把自己深化改革的方案和设想整理为长篇奏章，上呈宇文泰，这就是历史上著名的《六条诏书》。其主要内容是："治心身，敦教化，尽地利，擢贤良，恤狱讼，均赋役。"《六条诏书》凝结着苏绰的毕生心血，充分显示了他杰出的政治才干和卓越的管理能力。宇文泰常把诏书全文置于案头，作为军国大政方针的决策依据，并要求中央公卿百官时时诵习，地方州郡长官也要背诵执行，还规定不通六条者不能做官。《六条诏书》的推行，大大加深了鲜卑族的汉化程度，为日后北周武帝统一北方奠定了坚实的基础。

苏绰还倡导唯才是举，广求贤能杰出之士，他所举荐的人才皆成为西魏和北周朝中栋梁；他还奉命草拟了一篇《大诰》颁行天下，痛斥自西晋以来华而不实的文风，提倡汉魏崇尚质朴无华的古风，成为唐代古文复兴运动的先声。

为官清廉　家无余财

宇文泰对苏绰信任不疑，推心置腹，每当自己外出作战或巡游时，都委托苏绰代理军国要务。苏绰每与公卿议事，往往日以继夜，废寝忘食，久之竟积劳成疾，于公元545年病逝，年仅48岁。由于苏绰为官清廉俭朴，死时家无余财，家人以牛车载其灵柩归葬故里武功。宇文泰痛惜不已，亲率文武百官步行送灵数十里，扶棺失声恸哭道："尚书平生为事，妻子兄弟不知者，吾皆知之。惟尔知吾心，吾知尔意。方欲共定天下，不幸遂舍我去，奈何！"下葬之日，宇文泰又亲书悼文，遣使祭以最隆重的太牢之礼。

西魏　载丝骆驼（咸阳市渭城区胡家沟出土）

知识链接

【王罴诗客】

北魏时，京兆霸城（今西安东）人王罴虽官车骑大将军、华州刺史，但他日常生活非常节俭。一天，他在府中设宴招待来自京城长安的台使，这位台使每食一薄饼，都将其边缘撕去不食。王罴很是看不惯，便起身说道："农人耕种收获，大是不易，且舂米炊饼，也费时费力。你如此吃法，肯定是肚皮不饿。"立即令人撤席送客。

世界大事记

562年，日本撤出朝鲜半岛。

诸葛巾。

557年，宇文觉称天王，是为孝闵帝，北周建国。

权臣开国 外戚亡国

南北朝时期建都长安的北周政权

公元556年，宇文泰病逝于今淳化县西北的云阳宫。临终前托孤于其侄宇文护，希望他能尽心辅佐幼子宇文觉，以实现自己统一天下的遗愿。公元557年正月，宇文护以顾命大臣的身份逼西魏恭帝退位，正式立宇文觉为帝，并改国号为周，历史上称为北周。

北周　独孤信墓志（咸阳市底张湾出土）

权臣把持国柄 两位皇帝遇害

北周政权建立之后，宇文护以大司马、大将军和大冢宰的身份辅政，实际上操纵了国家大权。他自恃功高，排除异己，飞扬跋扈，不可一世。他先以谋反的罪名处死了开国元勋赵贵、独孤信等人，后以谋逆为由翦除了宇文觉左右心腹。宇文觉恐惧难安，暗招武士到皇宫花园演习技艺，以为防身。宇文护闻知此事，指令大司马贺兰祥带兵包围了皇宫，逼宇文觉逊位。宇文觉见大事不好，身边又无一兵一卒，急令宫人执兵器以自卫。但区区几百宫人哪能阻挡得了数千精兵劲卒，一触即溃。宇文觉束手无策，只得出降，被宇文护囚禁于旧第，一月后被害。其后，宇文护又拥立宇文泰的长子宇文毓为帝。宇文毓即位时年已25岁，宇文护失去了辅政借口，只得上表自请归政于皇帝，然而军事大权仍牢牢掌握在自己手中。不几年，他越发觉得皇帝年长与己不利，于是令人暗中下毒于糖饼中进献宇文毓。宇文毓食毕腹痛难忍，情知中

北周 彩绘贴金浅浮雕石榻及围屏图案局部

2000年6月，西安市未央区大明宫乡炕底寨村安伽墓出土。高117厘米，长228厘米，宽103厘米。石榻为青石制成，由围屏、榻面和榻腿组成。围屏上共有彩绘浅浮雕减地贴金图案12幅，包括出行、狩猎、歌舞、宴饮、家居、商旅、庖厨等内容，真实再现了六世纪时中亚胡人贵族的日常生活。榻面刻有动物图案33幅，榻腿刻有兽头人身力士像8幅。整个石榻制作精细，气派豪华，富丽堂皇，是研究中西文化交流、祆教的传入及祆教徒葬俗的珍贵资料。

世界大事记

567年，波斯萨珊王朝与突厥部落联合夹击灭掉嚈哒帝国。

南朝周颙。

564年，北齐颁新律令。又重新颁布均田令。

北周 彩绘陶甲骑具装俑

位于咸阳市渭城区底张乡陈马村的北周武帝孝陵出土的彩绘陶甲骑具装俑，反映了魏晋南北朝时期，军队中的骑兵部队、骑士和战马都披裹护甲。

毒，自思诸子年幼不是宇文护的对手，便在临终前颁下遗诏立自己第四弟、鲁国公宇文邕为帝，是为周武帝。

宇文护在不到四年的时间里就先后害死了北周两个皇帝，使都城长安陷于恐慌和动荡之中。宇文邕继位后，宇文护继续以大冢宰、晋国公的身份都督中外诸军事，控制军政。宇文邕虽然年轻，但沉毅果敢，精明强干，很想有一番大的作为，当然更不愿意当傀儡皇帝。公元572年三月，他亲自发动宫廷政变，趁宇文护进宫朝见太后之际，除掉了宇文护及其党羽亲信，开始真正行使皇帝的权力。

武帝统一北方 杨坚代周建隋

北周武帝是南北朝后期杰出的政治家和军事家。他亲政以后的第一个愿望就是消灭北齐、统一中原，完成父亲宇文泰未竟的事业。公元575年，北周武帝亲率十几万大军渡过黄河，拉开了消灭北齐、统一中原的战争序幕。公元577年正月，北周军队攻陷邺城，灭亡北齐，统一了黄河流域，并把疆域扩展到长江沿岸。北周武帝原本计划平定北方突厥，灭掉南方的陈朝，进一步完成统一全国的大业。但他在灭齐后的第二年不幸病逝。

北周武帝死后，长子宇文赟（音yūn）继承帝位，时年21岁，史称周宣帝。宇文赟为东宫太子时即生性顽劣、嗜酒如命，继位之后更是胡作非为，无法无天。先是在殡灵期间淫乱周武帝嫔妃，又广采天下民女以充后宫。即位不到一年他就觉得上朝视事太辛苦太麻烦，耽搁自己嗜酒渔色的快乐，索性禅位于年仅六岁的皇太子宇文阐，自称天元皇帝，年纪轻轻地就做起了逍遥自在的太上皇。可惜好景不长，当上太上皇不久的他因酒色过度，年仅22岁便病死了。北周的军政大权遂落在外戚杨坚的手中。

杨坚原为北周八柱国之一，是周宣帝皇后杨丽华的父亲。他承袭父亲杨忠隋国公之位，宣帝死后即以宇文阐（死后被谥为静帝）外公、左大丞相身份辅政，独揽了军政大权。公元581年，杨坚逼迫外孙静帝退位，自立为皇帝，改国号为隋，建国历时20多年的北周政权至此灭亡。

知识链接

【北周著名诗人庾信】

庾信（513—581）是南阳新野（今河南新野）人。他初仕南梁，任东宫学士、建康令等职。庾信工于诗文，与擅长宫廷体诗文的徐陵齐名，世称“徐庾体”。后来庾信客居长安，仕于周。庾信在长安写下了大量诗篇，诗人杜甫称赞他说：“庾信文章老更成，凌云健笔意纵横。”

鼎新朝政 征战南北

统一北方的北周武帝

宇文邕是宇文泰的第四子，史称北周武帝。公元572年，宇文邕亲手除掉了专横朝政的权臣宇文护，结束了北周朝政长期动荡不安的局面。为实现消灭北齐政权、统一整个中原的宏愿，他进一步摆脱鲜卑旧俗的束缚，锐意革新，大力推行多方面的改革。

改革内政 废除佛教

在政治上，宇文邕以儒家学说为治国指导思想，并仿照汉族先进的政治制度，进一步调整封建生产关系，几次颁发诏书下令在全国范围内释放奴婢，改籍为农，从事农业生产。在经济上，巩固和发展均田制，调整国家赋税制度，并在渭水北岸的蒲州、华州兴建两条渠道，引水灌溉几万顷旱田，极大地推动了关中地区水利事业和农业生产的发展。在军事上，进一步打破汉族和鲜卑族之间的民族界限，大量招募汉族农民充当府兵，并且在各方面给予优待。

北周武帝的另一项重大改革是废除佛教。南北朝时期是我国历史上佛教空前盛行的时代，各地广建佛寺，不少人“假募沙门，实避调役”，致使佛寺和僧尼数量恶性膨胀。当时仅北周统治区就有一万多所寺院、百余万僧尼，僧尼几乎占全国人口的1/10。这些僧尼不从事生产劳动，逃避国家赋税和兵役，严重影响国家的财政收入，加重了普通百姓的各项负担。北周武帝认为，要消灭北齐，就必须富国强兵；要富国强兵，就必须废除佛教。建德三年（574），他亲自召集名儒、名僧、道士及文武百官2000余人在长安大德殿辩论，并当朝宣布以儒教为第一，道教为第二，佛教为末等。他又提出了“求兵于僧众之间，取地于塔庙之下”的口号，下诏在全国范围内灭除佛教，将境内所有的寺院财产及其土地全部没收入官，所有的铜铸佛像、钟、鼎、磬等佛教器物统统销毁以铸造铜钱和兵器，百万僧尼一律还俗，僧祇户全部编入政府户籍，从事农业生产。这就是南北朝历史上著名的“北周武帝灭佛”运动。通过这项声势浩大的毁佛运动，沉重打击了僧侣地主的政治经济势力，大大增加了国家的财政收入和兵役来源，减

北周 蹲狮

西安碑林博物馆藏。蹲狮高253厘米，汉白玉石质。狮呈蹲势，胸前凸起，张口卷舌，双目突出，两耳竖起，头、背均披卷毛，颈周鬃毛飘逸，前两肢直挺，后双肢弯曲蹲于座上。该狮造型别具一格，颇具雄浑气势。

世界大事记

568年，阿尔波因在意大利建立伦巴德王国。

达摩。

574年，周武帝禁佛、道，毁经像，命沙门道士还俗。

唐 《历代帝王图》局部之北周武帝画像（阎立本绘）

轻了劳动人民的负担。

消灭北齐 统一中原

经过北周武帝的大力改革和各族人民的共同努力，在短短几年中，关中地区的农业生产获得了惊人的发展，北周的政治局势更加稳定，国力空前强盛，统一中原的条件日趋成熟。而此时的北齐政权却日益走向衰落。北周武帝见消灭北齐、统一

北周 “天元皇太后玺”金印

1993年咸阳市渭城区底张乡陈马村北周武帝孝陵出土。“天元皇太后”即北周武帝宇文邕的皇后，姓阿史那，突厥汗国可汗之女。印高4.6厘米，边长4.55厘米，纯金制作，獬豸钮。獬豸是传说中的一种神兽，能明是非，辨曲直，鉴忠奸。印钮獬豸目光敏锐，鼻孔似在微颤呼吸，生动传神。该印是研究从秦汉阴文铸凿官印向隋唐阳文蟠条官印转变的不可多得的实物资料。

中原的时机成熟，于是在外交上和军事上展开一系列积极活动。他北与突厥和亲，南和陈朝通好，并约定南北同时出兵配合北周的军事行动。公元575年夏天，北周武帝亲自指挥18万大军东渡黄河攻伐北齐。短短两个月的时间，北周军队便攻破城池30多座，包围了北齐重镇洛阳。但此时北周武帝却身染重病，北周军队只好撤围西归。

北周　释迦牟尼造像（西安碑林博物馆征集）

第二年秋天，大病初愈的北周武帝再次指挥14万余人马出征伐齐。这次他采取避实击虚的战略方针，挥军北渡黄河，直捣北齐重镇晋阳（今山西太原）。十二月，北周与北齐在平阳城下展开决战，北齐军队大败。北周武帝率军乘胜追击，连克晋阳和北齐都城邺，齐后主高纬在逃跑途中被生擒。北齐政权灭亡，北周遂统一了整个北方地区。

北周　“大周高祖武皇帝孝陵”墓志志盖拓片
（咸阳市底张乡出土）

剑指突厥　病逝归途

北周武帝灭齐之后，将在关中实施的各项改革政策推向关东，力行均田制和府兵制，开始了统一天下的征程。他在灭齐后不久即派大军攻伐南方的陈朝，一举消灭陈朝主力三万余人，夺得了淮河以西地区。公元578年五月，为消灭北方日益强大的突厥族政权，解除南征的后顾之忧，北周武帝亲自指挥五路兵马大举北上，并征调关中各地的公私车马随军运送粮草。大军行进至今淳化县境时，北周武帝旧病复发，不能行动，只好下诏罢北征之兵。六月，北周武帝病逝于从淳化返回长安的路上，终年仅36岁。北平突厥、南定江南、统一天下的宏大志愿也随着他的逝世而宣告夭折。

知识链接

【周武帝创制幞头】

幞头，即头巾。陈彭年在《广韵》中释曰：“幞，幞头。周武帝所制。裁幅巾，出四脚以幞头，乃名焉。”即幞头就是将一块方帛裁出四角，两角系于头前，两角如带垂于脑后覆盖头发。隋以后，平民百姓亦著幞头。

世界大事记

572年，波斯萨珊王朝占领阿拉伯半岛。

《文心雕龙》。

581年，杨坚称帝，是为隋文帝，国号隋，建都长安。

长安僧 天下行

魏晋南北朝时期的长安佛教

东汉明帝时，佛教开始传入中国，至魏晋南北朝时期，佛教在中国广为传播发展。时战乱不已，民不聊生，于是主张救苦救难、惩恶扬善、普度众生的佛教便获得了广阔的发展空间，在大江南北迅速传播开来。作为北方政治中心的长安，更是寺院林立，僧尼众多，时有“长安僧，天下行”的说法。

北周　释迦牟尼石立像（西安市灞桥区湾子村出土）

朱士行西行取经 释道安北上传道

公元260年，高僧朱士行从长安出发，西去天竺取经。虽未到达天竺，但他在西域潜心拜师求法，钻研佛经，得到梵文真经90章，成为中国历史上佛教徒西去取经的第一人。西晋时，敦煌高僧竺法护携大小乘佛教经卷149部来到长安，并在青门外立寺翻译佛经，弘扬佛道。“于是德化四布，声盖远近，僧徒千众赶来宗奉，四方士庶闻风响集。”长安佛教自此始兴盛起来。

前秦苻坚统治时期，长安佛教进入了一个新的

西魏—北周　白石佛龛像（西安市北郊李家村出土）

北周 白石造像

1975年西安市北郊出土。高55厘米，宽32厘米。汉白玉石质，正面浮雕佛龛，龛额为天盖帷幕，龛内佛像五尊，均为高浮雕。释迦牟尼佛面相端庄，高肉髻，身穿敞领袈裟，结跏趺坐仰莲须弥座上，右手施无畏印。两侧站立手持莲蕾的菩萨，须弥座左侧跪一手端熏炉的佛弟子，右侧跪一袒露右臂的佛弟子，双手合十。该造像线条流畅，雕刻精细，是北周造像精品。

发展阶段。公元379年，苻坚发兵攻陷东晋重镇襄阳，俘获了高僧道安，并礼请道安北上长安，将其安置在五重寺从事译经、讲经和传道活动。道安在长安广建寺院，广收门徒，弟子多达数千人，成为当时中国佛教界的最高首领。当时南北佛教徒流传着“学不师安，义不中难”的说法，即表达了对他的推崇与敬仰。

长安城佛寺林立 西游路高僧联袂

后秦时，长安佛教进入了一个前所未有的兴盛局面。文桓帝姚兴以信佛礼佛知名，他不仅礼聘高僧鸠摩罗什为国师，自己亲执弟子之礼，而且在长安和关中各地广起浮图，建造佛像。据史载，姚兴在长安召集了来自全国各地的沙门5000多人，并将藏于深山险川的佛教寺院景观搬迁入长安，起造浮图于永贵里，立波若台，居于最中间的建筑为佛教圣地须弥山，四面环绕有崇山峻岭、仙人佛像、珍禽异兽、奇花瑞草等造像，蔚为大观。这一时期，长安既是全国的佛教翻译中心，又是组织中心和活动中心。不仅天竺与西域高僧络绎东来长安传道弘法，而且国内佛教徒也相继从长安出发西行取经求律。著名高僧和旅行家法显、释智猛等就是在这一时期走出长安，沿着古老的丝绸之路奔向天竺，以其勇敢顽强的精神和艰苦卓绝的旅程在中外文化交流史和佛教发展史上留下了动人的篇章。

北周统治时，长安佛教经历了一次空前的浩劫。北周武帝宇文邕即位后，鉴于佛寺广占田地、盘剥佃户、僧尼数量恶性膨胀等情况，提出了“求兵于僧众之间，取地于塔庙之下”的口号，在全国范围内展开了一场声势浩大的毁佛灭佛运动。长安佛教经此浩劫，元气大伤，直至隋朝建立后才渐次复苏并又发展起来。

知识链接

【范缜的《神灭论》】

南北朝时，佛教的“神不灭”思潮在社会上广为流传，同时也出现了一些反佛的思想家。其中南朝齐人范缜就是一个卓越的代表，他撰著的《神灭论》以形、神关系为中心，阐述了精神现象的生理依托。他以“形神相即”反对“形神相异”，还提出了“形质神用”的命题，将中国古代的无神论思想提升到了新的高度。

世界大事记

578年，近十万斯拉夫人进入色雷斯和马其顿等地。

南朝江淹。

北周 鎏金彩绘菩萨造像

1992年西安市北郊汉城乡西查村出土。高69.2厘米。菩萨为汉白玉制作的立像，头戴宝冠，身饰璎珞，左手提净瓶，右手持柳枝。站在双层仰莲座上，座下为覆盆式莲花台座，平台座上雕有护法狮子两个（两个已残）。菩萨细眉凤眼，面容慈祥，和蔼可亲，残留彩绘，色彩鲜丽，臂钏、璎珞、净瓶及莲瓣上的贴金，金碧辉煌。该菩萨造像十分精美，是珍贵的造像精品。

陕西地区汉魏六朝大事年表

西汉	
汉王元年（前206）	二月，刘邦被封为汉王。八月，刘邦率军攻入关中。
汉王二年（前205）	关中大饥，米斛万钱，人相食。
汉王五年（前202）	二月，刘邦即皇帝位。五月，纳娄敬言，定都关中。
汉高祖六年（前201）	九月，叔孙通同鲁儒生百余人制定朝仪。十月，长乐宫建成。
汉高祖七年（前200）	二月，汉高祖自栎阳徙长安。冬，始与匈奴单于和亲。
汉高祖十二年（前195）	四月，高祖崩于长乐宫。五月，葬于长陵。
汉惠帝三年（前192）	征发长安民众及各诸侯王、列侯徒隶筑长安城。
汉惠帝五年（前190）	九月，长安城建成。
汉惠帝六年（前189）	六月，起长安西市。
汉惠帝七年（前188）	八月，惠帝死，吕后临朝称制。
高后吕雉八年（前180）	七月，吕后死。九月，代王刘恒即位，是为汉文帝。
汉文帝后元六年（前158）	四月，匈奴入侵上郡、云中。周亚夫等奉命驻军长安附近。
汉景帝三年（前154）	四月，周亚夫率军平定七国之乱。
汉景帝后元三年（前141）	下诏劝进农桑，禁止官吏征发民工采集黄金、珠玉。
建元二年（前139）	初置茂陵邑。
建元三年（前138）	张骞第一次出使西域。
元光六年（前129）	水工徐伯带领数万人开漕渠。
元朔二年（前127）	卫青等率军击匈奴，汉展开反击匈奴的第一次大战役。
元朔五年（前124）	在长安设立太学。
元狩三年（前120）	在长安凿昆明池。冬，实行盐铁官营，算商贾缗钱。
元狩四年（前119）	张骞第二次出使西域。
元鼎二年（前115）	春，起柏梁台，长安宫室修建自此日盛。

元鼎四年（前113）	关中开龙首渠、成国渠、白渠，渠大者灌溉田万余顷。
元封三年（前108）	春，作角抵戏，长安300里内百姓皆来观。
元封六年（前105）	夏，京师民众观角抵百戏于平乐观。
太初元年（前104）	五月，制成太初历。司马迁开始撰写《史记》。
天汉元年（前100）	春，苏武出使匈奴，被扣留19年方还。
天汉二年（前99）	九月，李陵兵败，投降匈奴。司马迁言李陵事，受腐刑。
征和二年（前91）	“巫蛊之祸”发。《史记》书成。
征和四年（前89）	赵过创代田法及三角耧等农具，并在关中地区推广。
始元六年（前81）	在长安召开盐铁会议。同年， 苏武返回长安。
甘露三年（前51）	五月，诏诸儒讲五经异同，宣帝亲自称制临决。
竟宁元年（前33）	正月，昭君出塞。
建始四年（前29）	罢中书宦官，开始设立尚书员五人。
永始元年（前16）	刘向奏《新序》《说苑》《列女传》等书。
绥和二年（前7）	三月，汉成帝崩，刘欣继位为孝哀帝，以孔光为丞相。
元始五年（5）	二月，王莽鸩杀平帝，摄行皇帝事。
居摄三年（8）	十一月，王莽建新朝，改元初始，西汉灭亡。
始建国元年（9）	王莽改革官制、币制、田制等。
始建国二年（10）	在长安等六都市设五均市司、钱府官。
地皇元年（20）	王莽在长安城南设立九庙。
东汉	
建武元年（25）	九月，更始军攻入长安，新朝灭亡。同年，刘秀在鄗称帝。
建武三年（27）	冯异大破赤眉军于崤。
建武四年（28）	公孙述积粮汉中，遣将徇三辅，冯异击破之。
建武九年（33）	使来歙悉监护诸将屯长安，于汧积谷六万斛。省函谷关都尉。
建武三十一年（55）	京兆掾第五伦领长安市，公平廉介，市无奸枉。
永平元年（58）	徙降羌7000人置三辅。
永平十六年（75）	二月，班超出使西域。
永元四年（92）	六月，班固死于狱中，所著《汉书》未成，其妹班昭续之。

永元十三年（101）	关中古文经学大师贾逵死。
永初五年（111）	诏陇西徙襄武，安定徙美阳，北地徙池阳，上郡徙衙。
元初元年（114）	先零羌寇雍城。诏除三辅三岁田租、更赋、口算。
延光四年（125）	顺帝诏置子午道，通褒斜路。
永和五年（140）	令扶风、汉阳筑陇道坞300所，置屯兵。
和平元年（150）	二月，扶风人裴优起事，称皇帝，败死。
延熹九年（166）	党锢之祸发。关中经学大师马融死。
中平二年（185）	北宫伯玉等侵三辅，诏左车骑将军皇甫嵩镇长安以讨之。
中平六年（189）	皇甫嵩大破王国于陈仓。省扶风都尉，置汉安都护，总统西
	方。
初平元年（190）	三月，汉献帝车驾入长安。
初平三年（192）	四月，王允、吕布杀董卓于长安。长安始大乱。
兴平二年（195）	汉献帝在大臣的护卫下东归。长安城空40余日。
建安二年（197）	曹操委钟繇以侍中守司隶校尉，持节督关中者军。
建安三年（198）	李傕、郭汜被诛杀，董卓之乱历时八年方始平息。
建安四年（199）	曹操使治书侍御史卫觊镇抚关中，招徕关中流民，关中又渐丰
	实。
建安十六年（211）	三月，曹操遣钟繇伐汉中张鲁。七月，曹操大破马超、韩遂等
	于渭南。
建安二十年（215）	七月，曹操破汉中。十一月，张鲁投降。
建安二十四年（219）	五月，曹操引兵自汉中还长安，刘备据有汉中。
魏晋南北朝	
魏黄初三年（222）	济北颜裴为京兆太守，课百姓养牛做车。京兆遂以丰沃。
魏青龙元年（233）	开成国渠，自陈仓至槐里，溉田3000余顷，国以充实。
青龙二年（234）	四月，诸葛亮率军至岐山五丈原。八月，诸葛亮病逝于军中。
青龙三年（235）	八月，马钧作指南车、水转百戏。
魏甘露五年（260）	沙门朱士行离长安西行取经，为中原僧人西行之始。
晋太康元年（280）	晋于长安置雍州。

晋元康六年（296）	氐人齐万年在关中起义，建号称帝，围攻泾阳。
晋永兴元年（304）	十一月，惠帝司马衷迁于长安。
晋光熙元年（306）	历时16年的八王之乱始平息，惠帝东还。
晋建兴元年（313）	四月，晋泰王司马邺即帝位于长安，是为晋愍帝。
建兴四年（316）	刘曜攻陷长安，晋愍帝出降，西晋灭亡。
前赵光初二年（319）	四月，汉主刘曜迁都长安，改国号为赵，史称前赵。
光初十二年（329）	刘曜与后赵战于洛阳，大败，被执。前赵灭亡。
后赵建平四年（333）	十月，后赵石虎破长安，石勒复置雍州。
后赵太宁元年（349）	正月，后赵戍卒梁犊在凤翔起义。
前秦苻洪元年（350）	关中豪强割据。十一月，氐人苻健入长安。
前秦皇始元年（351）	正月，苻健自称大秦天王，国号大秦，史称前秦。
皇始二年（352）	正月，苻健称帝于长安。
皇始四年（354）	二月，东晋桓温北伐前秦，至霸上。六月，桓温退兵。
前秦永兴元年（357）	六月，苻坚自立为大秦天王，兴儒学，劝农桑。
前秦建元十五年（379）	名僧道安入长安宣讲佛法，组织译经，议制戒律。
建元十九年（383）	七月，苻坚率军伐晋。十二月，苻坚败逃长安，关中大乱。
后秦白雀元年（384）	四月，姚苌起兵北地，自称秦王，是为后秦。
后燕燕元二年（385）	正月，慕容垂称帝于阿房，是为后燕。
后秦建兴元年（386）	四月，后秦姚苌在长安称帝。
后秦弘始元年（399）	高僧法显从长安西行，前往印度取经求学。
弘始三年（401）	姚兴派人将高僧鸠摩罗什迎至长安。
后秦永和二年（417）	九月，东晋太尉刘裕北伐入长安，后秦灭亡。
夏昌武元年（418）	十一月，大夏国主赫连勃勃攻陷长安，并在长安称帝。
夏真兴六年（424）	夏主赫连勃勃之子赫连璝刻石马于长安城南。
夏胜光三年（430）	十二月，北魏攻取长安，夏于次年败亡。
北魏孝昌三年（527）	四月，北魏宇文泰被任命为关西大都督。
北魏永熙三年（534）	闰十二月，北魏南阳王元宝炬即帝位于长安，是为西魏。
西魏大统三年（537）	东、西魏沙苑之战。

大统十年（544）	江南著名文士庾信来到长安。
大统十四年（548）	西魏创建府兵制，并首先在关中地区推行。
北周闵帝元年（557）	宇文觉代西魏而自立，定国号为周，都长安。
北周建德三年（574）	五月，北周武帝宇文邕下诏禁佛、道二教。
建德四年（575）	北周武帝攻北齐。
隋开皇元年（581）	二月，北周外戚杨坚代周自立为帝，国号隋。北周灭亡。

洛神赋第一卷

晋　《洛神赋图》（顾恺之绘）

出版人：马　来
编辑统筹：马　来　张　萍　何惠昂　黄伟敏
责任编辑：陈　芳　柴　洁
美术编辑：王　祚　李　梅
插图选配：刘合心　李　梅
整体设计：王　祚
电脑制作：李　梅
监　　印：桂方海

图片提供：
陕西历史博物馆　西安碑林博物馆　陕西省考古研究院　陕西省文物交流中心　秦始皇兵马俑博物馆　西安半坡博物馆　汉阳陵博物馆　西安博物院　昭陵博物馆　长安博物馆　法门寺博物馆　乾陵博物馆　茂陵博物馆　宝鸡青铜器博物馆　咸阳博物馆　耀州窑博物馆　西安事变纪念馆　陕西画报社等

摄影作者：
邱子渝　刘合心　王保平　罗忠民　武天合
张明惠　李光宗　王　敏　杨异同　高玉英
张天柱　王　沛　任　超　茹小石　邵　勇
乔建军　龙剑辉　郭佑民　黄继贤　韩烨冬

图书在版编目（CIP）数据

汉风荡神州：发生在帝国心脏区域的往事：汉魏六朝卷 / 张铭洽，卢鹰著. —西安：西北大学出版社，2009. 12

（话说陕西）

ISBN 978-7-5604-2644-0

Ⅰ. 汉…　Ⅱ. ①张…②卢…　Ⅲ. 陕西省— 地方史—汉代～南北朝时期—通俗读物　Ⅳ. K294. 1-49

中国版本图书馆CIP数据核字（2009）第217873号

《话说陕西》【3】汉魏六朝卷

汉风荡神州：发生在帝国心脏区域的往事

作　　者：张铭洽　卢　鹰　著

辅文作者：雷　钰（世界大事记、中国大事记）　刘合心（图说文字）

出版发行：西北大学出版社

销售电话：029-88302590

地　　址：西安市太白北路229号（邮编：710069）

网　　址：http://press.nwu.edu.cn

经　　销：新华书店经销

印　　刷：万裕文化产业有限公司

开　　本：810毫米×1070毫米　1/16

印　　张：16.5

字　　数：150千字

版　　次：2009年12月第1版　2010年8月第2次印刷

书　　号：ISBN 978-7-5604-2644-0

定　　价：98.00元